清华大学特大城市系列研究

# 农户视角的城镇化动力与模式研究

## ——基于传统农区周口市的调查

赵明 著

中国建筑工业出版社

图书在版编目（CIP）数据

农户视角的城镇化动力与模式研究：基于传统农区周口市的调查 / 赵明著. —北京：中国建筑工业出版社，2020.5
（清华大学特大城市系列研究）
ISBN 978-7-112-25059-2

Ⅰ. ① 农… Ⅱ. ① 赵… Ⅲ. ① 城市化-研究-周口 Ⅳ. ① F299.276.13

中国版本图书馆CIP数据核字（2020）第075159号

责任编辑：焦 扬 陆新之
版式设计：锋尚设计
责任校对：党 蕾

---

清华大学特大城市系列研究
## 农户视角的城镇化动力与模式研究——基于传统农区周口市的调查
赵明 著

\*

中国建筑工业出版社出版、发行（北京海淀三里河路9号）
各地新华书店、建筑书店经销
北京锋尚制版有限公司制版
北京建筑工业印刷厂印刷

\*

开本：787×1092毫米 1/16 印张：14¾ 字数：304千字
2020年6月第一版 2020年6月第一次印刷
定价：68.00元
ISBN 978-7-112-25059-2
（35773）

**版权所有 翻印必究**
如有印装质量问题，可寄本社退换
（邮政编码100037）

# 序

京津冀城乡空间规划研究是清华大学建筑与城市研究所长期开展的重要课题。2002年出版了《京津冀城乡空间发展规划研究》一期报告，报告研究了北京依托京津冀发展全球城市地区的可能；2006年出版了二期报告，对京津冀协同发展的空间布局形成了较为明确的看法；2013出版了三期报告，在经济社会转型的大背景下提出区域转型发展的"共同政策"和"共同路径"。此后研究所又相继开展了北京2049战略研究、世界城市比较研究以及京津冀协同的空间发展战略研究、文化战略研究和空间治理研究，承担完成了首都功能提升和中央办公区规划思路研究，实际参与和完成了京津冀协同的一体两翼、河北两翼，即北京通州副中心、河北雄安新区和崇礼冬奥会的规划研究工作等。

在研究过程中，我们不断认识到城市和乡村是功能耦合、空间互嵌的连续统一体；当下城乡发展的不均衡、不协调，是影响城市和区域现代化发展的关键问题。京津冀西北部山区的生态保护涵养、东南部平原农业地区的可持续发展，都是保障京津冀特大城市地区健康发展，确保区域协同国家战略实现的重要条件。东南部平原农业地区普遍具有农村人口基数大、耕地少，工业基础薄弱，城镇规模小、带动不足，以及大量农民外出务工等问题；这些地区还是国家粮食的主产区，面临着保护耕地的严峻制约，不可能长期延续土地城镇化的发展路径，迫切需要探索适合国情和区情的发展模式与道路。

城镇化是区域城乡发展的现实路径，也是城乡规划和地理学等多个学科持续关注的理论问题；城镇化发展也与如何解决三农问题紧密关联，构成一个硬币的两面。费孝通先生早在20世纪30年代就通过深入的乡村调查，发现中国传统农村不是单纯的农业经济，而是"农工混合的乡土经济"；1980年代更是基于乡镇工业和小城镇蓬勃发展的现象，提出"小城镇、大问题"，总结出"离土不离乡、进厂不进城"的苏南模式。而2000年以来，我国东南沿海地区的快速发展，城市工业、服务业就业岗位和收入的增加，吸引了更大地域范围的中西部大量农村劳动力进城务工；受限于户籍制度，出现了异地不完全城镇化模式。今天我国正在努力推进三个一亿人的新型城镇化政策。随着新型城镇化建设的发展，估计我国城镇化从劳动力个体迁移为主转向个体与家庭迁移并举的趋势将会逐渐明朗，从农户视角研究新形势下城镇化的模式与动力机制就显得极为迫切和必要。

赵明于2012年进入清华大学攻读博士学位，他还是中国城市规划设计研究院的在职员工,具有一定的工作经验。他基于河南省周口市的项目实践,以传统农区为代表研究农户城镇化问题,对于发展深化城镇化理论、解决农区发展问题有重要意义。

选择微观的农户视角和扎根案例地区进行深入剖析是本书的两个重要特点。农户是城镇化的微观主体,城镇化过程本质上是农户从农业就业向非农业,从农村向城镇的转移过程;因此以农户家庭为单位研究其城镇化行为特征、影响因素,具有较强的解释力,也是较为科学、应该选择的研究视角。本书基于农户理论、人口迁移理论和中国传统农区经济社会发展特征,提出了农户城镇化方式选择和演变的理论解释框架。本书特别强调中国农户作为集生产、消费、血缘亲情于一体的特殊的单元,生存、生活的目标不是单纯地追求经济利益最大化,不能单纯以市场逻辑来解释,还要考虑家庭伦理、文化习俗的影响。因而研究具有突出的辩证唯物、综合分析的特点。本书还特别注意将农户行为置于农区工业化、城镇化与农业现代化的大背景下,进而剖析政策、市场等外部条件与农户行为的关联,以深化对我国城镇化动力机制的认识。

本书选择黄淮海平原的周口市作为案例地区,具有很强的典型性和代表性。作者通过实地调研和大量的农户访谈,积累了丰富的资料,并以这些素材为基础,分别研究了外出务工农户、本地企业就业农户、非正规就业农户和农业就业农户四类农户的家庭特征、城镇化意愿,从中总结出农户6种典型城镇化模式。本书的实证章节中有大量的农户案例访谈,采用夹叙夹议的写法,较为全面地还原了农户城镇化的决策过程与影响因素,具有较强的可读性。

本书从农户视角研究城镇化问题具有重要的理论和现实意义;采取理论与实证相结合的研究方法,资料详实、论证逻辑清晰,使研究结论具有信服力。综合来看,本书对于研究中国特色城镇化机制有理论意义,对传统农区,包括京津冀在内的平原农业地区的城镇化路径选择和规划决策具有较强的参考价值。

清华荷清苑

2020 年 6 月

# 前　言

农户是城镇化的微观主体，城镇化过程本质上是农户从农村向城镇，由从事农业向二三产业转移的过程，因此以家庭为单位研究农户城镇化行为的特征、影响因素是重要课题。传统农区人多地少、三农问题突出，又是粮食主产区和农民工的主要来源地，其发展影响着国家粮食安全和全国城镇化格局；因此基于区域差异，以传统农区为代表研究农户城镇化的模式与动力机制，对于发展、深化城镇化理论、细化政策有重要意义。基于上述认识，本书以新时期我国实施新型城镇化战略为研究背景，以农户为主要研究视角，以认识农户城镇化模式与动力机制、把握传统农区城镇化规律为研究目标；总体上按照"理论建构—实证研究—总结修正—实践指导"的思路展开。

在理论层面上，如何认识当代中国农户，并从农户视角构建城镇化理论框架是需要解决的基础性问题。农户研究方面长期存在着理性小农与道义小农的争论，然而要完整地解释农户城镇化行为，需要综合两方看似对立的观点，更要结合中国农户耕地规模小、文化传统深厚等特征。总体上看，中国农户作为集生产、消费、血缘亲情于一体的特殊单元，其目标不是单纯地追求经济利益最大化，因此其行为不能以单纯的市场逻辑来解释，还要考虑家庭伦理、文化习俗的影响。本书第二章在文献综述的基础上，借鉴马克思·韦伯将人类理性划分为工具理性与价值理性的二分思路，提出农户具有经济理性和社会理性组合的双重理性的假说；充分吸纳本土农户研究的成果，概括出农户社会理性的表现是优先支持子女教育，实现家庭的可持续发展和总体福利的增加；经济理性的表现为通过农户内部分工，有效配置土地、劳动力等资源，实现收益最大化。结合现实中农户的城镇化行为，发现随着收入的提高和生活条件的改善，社会理性是农户城镇化的引导性动力，而经济理性是农户城镇化的支撑性条件，从而构建了农户视角的城镇化理论框架。并进一步基于结构化理论，分析外部制度、市场条件对农户城镇化行为的影响，认为农户作为城镇化的微观行为主体，在制度政策和市场环境的影响与约束下，会根据自身的情况，平衡家庭的经济理性与社会理性，做出适当的城镇化选择。

本书的实证研究学习费孝通先生在《江村经济》中采用的详细调查、深入剖析、以小见大的研究方法，选择河南省周口市为案例地区，按就业方式将农户分为农业就业、外出务工、本地企业就业和非正规就业四类，深入剖析其城镇化过程中农户行为选择、影响因素与动力机制。

本书第四章以外出务工人员电话调查为基础，分析外出务工农户的特征、流动意愿和影响因素。研究发现外出务工农户会根据自身的劳动力素质、收入、家庭情况选择多样的城镇化模式。少量收入较高、能力突出的农户可能实现异地城镇化；而大部分外出劳动力都有明确的返乡意愿，返乡后约有3成左右会选择在城市定居，实现本地城镇化；其余则会选择在农村居住，到城镇打工兼业的弹性城镇化模式。劳动力返乡的原因主要来自经济和家庭两个方面，分别反映出农户的经济理性和社会理性。外出务工是家庭经济理性的表现，打工经济始终是嵌入在家庭经济之中的，通过主要劳动力的异地打工，改善家庭生活条件是家庭经济理性优先的现实选择；而返乡进行本地城镇化，则是家庭经济理性与社会理性的均衡。

第五章研究本地企业就业农户的城镇化问题。利用统计数据证明了产业转移、工业化发展对城镇化有促进作用。并通过典型企业员工问卷调查，掌握本地企业就业人员的个人、家庭特征与城镇化意愿，并总结出产业转移通过吸纳农村妇女非农就业，改变家庭收入构成，促进丈夫返乡，进而带动农户城镇化的路径。

第六章重点研究非正规就业对城镇化的支撑作用。农区庞大的人口基数和生活服务业的发展，形成了非正规就业为主的城镇非农就业结构。研究通过半结构式访谈，深入了解非正规就业人员的特征、生活方式、城镇化意愿等，发现相较于在企业打工，开出租、经营小买卖、搞装修等非正规就业具有更强的技术、资金积累性，有利于个人长远的发展，因此更能吸引男性就业。由于非正规就业本身需要城市空间支撑，因此非正规就业群体有较强的城市依赖性，这也使他们更容易获得城市性，城镇化意愿也更强。同时，非正规就业的收入较高，普遍高于本地企业和城镇居民人均可支配收入，因此他们有更强的经济实力进行城镇化，形成非正规就业支撑的城镇化和多元就业组合支撑的本地城镇化模式。

第七章重点研究现状生活在农村、还在从事农业生产的农户的城镇化意愿、影响因素与可能的模式。根据农户种植类型、劳动力投入的差别，可进一步将从事农业的农户分为核心农户、留守农户和兼业农户三类。调查显示农户城镇化意愿总体不强，留守农户有超过90%，核心农户也有超过70%选择继续生活在农村不进行城镇化，而兼业农户的本地城镇化意愿略高，为了子女接受更好的教育则是吸引农户城镇化的主要因素。同时，在农业供给侧改革政策的引导下，从事蔬菜、水果种植的核心农户会有所提高，在"差序格局"的影响下，逐渐从亲朋手中流转入土地扩大农业种植规模，成为农村"新中农阶层"。

第八章在实证研究的基础上，修正第二章提出的理论框架，总结出六种典型农户城镇化模式：①少数高素质劳动力农户的异地城镇化；②主要劳动力异地打工支撑家庭本地城镇化；③公共服务引导的本地城镇化；④非正规就业支撑的本地城镇化；⑤多元就业组合支撑的本地城镇化；⑥弹性城镇化。动力机制方面，本章进一步将农户城镇化行为与外部环境进行关联分析，发现政策、市场等外部宏观动力通过改变农户不同家庭成员的生活方式、就业方式与空间选择，影响农户的城镇化。如产业转移和工业化通过吸引农户女性非农就业，带动农户的城镇化；农业现代化则通过提高土地租金收入，促使家庭中从事粮食种植的中老年劳动力放弃农业，从而间接地促进家庭城镇化；而城镇高水平的公共服务，尤其是教育，则直接吸引农户为了子女的教育和发展而进行城镇化。工业化、农业现代化和城镇化作为外部宏观动力，分别影响农户家庭的主要劳动力、老年次要劳动力和子代的就业与生活方式，进而促进了家庭的城镇化。随着收入提高，农户从侧重经济理性，转向经济理性与社会理性的均衡，相应地城镇化模式也从过去主要劳动力的就业城镇化，转变为以家庭为单位的完全城镇化。

基于对农户城镇化规律的认识，本书最后提出通过教育培训提升农户城镇化能力，落实市民化政策降低农户城镇化成本和推动宅基地制度改革，共同形成支持农户完全城镇化的制度政策框架，以提升城镇化水平与质量。在空间方面应通过产城融合、服务升级，大力支持县城的发展，构建以县城为主的农区城镇化空间格局；同时结合农村宅基地退出，逐步优化村庄内部空间布局，改善人居环境。

道格·桑德斯将中国的城镇化视为"人类最后的大迁徙"[1]，在这样宏大的历史进程中，中国能保持经济、社会基本稳定，正是因为宏观的城镇化进程，是通过千千万万小农家庭按照符合自身理性的方式分散行动、逐步推进的。现实中农户往往经历多次的外出务工、回流等流动，乃至代际的转换、接替，才能逐步找到适合自身家庭情况的城镇化模式。在农户进行城镇化探索的过程中，家庭的内部凝聚力、家庭成员分工合作表现出的弹性和韧性，都对维持家庭和社会的平衡、稳定发挥着重要的作用。事实上，发挥家庭的作用，让家庭承担更多的社会责任，已经成为改革开放以来维持中国社会稳定的普遍化经验。但是我们也必须看到，为了维护社会稳定、家庭功能，农户个体所付出的巨大的成本以及由此带来的不利影响。家庭内部的代际合作，在某种程度上致使老人自我剥削，农村养老问题日益突出。农户出于经济理性考虑，而采取不完全城镇化模式，客观上造成农村用地的不集约与空心化问题。未来如何充分发挥家庭在城镇化进程中的积极作用，同时消除农户双重理性可能带来的不利影响，合理地分摊家庭成本与社会成本是制度政策设计必须考虑的问题。

---

[1] 道格·桑德斯. 落脚城市：最后的人类大迁徙与我们的未来[M]. 陈信宏译. 上海：上海译文出版社，2012.

# 目 录

序 / 吴唯佳
前　言

第1章　绪论..................................................................................001
　　1.1　研究背景..............................................................................002
　　　　1.1.1　政策背景：传统城镇化向新型城镇化转型.........................................002
　　　　1.1.2　理论背景：农户研究成为人口流动和城镇化领域的重要方向.........................003
　　　　1.1.3　现实背景：传统农区城镇化的重要性与复杂性.....................................005
　　1.2　研究问题..............................................................................007
　　　　1.2.1　如何认识当代中国农户，并从农户视角构建城镇化理论框架.........................007
　　　　1.2.2　农户城镇化的影响因素与动力机制是什么.........................................008
　　　　1.2.3　如何结合农户城镇化规律，提供有效的制度政策供给...............................008
　　1.3　研究界定..............................................................................009
　　　　1.3.1　概念界定：农户与农户城镇化...................................................009
　　　　1.3.2　对象界定：传统农区.........................................................010
　　1.4　研究方法与数据........................................................................012
　　　　1.4.1　研究方法...................................................................012
　　　　1.4.2　研究数据...................................................................014
　　1.5　本书框架..............................................................................017

第2章　农户城镇化理论建构..................................................................019
　　2.1　理论基础：农户理论、迁移理论与中国小农的特征.........................................020
　　　　2.1.1　农户理论渊源...............................................................020
　　　　2.1.2　人口与家庭迁移理论.........................................................022
　　　　2.1.3　中国农户代际纵向主导的家庭关系与分工兼业的经济特征...........................023
　　2.2　相关研究进展..........................................................................026
　　　　2.2.1　农户视角的城镇化研究.......................................................026
　　　　2.2.2　传统农区城镇化研究.........................................................031
　　　　2.2.3　相关研究评述...............................................................035
　　2.3　研究假说：双重理性共同作用，构成农户城镇化的内生动力.................................036
　　　　2.3.1　韦伯的理性二分法：价值理性与工具理性.......................................036
　　　　2.3.2　经济理性与社会理性构成农户双重理性.........................................037

        2.3.3 社会理性引导、经济理性支撑的城镇化内生动力机制..................039
    2.4 理论框架：内生动力与外部条件耦合作用决定农户城镇化行为............041
        2.4.1 结构化理论方法..................041
        2.4.2 制度供给与市场环境构成农户城镇化的外部条件..................042
        2.4.3 内生动力与外部条件耦合作用决定农户城镇化行为..................043
        2.4.4 农户城镇化理论的模型化表述..................044
    2.5 理论解释：农户行为变迁与城镇化模式演进..................046
        2.5.1 农户城镇化的阶段演变：从个体到家庭，从就业到生活..................046
        2.5.2 农户城镇化的模式形成：不同优先要素决定不同城镇化模式....047
        2.5.3 农户城镇化的动力演替：从经济理性主导到社会理性主导..................049
    2.6 本章小结..................050

第3章 周口城镇化历程、特征与农户概况..................051
    3.1 周口市概况..................052
    3.2 周口市城镇化历程与农户行为变化..................053
        3.2.1 缓慢起步阶段（1979～1994年）..................054
        3.2.2 明显滞后阶段（1995～2003年）..................055
        3.2.3 快速发展阶段（2004年以来）..................057
        3.2.4 不同阶段的外部约束、农户行为与城镇化模式..................059
    3.3 周口市城镇化现状与特征..................061
        3.3.1 城镇化率较低但增速明显..................061
        3.3.2 劳动力大量外流、异地城镇化明显..................061
        3.3.3 产业转移促进本地工业化、城镇化进程..................061
        3.3.4 总体均衡、县城极化的城乡空间格局..................062
    3.4 城镇化背景下农户特征与变化..................063
        3.4.1 农户小型化与核心化..................063
        3.4.2 农户就业与收入的多元化..................064
        3.4.3 农户消费结构逐步优化..................065
    3.5 农户研究分类..................066
        3.5.1 农村视角的农户分类..................066
        3.5.2 就业视角的农户分类..................067
        3.5.3 本书使用的农户分类..................067
    3.6 本章小结..................069

第4章 外出务工农户城镇化研究..................071
    4.1 宏观环境：劳动力外流与不完全城镇化..................072
        4.1.1 市场引导、管制放松下的劳动力流动..................072

　　　　4.1.2　制度政策约束下的不完全城镇化......072
　　　　4.1.3　周口市外出务工人口数量估算......073
　　4.2　微观主体：外出务工农户的特征与城镇化意愿......074
　　　　4.2.1　劳动力个体状况：以劳动力素质较高青年男性为主......074
　　　　4.2.2　外出务工家庭状况：单身外出为主，家庭迁移也占一定比例......075
　　　　4.2.3　在外务工情况：东南沿海地区工厂和建筑企业打工为主......077
　　　　4.2.4　返乡意愿与返乡后选择......078
　　4.3　机制分析：农户城镇化的影响因素与动力机制......080
　　　　4.3.1　农户特征：年龄、学历、收入水平等影响城镇化意愿......080
　　　　4.3.2　农户需求：家庭因素和经济因素影响城镇化意愿......082
　　　　4.3.3　政策措施：公共服务水平与就业机会最为重要......084
　　　　4.3.4　动力机制：经济收入与家庭情况共同决定农户城镇化选择......085
　　4.4　模式总结：主体分化、差异多元的城镇化模式......086
　　　　4.4.1　少量年轻、高收入农户实现异地城镇化......086
　　　　4.4.2　主要劳动力异地打工支撑家庭本地城镇化的模式......087
　　　　4.4.3　劳动力回流促进本地城镇化......088
　　　　4.4.4　弹性城镇化成为就近城镇化的重要方式......088
　　4.5　延伸讨论：市民化政策对农户城镇化的影响......089
　　4.6　本章小结......090

第5章　本地企业就业农户城镇化研究......091
　　5.1　宏观环境：大规模产业转移与农区本地工业化......092
　　　　5.1.1　产业转移的市场与政策环境......092
　　　　5.1.2　传统农区承接产业转移概况......093
　　　　5.1.3　产业转移的影响：显著推动工业化，但提供就业岗位有限......093
　　5.2　微观主体：本地企业员工特征与城镇化意愿......096
　　　　5.2.1　女性员工为主，大部分有外出务工经历......096
　　　　5.2.2　技术培训不足，年轻人依旧大量外出......098
　　　　5.2.3　工资收入偏低，不同企业差距明显......099
　　　　5.2.4　本地城镇化意愿较强......100
　　5.3　机制分析：农户城镇化的影响因素与动力机制......102
　　　　5.3.1　农户特征的影响：二元 logistic 回归分析......102
　　　　5.3.2　农户需求的影响：公共服务和就业是吸引农户城镇化的
　　　　　　　主要原因......106
　　　　5.3.3　动力机制：女性到企业就业间接带动农户本地城镇化......107
　　5.4　模式总结：本地企业就业农户的城镇化模式......111
　　　　5.4.1　少数农户实现了本地城镇化......111

        5.4.2 大量农户采用城乡通勤的弹性城镇化 ............................. 112
    5.5 延伸讨论：充分发挥产业转移对本地城镇化的积极作用 ............... 113
        5.5.1 破解家庭分离的半城镇化，提高城镇化质量 ..................... 113
        5.5.2 产城融合布局，发挥产业转移的积极作用 ....................... 113
    5.6 本章小结 ................................................................. 115

第6章 本地非正规就业农户城镇化研究 ............................................ 117
    6.1 宏观环境：经济社会转型形成非正规为主的就业结构 ................. 118
        6.1.1 经济社会转型促使就业非正规化 ................................ 118
        6.1.2 农区特殊条件形成非正规就业为主的就业结构 .................. 118
        6.1.3 周口市非正规就业规模估算 .................................... 119
    6.2 微观主体：非正规就业群体特征与城镇化意愿 ....................... 120
        6.2.1 调研群体选择 .................................................. 120
        6.2.2 商贩群体 ....................................................... 121
        6.2.3 出租车司机群体 ................................................ 123
        6.2.4 建筑装修工群体 ................................................ 124
        6.2.5 非正规就业群体特征总结 ....................................... 126
        6.2.6 非正规就业农户的城镇化意愿 .................................. 128
    6.3 机制分析：非正规就业支撑城镇化的动力机制 ....................... 129
        6.3.1 经济因素：较高的收入、较强的技术或资金积累性
              支撑城镇化 ..................................................... 129
        6.3.2 家庭因素：子女教育是促使家庭城镇化的重要原因 ............. 130
        6.3.3 空间因素：较强空间依赖性与城市适应性 ....................... 132
        6.3.4 动力机制：社会理性、经济理性与空间需求共同
              促进农户城镇化 ................................................. 134
    6.4 模式总结：非正规就业支撑的城镇化模式 ............................ 135
        6.4.1 非正规就业支撑的本地城镇化模式 .............................. 135
        6.4.2 农户非农就业组合支撑的本地城镇化模式 ....................... 136
    6.5 延伸讨论：重视非正规就业对农区城镇化的作用 .................... 137
    6.6 本章小结 ................................................................. 137

第7章 农业就业农户城镇化研究 .................................................. 139
    7.1 宏观环境：传统农区的农业现代化进程 ............................... 140
        7.1.1 农业生产条件不断改善 .......................................... 140
        7.1.2 农业种植结构持续优化 .......................................... 141
        7.1.3 土地流转市场初步形成 .......................................... 142
    7.2 微观主体：农户分化与差异化的城镇化意愿 ......................... 143

    7.2.1 农业劳动力基本特征 ............................................................................. 143
    7.2.2 农业生产经营方式的转变 ..................................................................... 144
    7.2.3 农户的行为逻辑：充分利用家庭劳动力与土地资源 ......................... 149
    7.2.4 农户类型分化 ......................................................................................... 150
    7.2.5 城镇化意愿总体不强，兼业农户城镇化意愿略高 ............................. 154
  7.3 核心农户、留守农户的城镇化选择与影响因素 ............................................ 155
    7.3.1 生产便利性是核心农户的首选考虑因素 ............................................. 156
    7.3.2 基于"差序格局"的土地流转影响农业经营规模 ............................. 157
    7.3.3 核心农户：适度规模经营，成为农村的中坚力量 ............................. 157
    7.3.4 农村低成本生活是吸引留守农户的主要原因 ..................................... 158
    7.3.5 留守农户：维持粮食生产和低成本的农村生活 ................................. 159
  7.4 兼业农户的城镇化选择：兼论农业现代化对城镇化的影响 ........................ 160
    7.4.1 兼业农户逐步转化为核心农户或实现城镇化 ..................................... 160
    7.4.2 教育和公共服务是吸引兼业农户城镇化的主要因素 ......................... 161
    7.4.3 兼业农户城镇化的综合性动力机制 ..................................................... 163
  7.5 延伸讨论：城镇化背景下农业、农村发展趋势判断 .................................... 164
    7.5.1 农户仍将是主要的农业经营单位和粮食生产主体 ............................. 164
    7.5.2 农村老龄化、空心化问题将进一步凸显 ............................................. 164
  7.6 本章小结 ............................................................................................................ 165

第 8 章　**农户城镇化模式与动力机制** ............................................................... **167**
  8.1 农户城镇化的典型模式 .................................................................................... 168
    8.1.1 经济理性优先：异地城镇化与弹性城镇化模式 ................................. 168
    8.1.2 社会理性优先：公共服务引导的本地城镇化模式 ............................. 170
    8.1.3 经济理性与社会理性均衡：多种模式组合 ......................................... 170
  8.2 农户城镇化的内生动力机制 ............................................................................ 173
    8.2.1 农户的双重理性及其现实表现 ............................................................. 173
    8.2.2 基于农户双重理性的城镇化内生动力机制：研究假说的验证 ........ 175
    8.2.3 农户城镇化动力演替与模式转换 ......................................................... 177
  8.3 内外耦合的农户城镇化动力机制 .................................................................... 178
    8.3.1 政策、市场等外部条件通过转变农户成员的就业、生活
       方式间接影响其城镇化行为 ................................................................. 178
    8.3.2 内生动力与外部条件耦合的城镇化动力机制 ..................................... 181
    8.3.3 延伸讨论：城镇化、工业化与农业现代化关系的再认识 ............ 182
  8.4 传统农区城镇化特征与趋势 ............................................................................ 184
    8.4.1 状态特征：乡城过渡、家庭组合的不完全城镇化 ............................. 184
    8.4.2 过程特征：代际接力的分层城镇化 ..................................................... 185

8.4.3 空间特征：市县均衡、县城主导的城镇化格局 ...... 186
8.5 基于农户城镇化规律的政策转型与规划创新 ...... 187
8.5.1 推动传统农区新型城镇化的制度政策框架 ...... 187
8.5.2 加强教育培训与就业支持，提升农户城镇化能力 ...... 189
8.5.3 落实市民化政策，提高公共服务质量，降低农户城镇化成本 ...... 189
8.5.4 深化宅基地制度改革，减少农村退出阻力 ...... 190
8.5.5 产城融合，构建以县城为主的农区城镇化空间格局 ...... 191
8.5.6 结合农户差异化需求，创新乡村规划方法，推动乡村振兴 ...... 192

第9章 研究结论与展望 ...... 195
9.1 研究结论 ...... 196
9.1.1 农户城镇化理论框架 ...... 196
9.1.2 不同就业类型农户城镇化特征与影响因素 ...... 197
9.1.3 多元复合的农户城镇化模式 ...... 199
9.1.4 内外耦合的城镇化动力机制 ...... 200
9.1.5 传统农区城镇化的特征与趋势 ...... 201
9.1.6 推动传统农区新型城镇化的对策建议 ...... 203
9.2 主要创新点 ...... 203
9.2.1 提出农户双重理性假说，构建了农户城镇化理论 ...... 203
9.2.2 剖析政策、市场等外部条件与农户行为的关联，深化城镇化动力机制认知 ...... 204
9.2.3 揭示了非正规就业对农区城镇化的重要作用 ...... 204
9.3 研究展望 ...... 205
9.3.1 加强案例跟踪研究与横向比较研究 ...... 205
9.3.2 从农户双重理性视角研究乡村振兴问题 ...... 205
9.3.3 关注农村土地制度改革对农户城镇化的影响 ...... 206

参考文献 ...... 207
致谢 ...... 222

# 第 1 章

# 绪论

## 1.1 研究背景

### 1.1.1 政策背景：传统城镇化向新型城镇化转型

推动城镇化是解决"三农"问题，促进经济社会持续发展的重大战略举措。然而，在经济增长、绩效考核压力以及土地财政刺激下，传统的城镇化模式存在着重速度、轻质量，重土地、轻人口，重经济效益、轻社会成本等问题。近年来各地推进城镇化的热情高涨，普遍采取"城乡建设用地增减挂钩"的方式扩大城镇用地规模，出现了盲目撤并村庄、农民"被上楼"被城镇化"等现象[①]。不考虑农户实际需求的城镇化模式不仅不能有效推动经济增长、解决三农问题，还会破坏农户的生活方式和农业农村的稳定，造成资源的巨大浪费。

从社会学角度看，只吸纳农村青壮年劳动力就业而不吸纳其家庭成员的低成本工业化和高成本城镇化的发展方式，以农民工家庭的割裂为代价，造成夫妻分离、老人空巢、儿童留守等一系列问题，已然影响到乡村社会的和谐稳定与健康发展。农户的不完全城镇化，造成劳动力的非农就业转变与家庭生活转变相脱节，使劳动力在城镇的有效工作时段缩减，并产生城镇消费需求不足、城乡差距难以缩小等经济社会问题。

在新时代高质量发展的背景下，土地城镇化优先、人口城镇化滞后，土地、产业、人口非均衡增长的传统城镇化路径与模式已不可持续（尹稚等，2013）。对此，国家提出新型城镇化发展战略，其核心就是以人为本，通过农户家庭的完全城镇化促进经济增长方式的转变和发展质量的提升，从而实现平等、幸福、绿色、健康和集约的新型城镇化（单卓然、黄亚平，2013）。近年来，在国家大力推动新型城镇化、促进农民工市民化的背景下，国内流动人口家庭化趋势明显增强。2016年《中国流动人口发展报告》显示，城镇流入家庭的平均规模从2013年的2.50人增长到2016年的2.61人；80后新生代流动人口中约有9成是夫妻双方一起流动的，与配偶、子女共同流动的也占到60%，并且携带老人流动的比例也逐步上升。

总之，新型城镇化理念的确立和人口家庭化流动的趋势，要求相关研究更多地从农户家庭的角度分析城镇化模式与动力机制，因此结合农户行为和地区差异，探索以人为本、全面协调、可持续的新型城镇化路径是重要的研究课题。

---

① 据相关报道河南省在 2009～2012 年大力推动的"新型农村社区"建设，造成一些社区房屋长期空置，社区中的空地被开垦、放羊；一些农民为搬迁背负了沉重的债务。面对明显的矛盾，2013 年以来河南省停建 1366 个新型农村社区，但已经造成直接损失 600 多亿元。参见 https://news.china.com/socialgd/10000169/20170101/ 30132729.html

## 1.1.2 理论背景：农户研究成为人口流动和城镇化领域的重要方向

从理论研究的脉络看，国际上关于人口迁移与城镇化的研究，经历了从关注宏观的人口流动转变为研究劳动力个体迁移，进而聚焦于家庭，逐步形成更具解释力的理论的过程。拉文斯坦（Ravenstein，1885）将人口迁移作为整体现象，总结出人口迁移的七个主要规律；而后学者们以新古典主义经济学理论为基础，关注劳动力个体迁移，将人口迁移视为追求更高收入或进行人力资本投资的推拉理论、城乡二元结构理论和人力资本理论；再发展到以家庭为主要研究对象的新迁移理论、社会选择理论等。

国内，改革开放以来城镇化水平快速提升，关于城镇化的研究也逐步深入，从最初厘清城镇化概念，明确中国要走城镇化道路，到对城镇化路线方针的讨论[①]（赵新平、周一星，2002），进而拓展到对城镇化动力机制、发展模式等深层次内容研究（顾朝林等，2008；侯为民等，2015）。相关研究从经济发展与产业结构升级（顾朝林等，2004；杨文举，2007；徐传谌等，2017）、户籍与土地制度（刘传江，1999；叶裕民，2001；田莉等，2015；曾智洪，2017）、人口流动（刘涛等，2015；蒋小荣等，2017）等方面展开。其中，人口流动作为促进我国城镇化发展的重要动力，一直是城镇化研究领域的重点课题。相关文献在人口流动的特征、趋势、影响因素，以及人口流动对地区发展的影响方面进行了深入研究。

但是我国特殊的制度、政策框架与农村社会、家庭结构，共同决定我国城镇化进程的复杂性，也造成很多经典的城镇化理论不足以解释我国独特的城镇化现象。例如，按照推拉理论及二元经济理论，在城市经济发达、非农就业机会与收入增加，与农村就业不足、农业收入偏低、城乡收入差距明显的情况下，农民会自发地从农村向城镇迁移，从而促进城镇化。但我国的实际情况是，一方面受制度政策限制很多农户不能享受城市公共服务，从而造成不完全城镇化模式；另一方面，考虑农业户籍能够带来的宅基地、承包地等收益，一些已经在城镇就业、有条件城镇化的农户仍然不愿意完全脱离农村。理论上，农业现代化提高农业劳动生产率，促使农业剩余劳动力转移到城镇非农就业，

---

[①] 赵新平、周一星（2002）曾对我国改革开放至2000年前后的城镇化研究进行评述，认为关于城市化的研究总体可分为三个阶段。第一阶段（1979~1983年）的主要工作是清除错误认识，明确中国要走城市化道路；第二阶段（1984~1993年）的研究聚焦于以哪个规模等级的城镇作为我国城镇化发展、人口聚集的重点，初步形成了小城镇重点论、大城市论等不同观点。第三个阶段是从1990年代中期至21世纪初，此时城镇化落后于工业化的观点成为共识，人们充分认识到了城市化的重要性，在城市化理论研究上开始了全方位的探索，这一时期的研究重点也从城镇化概念内涵、特征、时空演变等表象问题深入到动力机制、发展模式等深层次内容。同时对于城镇化路径的争论也一直在延续，逐渐就我国应该走大城市和中小城镇协同发展的多元城镇化道路达成共识。

从而促进城镇化；而我国农户内部的分工造成农业现代化发展和农业就业人口的减少并不能带来同比例幅度的农村居住人口的减少。事实上农户的特征与行为逻辑在很大程度上影响着城镇化进程，这决定了仅从宏观层面的研究很难对城镇化现象做出满意的解释（杨万江等，2010），也要求相关研究更多关注农户个体。

近年来，国内关于农民城镇化意愿、决策机制、影响因素的研究明显增加，成为人口流动与城镇化领域的重要研究方向。而随着新型城镇化政策的推进，农户城镇化正在由劳动力个体城镇化向家庭城镇化转变（张一凡等，2014），农户家庭成为研究城镇化问题的重要单元。相关研究的重点也从劳动力迁移扩展到家庭的迁移，通过问卷调查、访谈等方法收集农户家庭结构、收入、城镇化意愿等数据，通过模型分析找出影响农户城镇化的主要因素（沈昊婧，2014）；或是从农户的视角总结城镇化规律与动力机制（王兴平，2014；罗振东等，2016）；更多的研究则是基于对农户生活状态、城镇化意愿的调查，推演出可能的城镇化路径，并提出针对性的规划措施（张如林、丁元，2012；陆益龙，2014）。

作为微观行为主体，农户的行为选择直接关系到城镇化路径与模式。选择何种理论视角分析、认知中国农户是研究的基础性问题，对此一方面需要借鉴西方农户理论的精髓与研究方法，一方面也要充分考虑中国农户耕地规模小、文化传统深厚等情况，发展自己的认识、分析框架。经典农户理论总体上可以分为道义小农与理性小农两个主要学派。以恰亚诺夫（1925）、斯科特（2001）为代表的道义小农强调农户的生存伦理，认为农民行为的重点在于如何避免灾难、风险，而不是追求利润或预期利润的最大化，并在此基础上形成成员互助、社会公平等制度安排。而以舒尔茨（1964）为代表的理性小农学派则认为农户是理性的，能够最大化利用自身掌握的资源，在市场中争取最大的收益。改革开放以来，随着经济社会快速发展和市场经济体制的确立，农户不可避免地逐步融入现代市场体系。1980年代农户通过提高农业产量、在乡镇企业就业等方式解决了基本温饱问题。在1990年代，随着全国性劳动力市场的形成，农户通过家庭内部分工支持主要劳动力外出务工，形成异地不完全城镇化模式。当下在农户收入普遍提高，基本生活条件得到满足的情况下，农户更多考虑家庭团聚、子女教育发展等因素，本地城镇化意愿明显增强。总体上看，农户作为集生产、消费、血缘亲情于一体的特殊的单元，其目标不是单纯地追求经济利益最大化（史清华，1999），因此其行为不能以单纯的市场逻辑来解释，还要考虑家庭伦理、文化习俗的影响。

总之，农户是农村的基本社会单元，农民个体是否迁居到城镇本质上是农户家庭的决策。因此从农户视角研究城镇化，是对人口流动与城镇化研究的深化，能够更深入地分析人口流动的原因与影响因素，对于深化城镇化规律认识，丰富农户理论与城镇化理论，解释人口、家庭迁移对城镇化的影响，完善提出相关政策设计，具有重要的价值。

### 1.1.3 现实背景：传统农区城镇化的重要性与复杂性

**（1）传统农区城镇化的重要性**

传统农区普遍具有农业人口众多，人均耕地量少，农业占国民经济比重较高、经济发展滞后的特征，通常是区域经济发展的短板地区。从国家战略来看，传统农区作为重要的粮食主产区，肩负着保障国家粮食安全的重任。国家控制粮食价格，农业生产比较效益低，是传统农区贫困和发展滞后的原因之一（魏后凯等，2012），亟须从国家战略高度制定专门针对传统农区的政策。

同时，传统农区还是我国流动人口的主要来源地（表1-1）。据相关统计，"十二五"期间周口、驻马店、安阳、南阳、商丘等传统农区的地级市是河南省外出人口的主要流出地，各市外出人口占其户籍人口比例超过15%；这几个地级市的外出人口占河南全省外出人口的69%，占省外务工人口的85%[①]。可见传统农区的发展与城镇化会影响外出劳动力的数量、规模，进而关系到全国的城镇化格局。

2014年河南省内不同区域人口与城镇化率比较表　　　　表1-1

| | 总人口（万人） | 城镇人口（万人） | 乡村人口（万人） | 外出人口（万人） | 城镇化率（%） |
|---|---|---|---|---|---|
| 河南省 | 10543 | 3991 | 5415 | 1137 | 42.4 |
| 中原城市群 | 4262 | 2084 | 2111 | 67 | 47.5 |
| 豫北经济区 | 1120 | 424 | 603 | 93 | 43.1 |
| 豫西豫南 | 1392 | 480 | 758 | 154 | 42.2 |
| 黄淮四市 | 3767 | 1016 | 1930 | 821 | 34.6 |

数据来源：河南统计年鉴（2015）

总之，传统农区的城镇化，不仅影响自身的发展与三农问题的解决，还关系到国家粮食安全、区域协调发展和全国城镇化格局。同时传统农区的城镇化还面临着严格的土地制约，不能再走"土地城镇化"大幅超前于"人口城镇化"的道路，需要探索新的发展路径。

**（2）产业转移、人口回流与农区城镇化的新动向**

2004年起，沿海地区连年出现"民工荒"现象，同时对全国人口年龄结构变化的统计分析和趋势预测发现我国农村劳动力正从无限供给向有限剩余转变（蔡昉，2007），

---

[①] 河南省统计局. "十二五"时期河南人口发展报告[R/OL]. http://www.ha.stats.gov.cn/sitesources/hntj/page_pc/tjfw/tjfx/qsfx/ztfx/article34d3ed67e0e04e99ae1d973c5e4a6cdd.html.

即"刘易斯拐点"即将到来。东部地区的"民工荒"与中部地区"返乡潮"同时发生，表明我国人口流动格局正在发生新的变化。国家统计局"全国农民工监测报告"显示本地农民工的绝对数量在2009年以后持续增加，2015年达到10863万人，比2009年增加了2362万人；本地农民工占农民工总量的比例从2010年开始稳定上升，2015年达到39.20%（表1-2）。

2008～2015年全国农民工分布情况　　　　　　表1-2

| | 2008 | 2009 | 2010 | 2011 | 2012 | 2013 | 2014 | 2015 |
|---|---|---|---|---|---|---|---|---|
| 农民工量（万人） | 22542 | 22978 | 24223 | 25278 | 26261 | 26894 | 27395 | 27747 |
| 外出农民工量（万人） | 14041 | 14533 | 15335 | 15863 | 16336 | 16610 | 16821 | 16884 |
| 本地农民工量（万人） | 8501 | 8445 | 8888 | 9415 | 9925 | 10284 | 10574 | 10863 |
| 本地农民工比例（%） | 37.71 | 36.75 | 36.69 | 37.25 | 37.79 | 38.24 | 38.60 | 39.20 |

数据来源：国家统计局全国农民工监测调查报告（2008～2015）

以产业转移和劳动力回流为主要特征的"双转移"成为中国经济新常态的重要表现，也是市场机制下产业和劳动力的理性选择（王利伟等，2014）。产业转移和劳动力回流，必将给传统农区这一长期人口输出地区的经济社会发展和城镇化进程带来新的动力和机遇。如何结合人口流动和产业转移，考虑农民需求，探索就近、就地城镇化的路径，解决1亿人在中西部地区就近城镇化，成为学界研究的热点之一（辜胜阻等，2012；李强等，2015）。

（3）传统农区研究需要综合性视角，并把握地域性特征

传统农区的城镇化是综合性问题，需要找到内生动力才能实现可持续发展。从国际研究的历程来看，农区研究从传统的以农业地理学为主，重点研究农业区划问题，到20世纪80年代以来逐渐认识到农区问题的复杂性与综合性，逐步整合农业地理、农村社区、农业土地利用等研究方向，形成包含政治、经济、社会和地理等各方面内容的综合性研究成果与政策（李小建、李二玲，2007）。在发展动力方面，随着全球化影响的深入，资金、技术、劳动力、服务等生产要素的流动性显著增强，因此基于外部要素的发展战略是多变而不可靠的，转而需要依靠农区本地的资源构建自身的竞争优势，探索内生发展动力与模式（Bryden，1998）。

国内随着三农问题的凸显，以快速工业化、城镇化背景下农业地区的社会经济变迁为研究主线，以农业现代化和改善人居环境为重点的农村规划建设成为农区研究的重要内容（刘彦随等，2011）。在新型城镇化背景，研究视角更为全面，对农村经济、社会、空间展开了综合性研究（温铁军、孙永生，2012；陈锡文，2012；顾朝林、李阿琳，2013）。但很多理论把农区作为区域经济的初始区或外围区，如核心—边缘理论、

增长极理论等,而忽视了对农区和农户自主发展能力的研究(李小建,2005),也较少去探究农区内部的产业结构、社会结构以及空间结构的变化。因此需要深入农区内部,结合具体的案例,探索内生发展动力与模式。

我国幅员辽阔,不同地区在经济基础、生态本底、面临的核心问题等方面存在明显差异,这也决定了各类地区需要根据自身特征探索特色发展道路。随着研究的深入,研究不同类型区域的城镇化进程、特征,阐释人地关系的演变规律及其背后的动力机制已经成为理论研究的重点(陆大道,2013)。从文献调研的情况看,大多数城镇化研究和规划实践仍以大城市和城镇群为重点(樊杰等,2013),相比之下针对人口流出的农业地区的城镇化研究尚显不足。因此研究人多地少、工业基础薄弱的传统农业地区的城镇化路径与模式,对于深化认识城镇化规律,制定相关政策,推动农区持续发展有重要的意义。

总之,在国家大力推动新型城镇化的背景下,过去以个体劳动力就业为主的不完全城镇化正在向以家庭为单位的完全城镇化转变。农户作为基本的经济和社会单元,在推动城镇化发展,提升城镇化质量等方面的作用日益受到重视。传统农区作为国家的粮食主产区、外出劳动力的主要来源地和区域平衡发展中的短板,其城镇化发展路径、模式成为关系全面实现现代化的重要问题。因此以传统农区为代表,从农户的视角研究城镇化问题,对于准确把握农户城镇化的特征、模式与动力机制,深化、丰富城镇化理论,探索适合传统农区的城镇化路径具有重要意义。

## 1.2 研究问题

### 1.2.1 如何认识当代中国农户,并从农户视角构建城镇化理论框架

农户是农民生产、生活与社会交往的基本单元。改革开放以来,农民自发创造了家庭联产承包责任制,继而形成"家庭农业""乡镇企业"和"民工潮"三大创举(秦晖,2005);正如徐勇(2009)所总结的,正是农民的自主行为,逐步打破了体制机制的限制,推动着政策和体制改革。当下农户也是推动城镇化发展的微观主体,农户的行为与选择在很大程度上影响着城镇化的模式与路径。因此,准确、全面地认识中国当代农户,了解他们的家庭理性、行为逻辑,是认识理解农户城镇化行为、判断城镇化趋势的基础性和关键性的问题。

关于如何认识当代中国农户,已经有一定的学术积累,如徐勇、邓大才(2006)提出"社会化小农"理论,贺雪峰(2014)总结以代际分工为基础的半工半耕的"中国式小农经济"概念等。这些理论主要从社会学或经济学视角总结当下中国农户的基本特

征，对于研究农户城镇化行为有重要的借鉴。但由于农户城镇化行为受到社会文化、制度经济等多方面因素的影响，具有综合性与复杂性，既有理论还不足以全面分析农户的城镇化行为，因此本书在理论层面将重点探讨两个问题：其一是基于经典农户理论和中国当代农户的研究，总结当下中国农户的家庭理性，深入分析农户城镇化行为的特征与逻辑；其二是进一步把农户理性与行为置于我国社会经济发展的大背景中，基于结构性理论，构建起在市场、政策等外部环境约束下的农户理性行为与城镇化行为的理论框架。理论框架的建构对于深入分析农户的城镇化行为、准确把握其城镇化动力机制与影响要素、深化农户理论和城镇化理论等都具有重要的理论价值。

### 1.2.2 农户城镇化的影响因素与动力机制是什么

城镇化进程的深入推进和农户的分化，使农户城镇化的影响因素更为多元，相互关系与动力机制也日益复杂化。随着户籍、社保制度的改革，制度、政策因素对农户城镇化的影响正在弱化，而就业收入、房价等经济条件的影响更为凸显（唐茂华，2009）；同时城镇高水平的公共服务也成为吸引农户进城落户的重要因素（陈轶、吕斌等，2013）。在建立农户城镇化理论框架的基础上，需要进一步明确农户城镇化的影响因素，及其相互作用形成的动力机制。就业方式、收入水平等经济要素对农户城镇化决策起到什么作用？家庭结构、社会文化等因素又会对其城镇化进程产生哪些影响？以及这些要素通过什么方式影响农户城镇化行为，最终形成怎样的城镇化模式与动力机制？

研究这些问题需要深入的案例剖析，并结合案例进行总结与归纳。因此本书在实证部分深入研究传统农区不同类型农户（外出务工农户、本地企业就业农户、非正规就业农户和农业就业农户）在新型城镇化、新型工业化与农业现代化协调发展背景下的城镇化特征、模式与影响因素。这种以特定地区为案例，通过乡土调查和案例剖析，深描出农户城镇化的特征、动力机制与传统农区城镇化进程、特征，有助于弥补宏观层面城镇化研究的不足，深入认识城镇化规律，准确判断传统农区的城镇化趋势。

### 1.2.3 如何结合农户城镇化规律，提供有效的制度政策供给

制度政策可以影响市场预期，并对农户行为产生引导与约束，而理解、认识农户行为逻辑，尊重农户的选择，是制度政策完善的基本前提（郝晋伟，2017）。农户的城镇化行为选择会在城乡两端产生多种影响，积极的方面如推动城镇化、农业现代化进程，扩大农业规模经营等；消极的方面如农村空心化、老龄化等问题。基于对农户城镇化模式、动力机制的认知，可以进一步研判农户城镇化在农业经营、土地流转、产业升级、

公共服务与基础设施配套等方面的制度与市场需求。从研究应用的角度，在认识把握农户城镇化规律的基础上，如何顺应农户城镇化的意愿与趋势，通过恰当的制度政策供给，化解不完全城镇化问题与矛盾，促进农户完全城镇化，提高传统农区的城镇化水平与质量，是重要的研究课题。

## 1.3 研究界定

### 1.3.1 概念界定：农户与农户城镇化

（1）农户

农户作为使用频率很高的词汇，在不同语境下的内涵和外延差别较大，可以从三个层面进行理解。其一从经济就业类型来看，农户指从事农业生产的家庭，英文表述为"farming household"；其二是从空间区位来看，农户指居住在农村的家庭，与市民相对应，英文为"rural household"（王平达，2000）。此外，在一些社会文化语境中，农户还代表一种身份或出身，如秦晖（1999）曾指出农户（农民）"不仅仅是一种职业，而且也是一种社会等级，一种身份或准身份，一种生存状态，一种社区乃至社会的组织方式，一种文化模式乃至心理结构"。

事实上只从就业或生活空间任何一方面定义农户都是不全面的，在城镇化过程中农户的类型是多样复合的。从就业方式上看，既有纯农户，也有基本不再从事农业生产，而只是居住在乡村的农户，当然更多的是兼业农户。从生活空间上看，有些家庭生活居住在农村，还有些家庭部分成员生活在农村、部分成员生活在城镇，形成不完全的城镇化。因此从实际情况出发，本书研究的农户指没有完全脱离农业、农村的家庭，其中即包括从事农业生产的家庭，也包括不从事农业生产但仍有部分或全部家庭成员居住在农村的家庭。

（2）农户城镇化

受户籍制度、社会福利制度改革不完善影响，家庭离散的不完全城镇化模式长期存在，造成城市劳动力结构性短缺，农村老人、儿童留守等一系列问题。目前我国的城镇化已经进入从高速度发展向高质量发展转型的阶段；以人为本的新型城镇化的核心就是要从劳动力的不完全城镇化转向家庭的完全城镇化。从微观视角分析，城镇化过程也就是无数农民家庭从农业向工业、服务业的就业转变和从农村向城镇搬迁的过程。因此本书提出农户城镇化就是以家庭为单位研究其城镇化过程、特征与影响因素。

王兴平（2013）曾定义家庭城镇化为家庭全体成员在合理的通勤时间和地域范围内，在公共服务、居住和就业三个层面均能实现城镇化。其概念较为准确地概括了家庭城镇化的三个主要方面,即就业、居住、公共服务;但标准较高,要求全体家庭成员同步整合性地实现这三者的城镇化才算家庭的城镇化。本书认为农户城镇化是一个过程,通常情况下主要劳动力的就业城镇化是家庭城镇化的第一步,在经济条件满足的情况下,通过在城镇购房或租房,实现其他家庭成员居住生活的城镇化,并进一步通过社保、户籍制度的完善,最终享受到城镇公共服务,从而实现完全的城镇化。

考虑到农区的实际情况,大部分农户都处在从农村向城镇、农业向工业转变的过程中,因此本书在保留上述家庭城镇化内涵的基础上,将其使用范围进行适度扩展。本书所说的农户城镇化不是一个状态,而是研究农户在居住空间上从农村向城镇迁移,在就业方式上从农业向工业、服务业转变,在公共服务获取上从农村基层服务向城市服务转变的过程。农户城镇化与农民城镇化或是农民工市民化等概念的差别在于,后者主要关注农民个体的城镇就业、迁移行为;而农户城镇化是以农户家庭为研究对象,并将农民个体城镇化作为农户城镇化的必要步骤进行剖析。因此本书的农户城镇化既包含农户全部成员在就业、居住空间、公共服务三个方面均实现城镇化的完全城镇化模式;也包含处在转变过程中只有部分家庭成员实现了就业、居住空间或公共服务城镇化的不完全城镇化模式;还包括就业在城镇、生活在农村的弹性城镇化模式。

### 1.3.2 对象界定:传统农区

**(1) 相关概念**

农区一般是指以农业(粮食)种植为主要经济来源、农业人口占主体、地形地势平坦的不发达或欠发达地区(祝洪章,2010)。传统农区则蕴含着这里有悠久的农耕历史,这一地区的农民具有较强的安土重迁、重农轻商等文化传统。虽然传统农区一词为官方与学者广泛使用,但是尚缺少统一的定义与空间界定,与之相近的概念有"平原农区"(耿明斋,1996)、"传统平原农区"(王理,2006)等概念(表1-3)。

传统农区相关概念界定  表1-3

| 概念 | 范围 | 特征 |
|---|---|---|
| 平原农区(耿明斋,1996) | 黄淮平原、华北平原及东北平原,包括安徽北部、河南东部、山东西部、河北中南部,以及辽宁、吉林、黑龙江的中西部地区 | 农业生产条件较好;缺乏矿产资源;乡镇企业十分薄弱;地处内陆;意识落后 |
| 传统平原农区(王理,2006) | 河北、河南、安徽、江苏、山东等5省260个县(市) | 地处内陆;缺乏可供开采加工的自然资源;产业结构层次较低、农业经济比重高;人口众多但思想较封闭、小农意识占主导 |

续表

| 概念 | 范围 | 特征 |
|---|---|---|
| 传统农区（宋伟，2009） | 无明确空间范围界定 | 农业处于主导地位；自然资源匮乏；资本严重不足；人口密度大，劳动力大量剩余；城镇化水平低 |

资料来源：笔者根据相关文献整理

综合来看，相关研究普遍认同传统农区具有农耕历史悠久、农业优势比较突出、人口稠密且农业人口比重大、小农意识较强等特征，其空间范围主要包括黄淮平原和华北平原，涉及河北、河南、安徽、山东等省份；而河南是大城市与大农村并存、二元结构突出的典型代表（张建秋，2012）。

随着经济社会快速发展，传统农区的城镇化进程也明显加快，河南、安徽等省均实施了省会中心城市带动的城镇化战略，郑州、合肥等城市的工业快速发展，城镇持续扩张，从而成为各自的经济增长极。这些中心城市及其周边地区形成都市圈，从以农业为主转变为以工业为主，因此本书认为继续笼统地以省域范围为研究对象，虽然能够体现"城市与农村并存、二元结构突出"的特点，但是在总结传统农区的城镇化特征、面临的问题时则难以深入。

（2）本书的限定

本书限定的传统农区指农耕文明历史悠久，农业尤其是种植业依旧占据重要地位，同时人口稠密，人均耕地占有量少的地区。为了准确界定传统农区的空间范围，本书利用2013年全国各县的统计数据，根据传统农区"农业比较优势突出""人多地少"两个主要特征，设定第一产业比重在20%以上，且人均耕地面积小于等于1.5亩[①]（1亩≈666.67平方米）的县为传统农区县。

GIS分析发现同时满足上述两个条件的连片地区分布在五个区域。其一是豫东南、皖西北、鲁西、苏北连片的黄淮海平原地区；其二是四川盆地；其三是湖南湘中丘陵与湖北江汉平原地区；四是广西东南部和广东西部的泛北部湾地区；五是辽宁中西部与吉林中部的东北平原地区。总体上看，传统农区普遍具有远离区域性中心城市、经济发展落后、本地城镇化水平低等共同特征。

（3）周口的典型代表性

本书的案例地河南省周口市正处在面积最广、涉及人口最多的黄淮海平原传统农区中，具有经济发展滞后、一产占比高、人多地少、劳动力大量外出务工、传统文化积淀深厚等传统农区的典型特征。周口是国家小麦主产区的核心区，素有豫东粮仓之美誉，

---

① 第二次全国土地调查数据显示，2009年全国人均耕地面积为1.52亩。

平均每年为国家提供商品粮60多亿斤。2015年周口市农村户籍人口194.28万户、813.63万人,按当年耕地保有量1154.32万亩计算,人均耕地仅为1.42亩,是典型的小农经济。同时周口地处豫东南,远离区域中心城市,经济发展滞后。长期以来周口的工业化水平、城镇化水平、人均收入等各项指标均明显低于河南省和全国的平均水平(表1-4)。在河南省经济社会高速发展的同时,传统农区却出现十多个连片的贫困县[①],形成大面积的"经济塌陷",对此有学者将其称之为"平原农区现象"(李政新,2005;刘云,2005)。由于经济落后、本地非农就业岗位不足,收入偏低,周口每年都有大量农村剩余劳动力外出务工。据统计,2015年周口市域户籍人口1142万,常住人口881万,常年外出人口超过261万,占劳动力总量的近1/3。因此以河南省周口市为案例,具有典型性和代表性。

2015年周口市与河南省、全国发展水平比较表　　表1-4

| | 人均生产总值(元) | 城镇化率(%) | 城镇居民人均可支配收入(元) | 农民人均纯收入(元) | 三次产业结构 |
|---|---|---|---|---|---|
| 周口市 | 23644 | 37.85 | 21019 | 8576 | 21.8∶46.3∶31.9 |
| 河南省 | 39123 | 46.85 | 25576 | 10853 | 11.4∶49.1∶39.5 |
| 全国 | 49351 | 56.1 | 31195 | 11422 | 9∶40.5∶50.5 |

数据来源:2015年全国、河南省、周口市国民经济和社会发展统计公报

当然以周口为案例的研究结论并不仅仅适用于周口,而是要借助案例对农户城镇化的动力机制、影响因素进行更为深入的剖析,希望案例研究形成的深度解释与已有的区域、省域层面的相关研究互为补充,从而对农户城镇化行为、传统农区城镇化规律形成更为全面、深刻的认识。

## 1.4 研究方法与数据

### 1.4.1 研究方法

本书注重理论联系实践,采用以小见大案例剖析的方法,对河南省周口市进行深入研究;以就业为基础对农户进行分类细化研究,通过问卷调查法和质性研究法收集农户数据,并采用定性、定量相结合的分析方法。

---

① 《中国农村扶贫开发纲要(2011—2020年)》确定全国11个连片集中连片特困地区,其中周口市的商水县、沈丘县、郸城县、淮阳县、太康县五个县被纳入大别山集中连片特困地区。

### （1）以小见大深入剖析周口案例

现有关于传统农区的研究主要在省域层面展开，较少深入农区内部发现其自身问题。本书学习费孝通先生在《江村经济》中采用的详细调查、深入剖析、以小见大的研究方法，选择周口市为案例，深入剖析其城镇化过程中农户行为选择、影响因素与动力机制。案例研究法是针对典型的研究对象，综合使用档案材料、历史数据、访谈、观察等多种方法全面收集数据，通过对一个具有典型性、代表性的对象进行分析，而总结出具有一定普遍性研究结论的方法。当然案例研究可能会存在过于关注"地方性知识"（王铭铭，2005），而造成结论的广度不够、适应性不强等问题。对此需要注意案例研究的拓展，即要将研究案例置于超出其地方性的背景中（狄金华，2015），将其历史演进、市场环境、政策条件等更为广泛、普遍的情况也纳入考察范围；同时需要对研究案例进行类型化、模式化的总结与提升，以使案例研究的结论具有更为普适、通用的价值。

本书一方面利用各种官方统计数据，如城镇化率、城乡流动人口、空间格局变化等，来分析传统农区城镇化的进程、特征等。同时通过科学的抽样，选择有代表性的各类村庄、农户，进行调查访谈，记录其日常生产、生活活动。研究将农区发展与农户行为置于新型城镇化、产业转移、农业现代化等国家的政策和市场环境中，同时在具体分析中又紧扣案例地区的区位条件、社会经济基础，对农户的行为逻辑、城镇化方式进行深入剖析，将现实中农户多样的城镇化行为抽象为几种典型模式，使研究具有更强的理论价值。

### （2）以就业为基础对农户进行分类研究

如哈耶克所言，研究就是"对我们可以理解的个体行为进行分类，并发展这种分类。简言之，是把我们在进一步研究任务中所必须使用的材料有秩序地排列起来"[①]。当下我国农户的生活水平、居住方式、就业类型都发生了明显的分化，已经很难用"农民"概念来指代全体农民群体了（贺雪峰，2009）。不同类型农户城镇化的影响因素与动力机制差别明显，但现有文献对这种差异性的研究明显不足（严瑞河、刘春成，2014），因此需要分类进行研究。

就业是民生之本，更是农户实现城镇化的基本前提。因此为了深入研究农户城镇化行为，本书以就业为基础对农户进行分类。根据农户就业类型，可将研究对象划分为"农业就业农户""外出务工农户""本地企业就业农户"和"非正规就业农户"四类。以就业类型划分研究对象，有助于进行分类调查、数据收集，并比较不同类型农户特征、城镇化意愿的差异，从而深入认识不同类型农户的城镇化特征、模式与影响因素。

在分类研究的基础上，本书进一步对不同类型农户的城镇化研究结论进行整体归纳，分析不同类型家庭城镇化的差异与共性，找出其中的关联，从而更好地总结农户城

---

① [美]弗·冯·哈耶克. 个人主义与经济秩序[M]. 邓正来译. 北京：三联书店，2003：24.

镇化的模式、动力与传统农区城镇化的规律与趋势。分类研究与整体归纳相结合，即有助于研究的深化与细化，又可以保持整体观，进行总结与提升。

（3）通过问卷调查与结构性访谈收集农户资料

笔者通过问卷调查收集第一手的农户的数据，分别针对现状农村居民、外出务工群体和企业就业群体进行问卷调查。其中农村居民和外出务工群体的调查是结合笔者在中国城市规划设计研究院负责的《周口市城市总体规划（2016—2030）》和《周口市中心城市组团式发展规划》项目进行的；而对企业就业人员的调查则是为了研究的完整性而补充的。为了保证问卷质量，没有采用发放问卷让受访者填写再回收的方式，而是通过调查员[①]进行面对面的问询、填写。

为了弥补问卷调查偏重于数量统计与总体分析，对微观个体重视不够，而导致的对社会空间机制的剖析深度和力度有所欠缺的问题，本书还采用质性研究方法，对典型农户进行了深度访谈，以深入了解农户的家庭理性与行为逻辑。质性研究通常是以研究者为基本工具，通过与研究对象的互动实现多层面的资料收集，对行为、社会现象和意义形成解释性理论（冯健等，2011）。由于非正规就业统计数据缺失，就业人群的流动性大，难以使用一般问卷调查方法获得有效数据，因此对于非正规就业群体主要采用质性研究法，通过深度访谈、参与式观察来描述其家庭特征、城镇化行为等。其优点是能通过生动鲜活的案例，反映出人的生活轨迹，进而深入剖析非正规就业对农民城镇化的影响机制。

（4）定量、定性相结合的分析研判

本书通过构建logistic回归模型、描述性统计与交叉分析等方法，定量分析农户劳动力素质、年龄、收入等因素对其城镇化决策的影响。同时对家庭关系、社会文化等难以定量的要素对农户城镇化行为的影响进行定性分析。定量与定性分析相结合，共同研判农户的双重理性与城镇化行为逻辑。

### 1.4.2 研究数据

本书的宏观数据主要来源于全国、河南省和周口市历年统计年鉴、周口市的三次经济普查数据、第六次人口普查数据和2015年周口市人口抽样调查数据等公开资料。根据农户类型和数据收集的可行性，微观农户数据主要来自四项调查：农村居民抽样调查、外出务工人员电话访谈、企业员工问卷调查和非正规就业群体访谈。

---

[①] 由于样本数量较大，因此采用了培训调查员的方法，通过周口市政府与周口师范学院中文系取得联系，培训其高年级学生作为调查员，深入抽样的村庄和企业进行一对一的调查与记录。为了激励调查人员与被调查人员，支付调查员一定报酬，对于配合完成调查的对象发放牙刷、毛巾等小物品作为奖励。

（1）农村居民抽样调查

考虑到城乡关系、交通联系、农业种植类型等因素都会对农户的就业方式、家庭收入结构、生活方式产生明显的影响，因此采用分层、分类抽样的方法，希望能够获得准确全面反映农户的真实情况的数据。首先根据村庄与城市（包括周口中心城区和各县城）的距离，分为近郊村和远郊村两类①。其次，考虑交通因素，分别选择主要交通线路（国道、省道）周边的村庄和远离主要交通线路的村庄。再次，考虑农业的种植类型的影响，通过和规划局、农业局的座谈，特别选择商水县朱集村、西华县高口村等特色农业村为调研对象。同时考虑不同行政单元的差别，分别在周口市下辖川汇区、商水县、西华县、淮阳县、扶沟县、项城市，共抽取20个村进行调查②（表1-5）。

**抽样村庄基本情况**　　　　　　表1-5

| 村名 | 所属乡镇 | 离城距离（千米） | 是否有特色农业 | 是否临近交通干线 |
| --- | --- | --- | --- | --- |
| 大洋楼村 | 川汇区李埠口乡 | 2.4 | 否 | 是 |
| 李埠口村 | 川汇区李埠口乡 | 1.9 | 否 | 是 |
| 计湾村 | 川汇区李埠口乡 | 15.6 | 否 | 否 |
| 康楼村 | 川汇区沙北街道 | 3.9 | 否 | 是 |
| 尚庄集村 | 商水县固墙镇 | 21.8 | 是 | 否 |
| 朱集村 | 商水县练集乡 | 6.2 | 是 | 否 |
| 段堤村 | 商水县姚集乡 | 7.6 | 是 | 是 |
| 王岗村 | 商水县张庄乡 | 9.3 | 否 | 否 |
| 凌桥村 | 西华县迟营乡 | 6.2 | 是 | 是 |
| 薛湾村 | 西华县迟营乡 | 0.8 | 是 | 是 |
| 刘草楼 | 西华县大王庄乡 | 8.9 | 是 | 是 |
| 双楼理 | 西华县皮营乡 | 6.8 | 否 | 否 |
| 邝桥村 | 西华县皮营乡 | 7.2 | 否 | 否 |
| 小岗村 | 扶沟县白潭镇 | 20.1 | 否 | 否 |
| 祝家村 | 扶沟县大新镇 | 15.2 | 否 | 否 |
| 葛岗村 | 扶沟县吕潭乡 | 14.5 | 否 | 否 |
| 谢庄村 | 淮阳县刘振屯乡 | 9.7 | 否 | 是 |
| 大于庄村 | 淮阳县许湾乡 | 6.7 | 否 | 否 |

---

① 考虑到周口本地城镇非农经济发展水平较低，辐射带动影响范围有限，确定距离建成区5公里以内的村庄为近郊村。

② 农户抽样调查分为两次，第一次结合《周口市总体规划（2016-2030年）》的编制抽取了17个村庄，第二次为编制《周口市中心城市组团式发展规划》又补充调查了项城市两个村庄和淮阳县一个村庄，共20个村庄。

续表

| 村名 | 所属乡镇 | 离城距离（千米） | 是否有特色农业 | 是否临近交通干线 |
|---|---|---|---|---|
| 冯滩村 | 项城市永丰镇 | 5.1 | 是 | 是 |
| 樊庄村 | 项城市高寺镇 | 17.1 | 否 | 否 |

资料来源：笔者整理

调研采用深度访谈与问卷调查相结合的方法。问卷调查提供大样本量的基础数据，在每个村庄随机抽取30个农户进行问卷调查，共发放问卷600份，收回有效问卷493份，问卷有效率为82.17%。问卷内容包括受访农户个人和家庭情况、居住与城镇化意愿、农村公共服务设施需求以及农业生产经营等四部分内容。深度访谈可以了解农民行为背后的较为深刻的经济、社会原因。

（2）外出务工人员电话访谈

外出务工人员工作地点分散，难以进行抽样和面对面访谈，因此采用电话问卷的方式。具体方法是在上述农户调研的过程中，让抽样的20个村每个村提供若干长期外出务工人员的联系电话，并让其家属通知该人，准备接受电话访谈，以使其相信并配合调研。本项调研共拨打电话340个，电话成功率62.1%，获得有效问卷211份。电话采访主要涉及四方面内容：一是，外出务工人员基本状况，包括其年龄、性别、婚育状况、教育程度等；二是，外出务工的情况，包括打工地点、打工时间、月收入、在外居住方式、家人是否一起外出；三是，农村老家的情况，如家里房屋利用情况、承包地利用方式等；四是，城镇化意愿、地点选择、就业方式选择等。

（3）本地企业员工问卷调查

为了深入了解本地企业就业员工的就业、生活现状、城镇化意愿等，笔者选择代表性企业进行访谈，在了解企业及员工的整体情况的基础上，对企业员工进行问卷调查。研究选择位于周口市区的河南DY集团下属的周口DY（集团）实业有限公司（以下简称DY）、位于西华县的FX实训基地（以下简称FX）和位于太康县的河南SH纺织有限公司（以下简称SH）进行调研；三个企业在类型、区位、规模上均具有一定的代表性。从类型上看，三个企业分别代表农产品、食品加工企业、新兴劳动密集型企业和纺织服装企业，均是周口市目前最主要的产业类型。从区位上看，DY位于周口市区，FX和SH则位于县城。企业规模上，FX和DY为大型企业，员工数千人，而SH为中小型企业，员工不到400人。三个企业共发放问卷420份，收回有效问卷343份，有效问卷率为72.9%。[①]

---

① SH纺织发放120份问卷，收回有效问卷101份；西华FX和DY集团各发放150份，分别收回有效问卷124和118份；为调动员工的参与的积极性，对于配合调查、完成全部问题的员工，发放香皂或毛巾作为奖励。

### （4）非正规就业群体访谈

非正规就业是周口本地城镇就业的主体，因此研究非正规就业农户特征、城镇化意愿非常重要。基于非正规就业行业分布一般规律和对周口市的初步了解，研究选择小商贩、出租车司机和建筑装修工人三种农区数量最大、最为典型的非正规就业群体进行调查访谈。非正规就业的群体分散，流动性大，难以进行科学的抽样和问卷调查，因此对这一群体以质性研究方法为主，采用半结构式访谈，围绕非正规就业者的个人与家庭生活史、现状就业情况、未来生活打算三个方面进行深入访谈，从中总结其特征和城镇化模式。笔者共访谈非正规就业案例94个，其中各类商贩30名，出租车司机31名，建筑工33名（表1-6）。平均每个访谈的时间在15~30分钟，一般均不影响受访者的正常活动，如乘坐出租车期间对司机进行访谈，在路边与小商贩聊天，受访者大多愿意交谈。

非正规就业访谈样本统计　　　　　　　　　　　表1-6

| | 出租车司机 | 小商贩 | 建筑装修工 |
|---|---|---|---|
| 样本数量（名） | 33 | 30 | 31 |

数据来源：周口非正规就业人员访谈

## 1.5　本书框架

本书以新时期我国实施新型城镇化战略为研究背景，以农户为主要研究视角，以认识农户城镇化模式与动力机制、把握传统农区城镇化规律为研究目标。本书按照"理论建构-实证研究-总结修正-实践指导"的思路展开。理论部分，在厘清农户理论的渊源与我国农户特征的基础上，将农户的家庭理性进一步分解为社会理性和经济理性，提出社会理性是农户城镇化的引导性动力，而经济理性是支持农户城镇化的必要条件的假设。进而将农户行为置于宏观经济社会发展环境中，基于结构性理论，构建起经济社会发展、农户行为变迁与城镇化的理论框架。

为了验证理论，实证部分以农户的就业方式为依据，将研究对象划分为农业就业农户、外出务工农户、本地企业就业农户和本地非正规就业农户四类，深入研究各类农户的城镇化特征。在每类农户的具体研究中，按照"宏观制度与市场环境变化-农户特征与城镇化意愿-影响要素-城镇化模式与动力机制"的逻辑展开，力图建立农户城镇化决策与家庭理性、外部环境变化的关系。

按照这一思路全书分为九章。

第一章绪论主要阐明研究背景、研究意义，界定相关概念，提出研究问题，介绍研究思路与方法，研究数据收集与写作框架等。第二章为研究综述与理论框架。在系统梳理农户理论、迁移理论与国内外相关研究的基础上，深入分析农户家庭理性与行为逻辑，建立了在宏观制度政策与市场环境影响下农户行为与城镇化模式、动力机制的理论框架。

第三至七章为实证研究部分。第三章介绍案例地区河南省周口市的基本情况，回顾其城镇化发展历程与问题；研究农户的总体特征与分类，为后文研究提供背景材料。第四章以外出务工人员电话调查为基础，分析外出务工农户的特征、流动意愿和影响因素，进而总结出他们可能的城镇化模式。第五章通过典型企业员工问卷调查，研究本地企业就业农户的城镇化特征。第六章重点研究非正规就业对城镇化的支撑作用。第七章主要研究农业现代化进程中农业就业农户的城镇化问题。

第八、九章为总结部分，在实证研究的基础上，概况传统农户城镇化的特征、典型模式和动力机制，并对理论框架进行修正与完善；总结全书主要的研究发现与创新点，提出进一步研究展望。

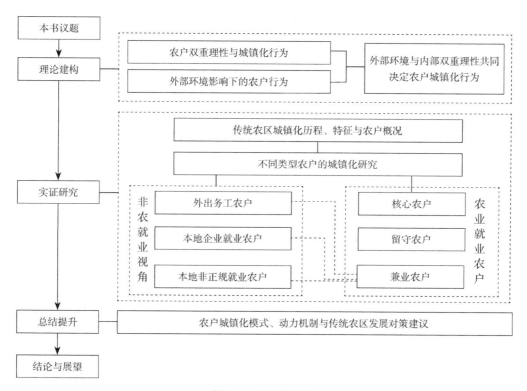

图1-1　研究框架图

# 第2章 农户城镇化理论建构

城镇化的过程也就是无数农户从第一产业向二、三产业的就业转变，与从农村向城镇的空间转变过程；这中间农户内生的家庭理性决定着其行为逻辑与模式，同时也受到外部制度政策、市场环境等宏观因素的影响。然而既有研究并没有把农户家庭的微观行为与宏观城镇化发展有机联系和贯通起来，形成综合性的理论框架（王兴平，2014）。由于缺少农户微观层面的分析，西方经典的城镇化理论难以解释我国现阶段独特的弹性城镇化、不完全城镇化等现象。因此需要从农户视角重构城镇化理论，既关注农户的行为逻辑与特征，又研究影响农户行为的外部制度政策与市场环境，打通农户微观行为与宏观社会经济结构的联系，从而对城镇化进程、模式与动力机制进行更好的解释。

农户城镇化理论，就是要从农户这一城镇化的微观主体入手，通过剖析他们的理性、行为逻辑、影响因素以及与外界市场、制度政策的关系，来分析其城镇化模式、动力机制，并形成系统的理论性解释。因此，农户视角的城镇化理论是从农户的行为出发，自下而上、由内而外研究城镇化问题，是对以人为本的新型城镇化理论的深化，也是对既有城镇化理论的完善与补充。当然农户城镇化理论，并不只局限于农户个体的微观层面，由于农户行为必然受到外部条件的影响，农户视角的城镇化理论也要将外部制度变迁与市场演化纳入研究框架，从而构建起宏观与微观耦合的理论框架。因此本章在基础理论与文献回顾的基础上，对农户的家庭理性进行重新认知,并以结构化理论为基础,构建在制度政策和市场环境制约下农户行为与城镇化模式选择的理论框架,为后文的分析和实证提供理论支撑。

## 2.1 理论基础:农户理论、迁移理论与中国小农的特征

### 2.1.1 农户理论渊源

(1)道义小农与理性小农

农户理论总体上可以分为道义小农与理性小农两个学派。恰亚诺夫(1925)研究发现处在不同生命周期中的家庭,其家庭有效劳动力数量与实际消费者数量的比率不断变化,导致家庭生存所面对的经济压力也在变化,从而决定了劳动力投入强度的变化,即"家庭需求越强,有效劳动力越少,则劳动强度越大",从而提出维持生计为基础的生产和消费均衡的小农经营理论;并由此推论小农户是为生存而生产的,其目的是为了满足家庭消费,而不是市场交易,因此农户并不追求利润的最大化,成为道义小农学派的基础理论;C. 斯科特(2001)在《农民的道义经济学》一书中研究了缅甸和越南农民的生产生活与反叛,发现农民通常把生存和安全放在第一位,其行为的重点在于如何避免灾难、风险,而不是利润或预期利润的最大化;典型表现是虽然经济作物能够带来更高的收益,但由于其风险也更大,因此农民普遍更愿意种植粮食作物。斯科特强调农户的生存伦理(subsistence ethic),并将在此基础上形成的成员互助、社会公平等制度安排,称为道义经济。

以舒尔茨(1964)为代表的理性小农学派认为在完全竞争的市场环境中,农民在农业生产中能够有效配置各种要素,农业中并不存在大量不充分就业的劳动力[①];农民也是以收益最大化为目标的理性经济人,其行为本质上与企业、资本家是类似的。波普金(Popkin, 1979)在《理性小农》一书中以政治经济学的方法对越南的农村和农民进行研究,认为农民是理性的个人主义者,一般情况下农户们都是各自谋利的,他们在开放的环境中相互竞争,以追求自身利益的最大化;而农民所组成的村庄只是空间上的实体,而并无共同的认知和利益纽带。贝克尔(1965)在舒尔茨理性小农的基础上,创造性地用微观经济学的方法构建农户模型来研究家庭问题,并将时间这一变量引入家庭分析,从而更为清晰地解释了家庭分工等一系列行为,形成了新家庭经济理论。

---

① 舒尔茨以印度在1918~1919年间由于流行性感冒引起农业劳动力减少,并导致农业生产下降的事实,证明农业产量变化与劳动力数量变化是密切相关的,因而农业中并不存在大量不充分就业的劳动力。

### （2）理性小农与道义小农理论均不足以全面解释农户的行为

从理论体系上看，理性小农与道义小农是截然对立的，造成这种对立的根源是它们的假设前提与研究方法的差异（黄鹏进，2008）。舒尔茨、波普金、贝克尔等理性主义者，强调完全竞争的市场环境；而恰亚诺夫研究的二十世纪初的俄罗斯，斯科特研究的越南等地区恰恰是不存在市场环境的，这也从根本上决定了他们据此提出的农户行为理论是非理性的（表2-1）。而在现实生活中，即不存在理论假设的完全竞争的市场环境，也不存在农户完全脱离市场的情况，因而农户的行为往往既表现出道义经济的一面，也表现出理性经济的一面。如在《华北的小农经济与社会变迁》一书中，黄宗智（1986）开宗明义地谈到需要从三个角度理解中国小农：

> 首先，是在一定程度上直接为自家消费而生产的单位，他在生产上所作的抉择，部分地取决于家庭的需要。在这方面，他与生产、消费、工作和居住截然分开的现代都市居民显然不同。其次，他也像一个追求利润的单位，因为在某种程度上他又为市场而生产，必须根据价格、供求和成本与收益来作出生产上的抉择。在这方面，小农家庭的农场也具备一些类似资本主义的特点。最后，我们可以把小农看作一个阶级社会和政治体系下的成员；其剩余产品被用来供应非农业部门的消费需要。

**经典农户理论比较表**　　　　　　　　　　表2-1

| 农户理论 | 代表学者 | 行为逻辑 | 环境条件 |
|---|---|---|---|
| 生产消费均衡理论 | 恰亚诺夫 | 为生存而生产的，而不是市场交易，满足家庭消费需求 | 有农产品市场，但劳动力市场、土地市场缺失 |
| 理性小农 | 舒尔茨 | 最大化利用家庭掌握的资源，追求家庭收益最大化 | 完全市场竞争 |
| 道义小农 | 斯科特 | 把生存和安全放在第一位的，行为的重点在于如何避免灾难、风险 | 自然风险、社会风险、价格不确定性 |
| 新家庭经济理论 | 贝克尔 | 家庭成员在收入和时间的双重约束下获取最大的满足，实现家庭生产效用最大化 | 完全市场竞争 |
| 综合小农 | 黄宗智 | 小农户既为自家消费而生产；在一定程度上也为市场而生产，追求利润的，具有"理性经济人"的特征；同时还是被剥削的群体 | 部分参与不完善的市场 |

资料来源：笔者根据相关文献整理

从另一个角度看，两个学派的争论也反应出经济学和社会学在研究视角、研究方法方面的差异。通常经济学家讨论的人的行为是理性的，前瞻的，而社会学家讨论的人的行为更多地遵从现有规则，被惯性力量控制（C.曼特扎维诺斯，2009）。在这样的分野下，经济学更多解释人们如何进行选择，而社会学则解释人们为什么不进行选择。但理性小农学派片面强调经济理性，将人类的各种行为都纳入经济学框架模型的研究方法也不断受到批评。波兰尼（1944）很早就从经济社会史的角度对过分强调小农行为的经济性进行了批判，他认为在大规模的市场经济出现之前，农户行为受亲朋间普遍存在的"互惠"关系支配，即农户的经济行为是根植于社会关系的，而非取决于市场和追求高利润的动机；因此对农户的分析不能仅从经济角度展开，而是应回到经济社会发展的实体中，把经济过程作为社会"制度过程"来研究。波兰尼还进一步提出了"嵌入"概念，认为经济行为的根源或动机是由各种非经济因素促成，而不仅仅是为了利润的最大化。新经济社会学派继承了"嵌入"的观点，认为任何经济行为都是嵌套在社会结构中的（Granovetter，1985）。这也提醒我们在研究农户理性与城镇化问题时不能过于局限于其经济理性，而是要结合经济社会背景，采用更为综合全面的视角。

### 2.1.2 人口与家庭迁移理论

**（1）人口迁移理论**

城镇化过程就是人口从农村到城镇迁移、聚集的过程，因此人口迁移一直是城镇化研究领域的重点课题，并形成很多经典理论。英国学者拉文斯坦（Ravenstein，1885）最早从迁移人员特性、迁移距离、流向等方面总结人口迁移的规律。唐纳德·博格（Bogue，1959）在其基础上借助运动学理论，提出的人口迁移的"推拉理论"，将影响人口迁移的因素分为由于自然资源枯竭、收入水平低等原因，将过剩劳动力推出的"推力"，以及高工资、好生活和就业机会等吸引外来人口的"拉力"两个方面（钟水印，2000）。

刘易斯的二元经济理论将发展中国家的经济部门划分为现代生产方式的城市工业部门和传统生产方式的农业部门，在工业部门的劳动生产率、工资水平明显高于农业部门，且农业部门存在大量边际劳动生产率为零的剩余劳动力的情况下，劳动力会不断从农业部门流向工业部门，从农村流向城镇，城镇化也就自然发生。此后，托达罗（Todaro，1969）又引入收入预期和非正规就业部门两个概念，对二元模型进行修正，他进一步将经济部分划分为农村农业部门、城市正规部门和城市非正规部门三个部分，在城市正规部门就业机会短缺的情况下，受收入预期的引导，农村人口会向城市非正规就业转移。人力资本理论基于文化教育水平高、素质高的青壮年劳动力迁移概率更大这一现象，认为人口迁移对人力资本的形成有重要作用（Lucas，2004）；因此加强基础教育、提高劳动力素质，对于缩小城乡差距，推动城镇化发展有重要意义。

**（2）家庭迁移理论**

总体上看，上述关于人口迁移的理论主要是针对劳动力个体的研究；20世纪70年代以来，Stark和Taylor等学者逐渐将人口迁移研究的重点从劳动力个体转向家庭，提出了新家庭迁移理论。新家庭迁移理论认为虽然劳动力素质、城乡收入差距等因素对个体迁移有明显影响，但迁移决策一般不是由个体做出的，而是家庭行为。Da Vanzo（1976）借鉴贝克尔家庭经济学的研究方法，以家庭福利最大化为目标，建立家庭收入支出函数。Katz、Stark（1986）用契约安排理论来解释家庭内部关系和迁移决策，认为家庭关系使成员之间形成一种内部契约，对其中劳动力素质较高者，优先提供教育、资金等各方面的支撑，使之实现转移就业，而转移者在获得更高的收入后要反过来为家庭提供经济帮助。这是一种"风险共担、利益共享"的契约安排，迁移者和其他家庭成员都可以获得各自的利益，从而实现家庭利益的最大化。同时从投资组合论的角度看，家庭劳动力从农业到工业的转移就业，还能有效规避家庭整体的经济风险（Mincer，1978）。新迁移经济学还通过"相对剥削"来解释社会特征对家庭迁移决策的影响，认为家庭迁移不仅受到城乡预期收入差距的影响，还受到本地农户间收入差距的影响，相对剥夺感较强的家庭通常会有更为明确的迁移意愿（Stark & Taylor，1985）。

### 2.1.3 中国农户代际纵向主导的家庭关系与分工兼业的经济特征

无论是理性小农、道义小农还是新迁移理论，都是以西方农户为基础提炼出的理论体系。虽然理论中的很多观点也适用于中国农户，但由于中西方文化传统存在明显差异，因此有必要仔细分析中国农户的特殊性，并以此对西方经典理论进行必要的调整与修正。不同于西方社会"个体本位"传统，即在个人与家庭的关系中强调个人的独立自由与独立发展，中国社会更强调"家庭本位"，更重视家庭整体利益，在个人与家庭产生矛盾时要求个人服从家庭。这种文化传统差异一方面表现在家庭关系上，中国农户更重视纵向的亲子关系，形成代际间纵向的家庭结构；另一方面在经济行为上，中国农户更为勤劳，对环境也有更强的忍耐力。

（1）中国本土化的农户研究

农户研究在我国有着优良的学术传统。近代以来中国传统的农耕文明、乡土社会受到西方工业文明的冲击，很多学者都认识到中国作为乡土社会，只有认识、改变中国的乡村，才能找到中国的出路，如梁漱溟先生所言"求中国国家之新生命必于其农村求之；必有农村新生命而后中国国家乃有新生命焉"[①]。早在20世纪20至30年代，陶孟和、李景汉等学者受实证主义思潮影响，主张社会学研究扬弃思辨性的哲学，通过广泛的社

---

① 梁漱溟. 河南村治学院旨趣书 [M] // 许纪霖. 内圣外王之境——梁漱溟集. 上海：上海文艺出版社，1998：155.

会调查，掌握真实的情况，以数据来展示、叙述中国社会实况，开启了用现代社会调查方法研究中国乡村社会的先河（李富强，2010），形成乡土调查学派。同期，晏阳初在河北定县、梁漱溟在山东邹平进行乡村建设运动，探索改变农村贫困、落后状况的路径。

此后以吴文藻、费孝通、林耀华为代表的社区研究派，又在大量乡土调查的基础上，提出以人类学的方法改造社会学，形成了中国特色的人类社会学研究方法（吴文藻，1990）。林耀华（1989）通过对福建义序的深入调研，总结出宗族乡村的概念，阐释了中国传统乡村中宗族的结构及社会组织功能。费孝通则进一步在实地调查、比较研究的基础上，写出了《乡土中国》，较为系统地概括出了中国乡村的特征及其成因；其所总结的"熟人社会""差序格局""家庭宗族""士绅治村"等概念，更是成为人们认识、理解中国小农户和乡土社会的基础。

20世纪90年代以来，三农问题的日益突显，引发了新一轮农村研究的热潮，相关研究一方面继承了我国的学术传统，也明显受到西方农户理论、农户模型的影响，实证分析与理论总结互相促进，形成良好的学术积累。学者们在大量深入细致的农村调查基础上，厘清了在经济社会快速发展背景下农户行为的基本逻辑，提出了具有洞见和解释力的本土理论。如郑风田（2000）借鉴新制度经济学理论，将制度变迁与制度供给作为影响农户行为的重要因素，提出小农经济的制度理性理论，认为不同的制度环境下农户的理性是有所差异的。在封闭的自给自足的条件下，农户的理性是家庭效用最高；在农产品、劳动力都能实现市场化的情况下，小农行为符合"理性经济人"假设，追求家庭利润的最大化；而在从计划经济向市场经济过渡的情况下，小农的行为具有双重性。徐勇、邓大才（2006）提出"社会化小农"的理论，认为在社会化大分工的背景下，我国小农户的日常生产、生活、社交等活动都被卷入社会化的分工协作体系中，成为"社会化小农"，他们以货币收入最大化为行为逻辑，受货币支出压力约束，按照货币收入的多少分配家庭劳动力。贺雪峰（2014）把当下中国农村普遍存在的以代际分工为基础的半工半耕的农业经营与农民生计模式概括为"中国式小农经济"。由于人地关系紧张、户均耕地占有量过小，致使农村青壮年劳动力大量进城就业，获取非农收入，而不具有劳动力资本优势的中老年人则在农村从事农业生产，从而形成代际分工。而随着进城务工人员增多，少量留在农村务农的中年人会流转入更多的土地，成为具有适度规模经营的"新中农"；这种适度规模经营的中农与留守的老年人正在成为中国农业生产的主体。

（2）代际纵向主导的家庭社会特征

按照人类学和社会学的观点，家庭中的丈夫、妻子和子女构成家庭的基本三角关系，这个三角关系决定着家庭结构和其他从这一基本三角扩展延伸出去的家庭关系，而婚姻的意义正在于建立社会结构中的基本三角（费孝通，2003）。家庭结构的基本三角关系还可以分为横向关系和纵向关系；其中横向关系指夫妻关系，纵向关系为亲子关系（图2-1）。

图2-1 家庭三角关系示意图
图片来源：潘允康，2002

在我国家庭传统中，亲子关系重于夫妻关系，因而传统中国家庭结构的重心在亲子关系，是纵向的家庭关系，这与西方的家庭有着明显差别。对此费孝通先生在《乡土中国》中写道：

在西洋家庭团体中，夫妇是主轴，夫妇共同经营生育事务，子女在这团体中是配角，他们长成了就离开这团体。在他们，政治、经济、宗教等功能有其他团体来负担，不在家庭的分内。夫妻成为主轴，两性之间的感情是凝合的力量……在我们的乡土社会中，家的性质在这方面有着显著的差别。我们的家既是个绵续性的事业社群，它的主轴是在父子之间，在婆媳之间，是纵的，不是横的。夫妇成了配轴。

儒家思想认为婚姻是两姓宗族之间的事，而非男女双方个人的事（潘允康，2002）。正所谓"不孝有三，无后为大"，婚姻作为关系宗族延续的大事，主要目的是生孩子，传宗接代。在此基础上中国家庭中个人与家庭有较强的依附关系，传统家庭伦理的核心也强调纵向关系，上要孝敬父母，下要生育、抚养子女，而不讲究夫妻恩爱等。显然这种强调纵向关系的家庭传统，在当下中国农户中依然存在着明显的影响，突出表现为"双向反馈模式"（盛亦男，2014），即上一代会尽力支持子女的教育、结婚、住房等发展需求，同样子女也有赡养父母的义务。现实中很多农户到城镇购房、实现城镇化的主要目的是使子女接受更好的教育，同样很多外出打工者返乡的主要原因就是家中父母年纪大了，需要人照顾。

（3）工农兼业、内部分工的家庭经济特征

传统上中国农民以家庭为基本单位，形成农业和家庭手工业互为补充（费孝通，2001）、自给自足经济的小农经济模式。长期以来由于人地关系紧张，又缺少其他谋生手段，造成小农经济的"过密化（内卷化）"（黄宗智，2000），即农户为了获得农业总产量的增加，在有限的土地上投入更多的劳动力，造成劳动力的边际效益降低的情况。

虽然随着大规模非农就业、人口自然增长减慢和农业生产结构转型三大历史性变化的同时发生（黄宗智、彭玉生，2007），当下中国农户已经突破了小农经济内卷化的发展窠臼，农业就业的人均劳动生产率和收入有所提高。但长期的过密化，则在一定程度上养成了农民特别吃苦耐劳、勤劳节俭的传统，表现为高强度投入、大比例积累、低水平消费、少时间休闲的经济特征（袁明宝，2018）。同时农业与手工业相互结合的传统在新的政策与市场环境下，表现为根据劳动力的素质和能够获得的现金收入水平，安排青壮年劳动力外出务工以提高总体收入，老年劳动力在家务农以减少家庭风险；整体上形成家庭内部工农兼业、代际分工组合的模式。

## 2.2 相关研究进展

本书的研究主题是从农户视角认识传统农区的城镇化现象与规律。其中农户是研究的基本视角,城镇化是研究的核心问题,传统农区是关注区域。因此本节从农户视角的城镇化研究及传统农区的城镇化研究两个方面进行文献综述。

### 2.2.1 农户视角的城镇化研究

近年来,随着人口流动家庭化趋势的加强,更多研究从农户家庭的角度分析其城镇化决策、行为逻辑与影响因素。在社会学、人口学等相关研究领域,学者们多使用"家庭化流动"(崇维祥等,2015)、"家庭迁移"(洪小良,2007;杨雪、马肖曼,2014)或"流动家庭"(杨菊华、陈传波,2013)等概念。事实上,由于乡—城迁移是我国人口流动的主体,因此人口、家庭流动的相关研究在很大程度上与本书的主题密切相关。根据相关研究的关注点,本节从以下四个方面进行综述。

(1)人口流动与城镇化、市民化研究

改革开放以来,随着国家经济社会快速发展,人口迁移流动日趋活跃。王放(1993,2004,2014)通过历时性研究表明,农村人口向城镇迁移是近30年推动城镇人口增加,城镇化率快速提升的主要动力。不同于西方国家工业化、城镇化过程中以举家迁移为主要形式,很长一段时间国内人口迁移以劳动力个体、短期迁移为主,农业转移劳动力虽已在城镇就业,却无法安家落户,其家庭依然留在农村,形成异地不完全城镇化模式。东南沿海地区和长三角、珠三角和京津冀三大城市群是跨省人口流动的主要聚集地,外来人口成为这些城市群和中心城市人口快速增长的主要因素(毛新雅,2014)。

影响因素上,城乡二元的户籍制度是形成我国农业转移人口在城乡间"候鸟式"周期性迁移,造成城镇化长期滞后于工业化的主要原因(段晋苑,2010)。由于流动人口在城市不能享受相应的社会福利,他们无法切断与农村土地的关系,形成"离乡不放土"的迁移模式(陶然、徐志刚,2005)。随着新型城镇化的推进和户籍制度改革,制度因素的制约作用明显减弱,而房价、收入等经济因素对人口流动的影响作用更为突出(Shen,2013)。此外城市高水平的公共服务,尤其是教育逐渐成为吸引外来人口落户定居的重要因素(李拓等,2015;杨晓军,2017)。

外出农民工在打工地实现市民化是农户实现家庭城镇化的重要方式。近年来,随着新型城镇化政策的推进,大量研究聚焦市民化,估算农民工市民化成本并提出分担机制建议(耿虹、朱海伦,2017;张欣炜、宁越敏,2018;刘晓,2018)。目前各城市农民工市民化的成本普遍较高，成本和收益在输入输出地等不同主体间并不相匹配（蔡瑞林等，2015），成本分担机制有待进一步改善。农民工是否实现市民化受自身能力意愿，以及目标城市的人口容量与市民化需求的双重约束，根据农民工意愿与城市人口容量的匹配程度，可以划分为平衡、主观、自利三种模式（刘小年，2017）。

总体上，人口流动视角的城镇化研究在分析人口流动特征、趋势与影响因素等方面形成了丰富积累，对于把握人口流动与城镇化的总体趋势具有重要作用。但相关研究更注重人口迁移特征的总结以及人口迁移对区域经济发展的影响，而关于人口迁移对城镇化的影响机制方面比较薄弱（刘涛等，2015）；尤其是对传统农区这样人口长期流出地区城镇化的影响与作用机制的研究尚显不足（刘岱宁，2014）。

（2）农户家庭城镇化的特征、过程研究

当前我国人口流动模式正逐步从劳动力个体流动向家庭整体流动转变。根据《中国流动人口发展报告2016》，从2013年到2016年城镇流入家庭的平均规模从2.50人增长到2.61人，全国一半以上的流入家庭有3人共同生活在同一城市。这一方面是随着以人为本的新型城镇化战略的推进，各地普遍放开户籍、社保等限制，降低农民工市民化的制度门槛，促进了人口的家庭化迁移。另一方面流动人口的结构性变化也是家庭化流动趋势增强的重要原因，据统计从2007年开始大学毕业生就已经超过农民工，成为我国新增城镇就业群体的主要组成[①]。与传统意义上的农民工相比，大学毕业生的劳动力素质、收入水平较高，更有能力进行家庭化的迁移，从而在整体上拉高了家庭化迁移的水平。

随着农户收入的普遍提高，农户流动模式正在从过去以实现家庭经济收入最大化为目标（蔡昉，1997），采用劳动力素质较高的男性劳动力个体迁移，家庭其他成员留在农村的"家庭离散策略"（Fan，2008），逐步转变为"梯次迁移、举家迁移"（梁勇、马冬梅，2018）的渐进式家庭迁移模式。通常农户家庭完整的城镇化都会经历复杂、反复的过程，其家庭成员往往会经过多次、多向迁移才能实现家庭团聚，有些甚至要经过代际间的持续迁移才能最终实现家庭稳定的城镇化（李晓江、郑德高，2017）。受经济条件、制度因素制约，在无法一次性实现家庭完整流动的情况下，农户会选择先夫妻、后子女的迁移顺序；流动人口是否能够实现家庭化迁移主要受迁入地区生活成本和迁移距离的影响（吴帆，2016）。

很多研究（刘传江等，2007；殷江滨等，2012；王静，2017）注意到代际差异对农户城镇化意愿与行为的影响，一代农民工不进城，二代农民工不返乡是对这种差异的一

---

[①] 据人力资源和社会保障部统计，2016年普通高校毕业生达到765万人，约占当年城镇新增就业人数的58.2%，参见 https://finance.sina.com.cn/roll/2016-03-08/doc-ifxpzzhk2461177.shtml。

般性概括。随着生活习惯和观念的转变，农民挣钱后在农村建房的习惯正逐步改变，年轻一代农户到城镇购房的比例有明显增加（刘守英等，2018）。同时家庭迁移中普遍存在着"重幼轻老"现象，如曹广忠等（2013）调查证明儿童随外出务工父母迁移的比例约为25%，而老人只占2%，这无疑增加了农村的养老负担。

在空间上，不同区域的农户家庭城镇化水平与难易程度存在一定差异。相比长三角、珠三角等发达地区，中部省份迁移家庭的规模一般较大、包含代际最多，总体上家庭化迁移的比例也最高（杨菊华、陈传波，2013）。这与其经济欠发达，以省内人口流动为主，在制度政策、社会融入等方面较为容易有一定关系。陈晨和赵民（2016）则注意到流动人口在输入地主要集中于高等级的城镇，而在输出地则主要集中在县城等低等级城镇，呈现出"对偶性差异"，并以"家庭经济理性"解释了差异产生的原因：即流出的异地城镇化人口主要为了追求高工资和更好的发展机会，因而聚集在大城市；而回流或留在本地的人口考虑照顾家庭，并充分利用农村承包地、宅基地等资产，从而获得经济和非经济两方面的收益，因此更倾向于在县城、小城镇等低等级的城镇进行"就近城镇化"。以家庭为单位考量异地城镇化和本地城镇化两类农户的总体福利水平（包括经济福利和非经济福利）是趋于收敛的。

（3）农户城镇化理论解释与影响因素研究

从农户家庭视角解释人口流动与城镇化现象，探究城镇化的微观动力机制一直是相关研究的重点，不同学者选择了不同的研究视角。李小建（2009）提出农户地理学概念，从农户空间行为与地理环境的关系入手，较为系统地研究了农户活动的类型、区位选择、空间利用方式等，但该研究以农户在农村的耕种、居住、商业活动等行为为重点，并未对农户的城镇化行为进行重点考察。王兴平（2014）界定了家庭离散化的特征与问题，并从家庭区位理论的角度，提出居住—就业—公共服务"三元耦合"的农户家庭城镇化模式。

大部分学者以理性小农理论为基础，从家庭迁移的收益最大化角度，解释农户家庭迁居与城镇化行为。如赵民等（2013）基于古典经济学理性"经济人"的概念提出"经济家庭"的分析框架，从劳动力市场配置和家庭资产处置两个方面，对我国农村劳动力和农村家庭转移中的劳动力转移多、而家庭转移少的不对称现象做出解释：即无论是青壮年劳动力进城打工，还是老人、妇女留守农村，都是出于家庭资源最优化利用的目的，符合"经济家庭"假设。夏璐（2015）、罗震东等（2016）从家庭整体理性的角度解释农户行为的微观动力机制，认为农民的迁居行为是整个家庭基于经济理性的策略组合，家庭内部通过成员分工合作和优先次序的排列实现整个家庭的持续发展。

也有一些研究注意到中国文化传统、家庭伦理对农户行为的深远影响。中国农村独特的家庭结构与代际关系，构成农户自下而上城镇化的动力与支撑（贾林州，2010）。

数千年家族、家庭观念和基于此的乡土文化传统，使中国家庭代际间的关系更为紧密，养育子女、赡养老人被视为家庭的重要责任和义务，因此子女教育和老人赡养成为影响农户城镇化的重要因素。盛亦男（2014，2016）从中国家庭传统和土地、户籍制度等方面对农户城镇化行为进行解释，认为传统的家庭文化伦理传统使家庭更倾向于整体迁移；而户籍制度阻碍了农户家庭在城镇定居，土地制度则使农户因不放弃农村承包地与宅基地权利而采取不进行举家迁移。从农户家庭的角度来看，其城镇化过程并不是单纯追求经济效益最大化，考虑到抚养子女、赡养老人等责任，农户会将部分社会成本进行内部消化，从而减弱家庭流动对家庭功能的影响。

综合来看，现有研究在分析农户行为逻辑、农户城镇化的微观动力机制，解释我国当下特殊的城镇化进程方面取得明显进展。但由于相关研究的理论视角不同，案例地区的差异也较为明显，使相关研究在农户城镇化主要影响因素是经济原因还是家庭原因方面，存在明显分歧。一些研究认为非农就业、城镇务工收入、预期收入等经济原因是影响农户城镇化决策的关键因素。这种观点符合刘易斯的二元结构理论和托达罗引入收入预期和非正规就业修正后的二元结构理论，能够较好地解释工业化、劳动力转移与城镇化之间的关系。如章铮（2006）研究发现非农就业收入、城市房价和预期在城市工作年限是影响农民工家庭城镇化与否的关键原因；徐丽等（2016）研究表明家庭主要劳动力文化水平、家庭收入水平、非农收入比重等因素对农户本地城镇化有明显促进作用；王丽英等（2017）认为农户是否城镇化主要取决于城镇化是否能够提高其收入和资源配置效率。

值得注意的是，随着我国城镇就业结构的非正规化，非正规就业已经成为城镇新增就业岗位的主体（胡鞍钢等，2006）。作为城市内部"岗位成本"最低的就业方式，非正规就业具有较高的劳动效率（李强、唐壮，2002），可为城市居民提供相对低廉的产品和生活服务，并对从业者实现城镇化起到重要的支撑作用。麦吉（McGee，1977）发现东南亚国家城市化的一个显著特征是街头小贩等非正规经济活动非常活跃，带动了城市人口的增长。但国内关于非正规就业对农户城镇化影响的研究尚处于起步阶段，需要进一步阐明其作用与机理。

另一些学者则认为农户的家庭结构和所处的生命周期阶段是影响农户城镇化决策的主要因素，处于不同生命周期阶段的家庭的行为策略有明显差异（林善浪等，2010；汪为等，2017）。对于有未成年子女的家庭，孩子能否接受良好的教育是农户城镇化决策中最关注的问题（朱琳等，2012；贾淑军，2012；夏永久等，2014），城镇较高的教育水平和较好的生活环境是吸引农户进城的最主要动力。严瑞河和刘春成（2014）通过对北京郊区的调研发现，照顾老人是影响农户城镇化意愿的重要影响因素，家中有老人需要照顾的农户出于经济、社会保障、心理压力等方面原因，城镇化意愿明显低于没有老人需要照顾的农户。王绍琛、周飞舟（2016）通过对于内蒙古赤峰市外出务工农户的跟踪研究，发现外出打工者的经济行为是牢牢嵌套在整体家庭结构中的，在难以在打工地实现完全城镇化的情况下，大部分劳动力外出务工是为了其家庭能够在家乡实现本地城镇化。

对农户的城镇化行为起到关键影响的是经济要素还是家庭要素，其背后的问题是在城镇化进程中起到主导作用的是农户的经济理性还是社会理性。仅从家庭经济效益来看，高素质劳动力个体迁移，能够使正规家庭的风险减小、收益增大，其问题是会造成家庭分离、子女老人无人照顾等问题。事实上，农户家庭决策过程中并非仅考虑经济收益，而是会将家庭福利水平考虑在内，在提高经济收入和改善家庭福利之间寻找平衡，通过家庭行动策略的调整，使家庭基本功能得以维持，并使家庭获得长远发展。

（4）农户城镇化的影响与对策研究

从个体到家庭的流动模式的转变必然会对城镇化进程产生显著影响，需要调整相关制度政策、公共服务设施配置、城乡空间布局来应对满足家庭城镇化的需求，并进一步促进家庭城镇化发展。与理论解释、动力机制分析相比，更多研究（张如林等，2012；苟春兵，2014；孙敏，2017）关注农户行为对城镇化路径、空间格局的影响，基于对农户生活状态的认知，总结、推演城镇化趋势，并提出规划对策。

首先，农户家庭城镇化必然对城镇公共服务等提出更高的要求。陈宏胜和王兴平（2015）将农户家庭城镇化需要的公共服务划分为"生活服务""发展服务"和"制度服务"三类，并指出随着家庭城镇化进程的深入，公共服务的类型逐渐从生活服务向发展服务和制度服务升级；需要建立政府、市场、社会三方面结合的公共服务供给系统以满足相关要求。通过扩大城镇公共服务覆盖范围，消除户籍、社会保障等制度约束，提供多样化的住房保障体系等措施完善家庭友好型的城镇化政策框架（吴帆，2016），是促进农民工市民化和家庭城镇化，提升城镇化质量的重要措施。其次，在城镇住房方面，冯长春等（2017）发现由于社会经济特征、地理特征、在迁入地融入程度等差异，形成"夫妻同住型""三代同住型"等不同类型流动家庭的住房特征存在明显分异，对此需要地方政府应完善多层次、梯度化的住房政策，以满足不同类型家庭城镇化的需求。

一些研究关注农户行为的空间差异性，并据此提出城乡空间优化调整建议。如赵明等（2013）基于对湖南省长沙县的调研，发现城市近郊和远郊农户在收入构成、城镇化意愿、公共服务设施需求方面差别明显，需要采用不同的政策和规划布局来应对。李俊鹏等（2017）基于河南禹城市农户城镇迁居意愿的调查发现县中心城区、建制镇在城镇化进程应有不同定位，起到不同的作用，并提出以县城为中心构建县域一体化生活圈，形成"县城—村庄"两级更为扁平化的城乡空间结构。也有少量研究关注农户城镇化对农村空间格局的影响，如土地流转（陈训波，2013；宋宜农，2017）、农村空心化等问题（刘彦随等，2010；陈涛等，2017）。李伯华（2014）以过渡农户、有限理性为农户认知基础，较为系统地分析了农户空间行为对村庄聚落、乡村环境与社会网络的影响，阐述了农户行为与乡村人居环境系统的相互关联与影响机制。总体上，关于农户家庭城镇化对策的研究更多集中在迁入地区与城镇的政策与空间方面，而对人口迁出的农村、农区如何应对的探讨还明显不足。

### 2.2.2 传统农区城镇化研究

大量文献从粮食安全、区域均衡、产业转移等角度研究传统农区的发展问题，本节主要对其中涉及城镇化的内容进行综述。总结农区城镇化的特征与问题，探究农区城镇化的动力机制，研究劳动力回流、产业转移对农区发展与城镇化的影响是主要研究方向。由于传统农区与粮食主产区在空间范围上存在交叉或重叠，在城镇化特征与路径上存在共性和参考意义，因此为了使文献调研更加完整全面，本节的综述涵盖了对于传统农区、粮食主产区以及河南省城镇化的相关研究。

（1）国际研究进展：强调综合性研究视角与农区内生发展动力

长期以来农业地理学是农区研究的核心内容，重点是因地制宜地规划农业地域类型、安排农业生产。20世纪80年代以来，国际学术界针对农业地区的研究逐渐从传统的农业地理、农村社区、农业土地利用等单个主题研究，转向在全球化视角下对农区问题进行经济、社会、政治和地理的综合性研究（李小建等，2007）。如美国学者道格拉斯（G. Douglass，1984）提出"可持续农业"的概念，从环境重要性、食物充足性和社会公平性三个方面界定了可持续农业的含义。布朗（G. J. Brown）等1987年提出了可持续农业的发展目标，涉及生态可持续性、经济可持续性和社会可持续性三个方面。进而相关的研究成果体现在联合国粮农组织（FAO）1991年在荷兰丹波通过的《关于可持续农业和农村发展的丹波宣言和行动纲领》中明确提出农业和农村发展必须达到确保食物安全，增加农村就业和收入、根除贫困，以及保护自然资源和环境三个基本目标。为了达到综合性目标，需要各国重新审视、调整农业政策和资源与环境政策，广泛采用综合性的持续农业技术以及相应的组织管理措施。

随着全球化的深入，资本、技术、劳动力这些生产要素可以自由地在全球配置，同时货物与服务的流动性也显著提高，因此基于上述要素的发展战略都是不可靠的，转而需要依靠本地不可移动的资源构建农业地区的竞争优势（Bryden，1998）。因而地方化（localization）研究的意义与作用进一步凸显（Richard & Knight，1995），更多的研究开始关注农区地方文化与特色资源。基于农区内生发展理论不断探索"社区引导的乡村发展"的路径（Böcher M，2008），强化用本地独特的资源优势的利益，创造不受挑战的竞争优势，鼓励农村产业的多样化，鼓励自主创新，扶持本地企业；同时内生发展带来的收益也应更多地为本地居民分享。范德普洛格（Van der Ploeg，2000）等基于欧盟国家的实践，提出随着粮食消费的满足和人们收入与生活水平的提高，以及绿色革命的影响，欧洲的农业生产正从"生产型农业"（productivist）向"后生产型农业"（postproductivist）转变，即从单纯追求高产目标的农业现代化范式，转向一种重新配置土地、劳动力、自然资源和社会关系，重视乡村内在价值与新经济活动的乡村发展范式。

（2）产业转移、劳动力回流与农区就近城镇化

随着东部沿海地区土地、劳动力成本的快速上升，大量产业向中西部地区转移。河南省凭借劳动力资源优势，成为承载产业转移的热点，实际利用外资金额从2005年的122960万美元，增长到2015年的1608637万美元。产业转移的经典理论主要从产品周期、劳动力成本、区域优势等角度研究产业转移的规律。刘易斯认为劳动密集型产业大规模向发展中国家转移，是因为发达国家的人口增长缓慢，劳动力供给不足，成本快速上升。弗农（R.Vernon，1966）的产品生命周期产业转移理论，认为随着产品从创新阶段向成熟阶段和标准化阶段过渡，其生产空间也会随之从人力资本较高的发达国家向劳动力价格较低的发展中国家转移。

国内关于产业转移对农业地区的影响主要集中在其对承接地区产业结构、工业化进程的影响上。产业转移带来的新技术、新的生产组织方式，有助于后发农业地区快速建立起较为完整的产业基础，从而推动本地产业升级，快速推进工业化（魏后凯，2003；胡鹏，2006）。由于产业之间存在的广泛、复杂、密切的联系，因此产业转移可以通过产业关联带动落后农区相关产业的发展（陈建军，2002；戴宏伟等，2008）。在市场经济背景下，与产业转移相伴的劳动力、资本和技术等生产要素的流动和聚集，无疑会对承接地的城镇化发展产生积极作用。理论上分析，产业转移可以通过两种路径带动城镇化发展，一方面是直接增加了非农就业机会，带动农村人口向城镇聚集；另一方面可以促进承接地的经济发展，提升公共服务设施和基础设施建设水平，从而提升城镇的吸引力。现有关于产业转移与城镇化关系的研究多是利用产业结构、GDP增长率、人均收入等统计数据，通过构建模型证明其间的相关性与影响系数（任金玲，2013；吕家权，2015）。而结合具体案例深入分析产业转移影响城镇化的路径与机制研究较少。其中周阳敏（2013）的研究具有一定启发性，其对河南省固始县的调查发现回归式产业转移（企业家回乡创业）具有高速度、低成本、强动力、低障碍、大规模、低风险的特征，成为后发农业地区推进城镇化发展，优化城乡空间布局的重要动力。

随着劳动密集型产业不断向中西部地区转移，传统人口输出地区的劳动力回流已经成为普遍现象（辜胜阻等，2013）。农区劳动力流动逐渐由单向流出向城乡双向流动

转变，而回流劳动力具有一定的人力资本积累特点，影响到了回流后的行业与空间分布（李郇等，2012）。随着劳动力从长距离迁移转向本区域和省内、县内流动，未来我国城镇化的空间重点将从沿海地区转向中西部地区，县城成为中西部地区农村转移劳动力就近城镇化的主要空间（李晓江等，2014）。相关研究（李强等，2015；刘文勇等，2013）普遍认为劳动力回流与就近城镇化有助于解决区域均衡发展、不完全城镇化等问题。一方面，就近城镇化也可以推动经济欠发达地区中小城市和小城镇的发展，达到优化城镇空间布局，促进区域均衡发展的作用。另一方面劳动力回流和就近城镇化可以降低城镇化的制度障碍和经济成本，解决不完全城镇化导致的农村妇女儿童留守，村落空心化，不能有效拉动内需带动经济发展等问题（马雪松，2011；陈锋，2014）。

综合来看，虽然产业转移可以推动传统农区的工业化进程，进而带动城镇化发展的观点已经成为共识。但是，既有研究多是从宏观视角展开，微观上产业转移通过何种机制影响农户的城镇化行为，产业转移、劳动力回流会给农户生活、就业方式带来哪些改变，如何影响城乡关系，进而对农区城镇化进程、城乡空间布局有何影响还有待进一步研究。

此外，简单地认为劳动力回流和本地城镇化就能解决不完全城镇化问题是缺乏深入调研的论断。农户选择工农兼业、城乡两栖的不完全城镇化是基于其自身条件的理性选择，具有相当的普遍性和稳定性（赵民等，2013）。目前农村宅基地、承包地制度也使很多农户基于"身份红利"而不愿放弃农村户籍。从更大的尺度看，这种不完全城镇化模式使农民具备在城乡之间自由转换的弹性（王德福，2017），从而确保了我国城镇化过程的稳健有序，避免了拉美国家的棚户区、城中村问题（仇保兴，2016）。事实上，即便在产业转移的背景下，传统农区依旧存在着大量的本地不完全城镇化现象，就业在城镇、居住在乡村，子女在城镇、老人在乡村的情况较为普遍，这是农户自主选择的结果，与大城市的异地不完全城镇化有着本质区别。因此如何认识、解决农区本地的不完全城镇化，是需要深入探讨的问题。

（3）传统农区城镇化的特征、动力与对策研究

由于一产比重较高，农业就业人口较多，因而城镇化率偏低是传统农区的普遍特征。同时人多地少、本地经济发展滞后又使得农区劳动力大量外流，异地城镇化现象突出。基于人口迁移意愿，很多研究（程遥等，2011；王利伟等，2014；沈昊婧，2014；张甜等，2017）都指出就地、就近城镇化是农区城镇化的重要方式，农民以省内就近迁移为主，且一般会跳过建制镇这一层级直接到县城落户，县城作为城乡联系的重要节点，将是未来城镇化的主要载体。刘岱宁（2014）研究发现河南省内的人口流动初步形成了从外围向中心聚集的圈层结构；与之呼应，河南城镇规模结构朝着中心城市比重日趋增大的方向演化（刘岱宁、曹青等，2014）。

空间特征方面，陈聪与刘彦随（2014）重点研究了传统农区城镇化时空格局及影响因素，发现2000～2010年河南省县域城镇化的整体水平明显提高，县域间城镇化率差距不断减小，城镇化率偏低的地区增长迅速，城镇化率偏高地区的增长缓慢；经济发展水平、人口密度和城镇居民收入水平等是推动河南城镇化发展的重要因素。杨慧敏等（2017）研究了传统农区城乡聚落规模和景观格局的演变特征；卫春江等（2017）发现周口的村落格局基本符合位序与规模布局规律。

在剖析传统农区城镇化动力机制方面，一些研究认为农区产业基础薄弱，自下而上的城镇化内生动力较为薄弱，需要更多地依靠外部动力，而东部地区大规模的产业转移正在中部地区掀起一轮工业化热潮，产业转移与中部地区丰富的农村剩余劳动力资源相结合，将促进传统农区工业化、城镇化快速发展（王宇燕，2009；裴新生，2013）。李小建的专著《中国中部农区发展研究》在对河南、湖北、安徽等中部农区发展的背景、历史进程及区域差异等问题进行深入分析的基础上，提出农区的发展需要走外部动力与内生动力相结合的路径。农村改善基础设施、公共服务设施的需求构成本地城镇化的基础性需求，而城乡建设用地增加挂钩政策通过指标置换、区域配置、收益补偿等方式，调动了地方政府的积极性，形成本地城镇化的政策支撑，共同促进了本地城镇化发展（田鹏，2017）。张立（2012）指出随着产业结构升级，很多情况下工业化并不一定是人口输出地区小城镇发展的主要动力，为乡村人口提供教育、医疗、住房等公共服务是这些城镇的主要作用和发展动力所在。

也有少量研究深入到了农户层面，如朱琳和刘彦随（2012）基于河南省郸城县的调查数据，发现农户的城镇化意愿受到个人条件、家庭因素和村庄环境三个方面的影响；年龄、文化程度、家庭收入与生活水平、亲友是否进城以及村庄的生活环境是影响农民城镇化的主要因素；城镇便捷的生活环境和良好的子女受教育条件是最大的城镇拉力。王利伟等（2014）的研究也证明城镇较高的教育水平、非农就业机会和生活消费水平是影响农民城镇化的主要因素；家庭主要劳动力的年龄、非农收入水平、文化教育程度对农户城镇迁居意愿影响明显。朱纪广、李小建等（2019）通过农户调查，研究城镇化背景下传统农区工业主导型乡村、现代农业主导型乡村和新型社区三种乡村功能的演变。

在城镇化特征、动力机制研究的基础上，一些学者总结传统农区城镇化滞后的原因并提出相应的对策。许伟（2011）认为制约农区城镇化的因素主要为"经济密度较低""远离中国的经济和城镇密集区域"等；冯德显等（2013）也认为生产要素流动性差，人口和产业的空间集聚度低是制约传统农区城镇化进程的主要原因。相应的对策是要优化城镇空间结构，推进人口、产业进一步集中，提高集聚密度，完善铁路、公路等对外交通设施建设，加强与外部的外经济联系。随着国家提出"三化协调、四化同步"的发展战略，大量研究对传统农区三化协调发展程度进行测度（王永苏，2011；龚迎春等，2013，张开华等，2017），认为应以新型城镇化引领三化协调发展，通过体制、机制创新促进生产要素自由流动（耿明斋，2012），增强中心城市的集聚、带动能力和空间集聚度，来提高传统农区的城镇化水平。朱郁郁等（2017）基于对安徽北部平原农区的研究，提出以工业化动力发展中心城市、基本公共服务均等化动力发展县城的分层推进的城镇化路径。

总体来看，虽然近年来相关研究在总结传统农区城镇化特征、面临问题方面取得明显进展，但大部分研究带有明显的政策属性，关注三化协调的程度与对策，而对农区城镇化发展规律、动力机制的研究不够深入，尤其是从农户视角剖析传统农区城镇化的微观动力机制不足，针对具体案例的高质量实证研究较少。

### 2.2.3 相关研究评述

**（1）农户研究方面多学科交叉研究不足**

在农户研究领域，经济学与社会学在研究框架、方法上存在明显隔阂。经济学者过于强调农户的经济理性，希望利用模型建构的方法，将一切影响农户行为的要素都纳入其分析框架；社会学的研究则偏重于对家庭伦理、文化等影响因素的定性解释。而农户的城镇化行为是综合复杂的，其中既包括就业、消费等经济行为，也包括养育子女、赡养老人等社会文化行为。在经济社会快速发展背景下，农户已经不可避免地嵌入了市场经济体系，其行为必然受经济规律的支配，同时农户又深受到文化传统、家族观念的影响，其行为必然是复杂多面的。因此需要综合经济学、社会学的研究思路，建立多学科交叉的视角与方法，更为全面地认识、理解农户的家庭理性与行为逻辑，更好地解释农户城镇化行为。

**（2）城镇化宏观、微观动力机制整合不足**

既有关于城镇化动力机制的研究在制度约束、经济发展、人口流动等宏观层面和基于农民意愿的微观层面都形成了一定的成果；但是从结构性视角，将农户行为置于制度变迁、市场环境的宏观背景下，将宏观经济社会发展与农户行为有机结合的研究还较少。我国复杂的城镇化进程决定了单一视角的城镇化动力机制很难做出令人满意的解释（杨万江等，2010），必须综合考量经济社会结构变迁与微观农户行为，并建立、理解两者之间的关联，才能较为完善地解释城镇化动力机制与模式。

**（3）深入传统农区内部的案例剖析较少**

相关研究在农区城镇化特征、路径与对策方面形成了一定积累，但受数据的可获取性限制，很多研究在中部地区或是省域层面展开。在这一尺度上的探讨，有助于人们整体上认识产业聚集、城镇布局、人口流动等区域性特征，但由于这些研究通常会把真正的农业地区作为核心—边缘模型中的外围区或初始区，较少深入传统农区内部探究其产业结构、社会结构以及空间结构的变化，因而会忽视了农区内部问题和内生发展能力的研究（李小建，2009；李阿琳，2011）。虽然我们习惯上把河南、安徽等省称为传统农区，其实在省内，像郑州、合肥等省域中心城市与豫东南、皖北等传统农区处在不同的发展阶段，也面临不同的外部环境。因此结合具体案例深入传统农区内部，探索其适当的城镇化路径与模式是非常重要的。

就研究内容而言，大量农区城镇化的研究关注农区工业化、产业转移或是农业现代化对农区城镇化的带动与影响，而较少涉及农区的城乡空间形态与结构的变化。既有研究普遍认同县城是农区城镇化的主要空间载体，但是其他小城镇在城镇化中的作用、如何发展还没有明确；而关于农区村庄布局调整、优化的研究尤其不足。城镇化过程与其空间组织是同步变化互相影响的，特定的城镇化路径与进程会产生相应的城乡空间模式，特定的城乡空间模式也会影响城镇化进程（许学强，1986），因此关注传统农区城镇化过程中的空间结构、组织模式具有重要的意义。

基于上述分析，本书拟通过对河南省周口市的案例剖析，将对农区宏观经济社会背景变化的研究，与这期间农户行为特征、影响因素等微观考察相结合，深入探寻农户城镇化模式与动力机制，总结农区城镇化的规律，以期为丰富城镇化理论、指导农区发展做出学术积累。

## 2.3 研究假说：双重理性共同作用，构成农户城镇化的内生动力

### 2.3.1 韦伯的理性二分法：价值理性与工具理性

上文已经初步厘清了道义小农与理性小农两个学派在研究思路、主要观点等方面的分歧，事实上它们争论的根源在于对"理性"这一概念的界定不同（郭于华，2002）。采用古典主义经济学传统和方法的理性小农学派，以理性经济人假设为基础；在这一前提下他们对农户行为的分析主要是基于成本—收益框架而进行最大化选择的问题，这样农户的各种行为都纳入了一个狭隘的在一定条件下求效用函数或所选择的目标函数的最大值的模式（朱富强，2011）。这种看似科学的分析方法，实际上忽视了复杂的现实生活中人们行为的社会文化动因，因而与实际情况产生了明显的偏差，以至于较难完整地解释农户行为和社会现象。而道义小农学派则认为农户规避风险、互惠等行为，虽不符合收益最大化原则，却也是理性的表现。

事实上，人类进化的历史和经验已经表明，人的行为除了受到经济性动机的驱使外，追求公平正义、利他主义等非经济性动机也是广泛存在的，并始终发挥着作用。更

为极端的观点,如休谟(2010)所言"理性是情感的奴隶",他认为人类各种经济性动力背后的本质还是非经济的。经济理性是理解人类行为的重要方面,但不是唯一的。因此分析农户的行为逻辑,不能仅从经济收入的角度去考虑,而是应同时考虑其社会关系与网络。

本书认为与其在理性农户、道义农户之间纠缠,不如借鉴马克思·韦伯的理性二分方法,对理性本身进行分解,以更好地分析农户的行为。韦伯在其巨著《经济与社会》中,根据人类行为目的、动机的不同,将其划分为"工具合理性行为"和"价值合理性行为"。其中工具理性主导的行为是由市场原则来驱动的,追求效益的最大化;它要求人们以投入—产出的成本核算方式预计行为的可行性,通过合理、充分地利用各种资源实现盈利。而价值理性主导的行为是靠非市场原则来驱动的,如人类的伦理道德、信念信仰、文化传统,乃至感情情绪等;如韦伯所言价值理性主导的行为"可能以传统为取向,或者受到情绪的制约",也可以是"建立在宗教奉献、战士的激情、孝顺的感情和类似的以情绪为取向的行为"。

由于韦伯关于价值理性与工具理性的论断散见于其著作的不同章节,为了便于理解,这里集中引用苏国勋(2016)对其的解释与概括:

> 所谓工具合理性行动(目的—手段合理性行动),是指以能够计算和预测后果为条件来实现目的的行动;价值合理性行动,则指主观相信行动具有无条件的、排他的价值,而不顾后果如何、条件怎样都有完成的行动。在工具理性行动者,着重考虑的是手段对达成特定目的的能力或可能性,至于特定目的所针对的终极价值是否符合人民的心愿,则在所不论。反之,对价值合理性行动来说,行动本身是否符合绝对价值,恰恰是当下所要全力关注和解决的问题,至于行动可能会引出什么后果,则在所不计。

### 2.3.2 经济理性与社会理性构成农户双重理性

以韦伯的理性二分法为基础,结合经济小农和道义小农理论,将社会、文化因素对农户的影响纳入分析框架,可以根据农户家庭理性的不同来源和表现形式,将之分解为经济理性和社会理性两个方面,即农户具有经济理性和社会理性组成的双重理性。其中经济理性对应于韦伯的工具理性,是由市场原则主导的;而社会理性对应于韦伯的价值理性,是由社会、文化等非经济因素主导的。

(1)农户的经济理性

根据韦伯的定义,经济理性来源于人类行为的利己主义本性和现实的市场经济原则,受市场环境和自身经济条件的影响。如舒尔茨的理性小农理论所总结的,农户在市场环境下可以充分利用市场资源与环境,按照收入最大、支出最小的方式组织生产、消费等经济活动。改革开放以来，随着市场化改革的深入推进，农户的经济行为越来越明显地受到农产品市场、劳动力市场的影响，表现为为了货币收入最大化而安排生产方式（徐勇、邓大才，2006）。经济理性可以较好地解释农户内部家庭分工、工农兼业等行为。由于农户家庭成员的劳动力素质有所差别，为了实现劳动力价值的最大化，农户一般会安排青壮年劳动力进城务工以发挥其劳动力价值，而老年劳动力在家务农，形成工农兼业的组合模式。

（2）农户的社会理性

相比于经济理性，社会理性的概念需要从农户社会制度、文化传统等方面进行阐述与定义。科尔曼（2008）在批判修正古典主义"理性经济人"的基础上，提出人具有"社会理性"的命题，认为人的活动是有目的、有动机的，而这种动机来自于社会关系与社会互动中，这与波兰尼（1944）提出的"嵌入"概念，即经济行为的根源或动机是各种非经济因素，是高度吻合的。按照社会理性原则，人的活动是为了获得最优的效用（Coleman，1990）；他所定义的"效用"并不只限于经济收入方面，它还包括权利、社会声望、文化乃至个人情感等各个方面的内容，因此一定意义上"社会理性"是在"经济理性"的基础上，更深层次的"理性"表现（文军，2001）。现实中社会理性所追求的多个方面的效益又是相互交织影响的，因此不同于经济理性以收益最大化为目的，社会理性以满意原则为行动准则；人们需要在诸多相互制约的因素中有所取舍，达到满意解而非最优解。如士兵冒着生命危险去执行任务，可以理解为是实现其信仰，或是以生命换取崇高的社会声誉。因此社会理性通常受到社会制度、文化传统、意识形态等更多方面的影响。

研究借用科尔曼"社会理性"的概念用以描述农户在城镇化进程中为了家庭团聚、照顾子女、赡养老人等非经济目的，而放弃部分经济利益，这种看似不符合"经济理性"原则的行为。如前文所述，在儒家文化"家国一体"价值观念影响下，我国有着悠久家庭（家族）传统，数千年的农耕文明传统形成的孝敬父母、尊师重教、安土重迁等道德传统和文化观念，至今依然是农户行为的重要准则。因此农户的社会理性更多来源于家庭伦理和道德规则，受文化观念和传统习俗的影响（袁明宝，2014）。在传统家庭伦理这一非正式制度的约束下，家庭团聚的规范效应和抚养、教育子女的责任压力（熊景维等，2016）是影响农户城镇化行为的重要方面。

（3）经济理性与社会理性的关系

农户社会理性和经济理性之间的关系，类似于哲学中讨论的理想与条件、目的与手段的关系。农户的社会理性是目标导向的，解决家庭未来"应该成为什么样子"；同时目标的确定又受到道德伦理、文化传统等因素的影响，关注"为什么应该成为这个样子"。而经济理性，则更关注实现方法，解决目标的"可行性"和"如何实现"的问题。

对农户而言，如何充分利用家庭掌握的资源，取得更高的家庭收入是经济理性；而为何而挣钱、挣到的钱如何分配利用，则是其社会理性。当然，农户的经济理性与社会理性是相互影响的。无论是辩证唯物主义的"经济基础决定上层建筑"，还是马斯洛的需求层次理论都表明，随着经济条件的提升，其社会需求与目标也会发生变化。现实中，经济收入高的大城市通常也能够提供更为优质的教育、医疗等公共服务，从而更好地满足农户改善家庭福利的社会需求。

其实无论是农户的经济理性与社会理性，还是理性小农与道义小农，都可以理解为是哲学、社会学意义上的"理想类型"（ideal types）。所谓理想类型是研究者在研究过程中对事物某一方面比较突出特征的抽象，并以理论结构的方式所表达出的概念。因此理想类型事实上并不是试图概括现实事物的全部特征，而是单向度、侧重性地概括事务的一个方面的特征（狄金华，2015）。据此理解，理性小农与道义小农作为理想类型，分别强调了农户的经济理性与社会理性，是一种理论抽象。而在实证研究中，可以将对立统一的理想类型作为认识事物的两个极端，进而将实际情况、现实表现与抽象的理性类型进行比较和对照，从而达到对现实关系在连续流中发展程度的认知（李远行、朱士群，2006）。在方法论上，韦伯的"价值理性"与"工具理性"，涂尔干（Emile Durkheim）的"机械团聚"与"有机团结"等概念才有了实际应用的价值。本书提出农户双重理性假说，其实也是把"道义小农—社会理性"和"理性小农—经济理性"作为理解农户的两种理想类型，并在实证研究中，根据农户的现实行为表现进行综合性解释，从而达到理论与实证的呼应。

### 2.3.3 社会理性引导、经济理性支撑的城镇化内生动力机制

在城乡差距明显、城市价值观念主导的情况下，实现城镇化已经成为当下大多数有一定经济基础的农户的行为目标。对农户而言，实现城镇化有利于子女接受更好的教育和未来发展，与生活在农村相比，享受城市更高水平的公共服务可以视为家庭福利的显著提升，同时在城镇就业也有可能获得更高的收入。因此本书提出农户支持子女发展、改善家庭福利的社会理性是其城镇化的引导性动力，而充分利用劳动力、土地等资源，合理进行家庭内部分工等经济理性主导的行为，则成为其城镇化的支撑性动力。正是在社会理性和经济理性的共同作用下才促成了农户的城镇化行为。

经济理性和社会理性相互影响，共同决定农户行为。家庭目标的设定必然受到其经济条件的影响和制约；同时合理的目标设定是家庭内部达成一致认识，充分调动家庭资源的前提。而经济水平的提升也往往会使农户形成更高层次的目标追求，这符合马斯洛需求层次理论，当家庭较低层次的需求得到满足时，更高层次的需求便会产生出来。现

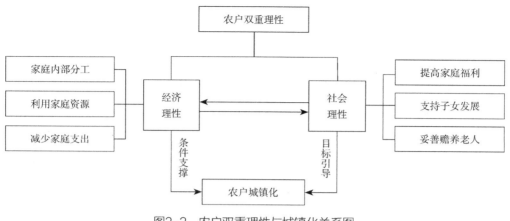

图2-2 农户双重理性与城镇化关系图

实中随着农户收入的普遍提升、家庭温饱乃至小康问题的解决，农户也会把家庭团聚、生活条件改善作为重要的目标，从而导致农户的行为逻辑发生改变，从过去主要劳动力的就业城镇化，向家庭整体的生活城镇化转变。

传统上，中国农户有很强的家庭观念，虽然近年来家庭关系受经济冲击影响较大，但是家庭伦理道德依旧是影响、约束农户行为的重要因素。而相比于一般地区，传统农区更是"一个自然或历史形成的有限范围内的成员在群体中具有高度嵌入性的社会—地理实体"（董筱丹等，2015），因此在农户的整个城镇化过程中的每一步都受到各种社会、文化因素的影响也更为明显。农户的社会理性表现在优先支持子女的发展，为了实现家庭团聚、照顾家中失去劳动能力的老人等而放弃部分经济收益。很多时候，这些行为并不能带来家庭经济收益的提高，但是出于亲情、社会伦理道德的约束，农户一定会采取相应的行为。父母视子女的发展为自己的核心任务，而子女在父母年老时也要尽到养老送终的责任。于是我们可以观察到，农村家庭会尽自己最大的努力到城镇购房，以让子女享受更好的教育，将来有更好的发展；而子女能在城市立足时，也会尽力将年迈的父母接进城市安享晚年。有劳动能力的老人会承担起粮食生产、照看孙辈的工作，依旧在家里辛劳，支持子女在外打拼；而当老人丧失了劳动能力、自理能力时，绝大部分子女也会选择回到家乡照顾父母。

现实中农户的经济理性表现为，农户根据家庭掌握的劳动力、土地等资源，合理分配劳动力，安排生产、消费等活动，以扩大收入，减少支出，使家庭经济收益最大化。而在城乡二元结构下，家庭内部分工是农户经济理性的直接反映，如农区典型的家庭内部的代际分工和夫妻分工情况是，青壮年劳动力外出务工挣得更高的收入，中年女性劳动力以本地城镇打工为主，挣取工资的同时也能照顾家庭，老年劳动力在农村种植粮食，照看孙辈，虽不能获得现金收入，却能够有效减少家庭支出。这样不同的家庭成员分工协作，互相支撑，发挥各自的长处，实现了劳动力资源的最优配置，也保障了家庭的收益最大化。在城乡二元结构没有彻底改变的情况下，家庭内部的分工协作，完成了劳动力的再生产，也承担了经济发展的外部性成本，为社会提供了廉价的劳动力，成为支持半城镇化模式，维持中国制造低成本优势的重要因素（王文祥，2017）。

## 2.4 理论框架：内生动力与外部条件耦合作用决定农户城镇化行为

### 2.4.1 结构化理论方法

社会学研究上一直存在着个体主义和整体主义两种对立的研究视角和理论。个体主义者认为社会是由无数个体组成的，因而可以通过还原个体行为的方法来研究社会现象；而整体主义则认为，社会有其整体的内在结构，这种结构能对个体的行为产生影响与约束，因此不能通过还原个体行为的方式来研究社会问题，如迪尔凯姆所说"虽然水分子是由氢原子和氧原子构成的，却不能等同于氢原子和氧原子"。

安东尼·吉登斯（Anthony Giddens）的结构化理论超越了个体主义与整体主义把个体和结构割裂对立的局限，认为个体的能动性和社会整体结构是互构的。吉登斯在其著作《社会学方法的新规划》中对个体和结构的关系做出了如下阐述：

社会行动者既不是由外部起因决定的无知的粒子，也不是执行一种完全理性的内部行动计划的、只受内部因素引导的单子（monad）。社会行动是历史的产物，是整个社会产生的历史的产物，是特别的磁场内某条通道中积累的体验的历史的产物。

吉登斯重新定义了结构，用结构的二重性原则取代了主客体的二元论，认为结构的本质是存在于人们记忆中的"规则和资源"，并通过个体的行动展示出来。社会结构和个体能动的互构，在使个体行动得以结构化的同时，也使得结构可以通过行动而连续不断地得到改变与适应；因此任何个体的行动都脱不开结构的制约和限制，同时个体行动又无时无刻不在重构着社会结构。结构化理论较好地统合了个人行为与社会结构之间的对立统一关系，对于复杂的社会现象有更强的解释力，在学术界有着重要影响与地位。结构化理论启发我们用新的框架来审视农户行为与社会环境的关系，从整体上研究城镇化现象。

以结构化理论的框架来分析，城镇化进程是农户个体行为和经济社会发展在特定时空条件下相互结合、作用的结果。制度供给和市场变迁等因素构成农户行为的外部环境，在总体上决定着农户行为的方向与可能性；而农户是否城镇化、如何城镇化则是在制度框架和市场条件下，农户根据自身情况作出的合理选择。城镇化模式与路径，作为农户个体与社会整体互动的结果，既受到制度、市场等结构性因素的制约，也反映了农户个体对资源的利用与能动性的发挥，从而在整体上塑造出社会结构。

## 2.4.2 制度供给与市场环境构成农户城镇化的外部条件

现实中农户的行为不是孤立、抽象的，而是在特定的外部约束条件下展开。中国过去30年的快速城镇化进程也是经济结构转型升级的过程，即从农业为主的产业结构向工业、服务业为主的产业结构转变；同时也是制度转轨的过程，即从计划经济向市场经济转变的过程。在新制度经济学视角下，城镇化作为经济社会发展的综合表现，可以理解为在制度供给与市场环境的综合作用下，农业、农村人口逐步向城镇的迁徙与聚集，以及相应的城乡空间的重组与农户生产、生活方式、观念意识的转变过程（刘传江，2002）。因此农户的行为尤其是城镇化行为，受到制度政策和市场环境两方面的影响。

制度是一套被制定出来的、影响人们行动选择和行为方式的社会博弈规则，并且会提供特定的激励框架，从而形成各种经济、政治、社会组织（D. North，2003）。从我国的实际情况来看，制度安排对城镇化进程具有刚性影响（叶裕民，2001）；土地制度、户籍制度以及与之相关的社会福利制度是影响农户城镇化的重要制度框架。而我国目前正处于深化改革、创新发展的阶段，因此制度创新与变迁本身就是影响城镇化发展的重要因素。制度政策[①]一方面可以直接影响农户的行为，如户籍制度的变革可以直接促成农户的流动；另一方面，制度政策通过影响市场预期间接影响城镇化进程，如产业政策、投融资制度等（陆益龙，2013）。因此制度政策是城镇化发展的引导性动力，起到方向盘的作用，决定着城镇化的方向和路线。

市场[②]可以产生并促进交易的发生，通过市场交换可以满足人们更为多样的需求。发达的市场交换，还会进一步促进社会分工和生产的专业化，进而提高劳动生产率，促进经济发展。从市场的角度看，城镇化进程也是人口、资本、技术等要素的聚集与优化配置过程。在市场经济条件下，市场作为调整、优化资源配置的根本性力量，通过竞争机制、价格机制等引导生产要素在空间上进行聚集，因而成为城镇化发展的根本动力，起到发动机的作用（李晓梅等，2013），决定着城镇化的速度与规模。农户日常生活中参与接触的市场类别主要有劳动力市场、农产品市场、土地市场等。对农户而言，非农就业岗位数量、农产品价格、务工收入水平、土地流转的租金水平，都是由市场决定的，因此市场也是影响农户是否城镇化、有没有经济实力实现城镇化的决定性力量。

当然，制度政策与市场环境是相互作用的，共同决定资源配置和人口流动，进而决定城镇化模式与路径。制度政策可以影响市场环境，同样市场的发展变化也会诱发制度

---

① 制度与政策经常共同使用，政策通常是由政府制定的、具有较强针对性的短期制度，因而政策可以理解为制度的组成部分或是一种表现形式。
② 市场是随着人类的交换行为而产生的，狭义的市场指人们进行交易或交换的公共场所，而广义的市场是指商品经济运行的载体或其现实表现，本书所说市场取其广义概念。

变迁。当制度政策框架与市场发展规律相符合时，就可以有效推动经济发展和城镇化进程，反之不当、缺位或是滞后的制度都会阻碍、延缓城镇化的发展。总体来看，制度政策和市场环境相互作用，共同构成农户城镇化的外部条件。

### 2.4.3 内生动力与外部条件耦合作用决定农户城镇化行为

基于前文提出的研究假说，农户具有经济理性和社会理性组成的双重理性，共同影响农户行为，构成了农户城镇化的微观动力机制。同时农户的行为选择又受制度政策、市场环境的影响和约束。因此本章基于结构化的理论方法，构建出制度政策、市场等外部制约下的农户理性行为与城镇化动力、模式的理论分析框架。在这一理论框架下，农户是作为基本的经济社会组织单元和城镇化的主体；市场环境是农户流动、就业选择的基础性条件，而政策是制约农户行为选择的引导或限制性条件，两者共同构成了农户行为的外部条件。农户在外部条件的影响制约下，根据自身的条件，平衡自身的经济理性与社会理性，形成经济理性优先、社会理性优先或是两者平衡兼顾的不同城镇化模式。

关于城镇化动力机制，可以将制度比喻为江河之床，市场比喻为奔腾的河水，而城镇化是其上的舟船，市场的洪流依托制度这一河床将城镇化之舟送达彼岸。这里将这一比喻进一步进行延伸和修正，可以清晰地解释本书的研究思路，制度是江河之床，市场是奔腾的河水，农户是操作城镇化之舟的主体。城镇化之舟行驶的速度固然受作为河水的市场环境的影响，行驶的方向也必然受到作为河床的制度框架的制约，同时驾舟的农户则具有主观能动性，能够综合考虑外部市场、制度的影响，结合自身的能力，最终选择最适合自己的城镇化路径。因此从农户理性行为入手，结合制度、市场调节研究城镇化的动力机制与模式，能够将宏观与微观层面的城镇化研究进行整合与衔接，形成更为全面、综合的理论解释框架。

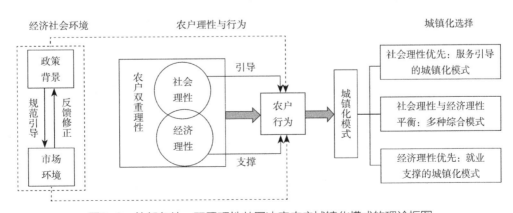

图2-3 外部条件、双重理性共同决定农户城镇化模式的理论框图

### 2.4.4 农户城镇化理论的模型化表述

（1）经济效用与社会效用的无差异组合构成农户城镇化效用

农户是否进行城镇化，主要看城镇化后的家庭综合效用是否超过之前。如上文分析，农户的家庭理性可以分为经济理性和社会理性两个方面，因此农户在考虑城镇化效用时也可以分为家庭经济效用和社会效用两个部分。以U表示农户的城镇化效用，以F表示农户城镇化的效用函数，E（economic）表示家庭的经济效用，S（social）表示家庭社会效用。则可以构建由两者组成的农户城镇化效用函数：

$$U=F(E, S)$$

在城镇化过程中，农户经常会面临经济效用和社会效用之间的取舍与选择。这种选择不是非此即彼的，而是一种均衡比较。因此可以用微观经济学上的无差异曲线（indifference curve）来图示化农户的城镇化效用。无差异曲线是一条斜率为负、向右下方倾斜且凸向原点的曲线；曲线上的每一点都对应着横轴和纵轴代表的两种商品的效用的组合，组合不同但其效用是相同的。研究借鉴其分析思路，以纵轴E（economic）表示农户的经济效用，横轴S（social）表示农户的社会效用，则农户的城镇化效用可以表示为一条无差异曲线。曲线上不同点表示不同的经济效用与社会效用组合形成的综合效用，但任意两点代表的农户城镇化效用都是无差异的，即$F(E_1, S_1)=F(E_2, S_2)$。

无差异曲线的重要特性是可以表示边际替代率（MRS[①]）递减的规律。应用在农户城镇化行为分析方面，可以理解为随着农户经济效用的增加，为了进一步获得经济收益而放弃社会收益的数量就会越来越多；相反随着农户社会效用的提升，每减少一个单位的经济收益能够带来社会收益的增加量会越来越少，因此继续放弃经济效用来满足社会效用的意愿也会降低。边际替代率递减表现在图上就是随着向曲线两端移动，对应点的切线斜率的绝对值逐渐减小并趋于零。因此对任意给定农户都存在一个社会效用边际替代率和经济效用边际替代率相等的均衡点（$\Delta S_1/\Delta S_2=\Delta E_1/\Delta E_2$），即图上的B点；B点表示农户社会效用与经济效用达到均衡。当然随着农户家庭条件和选择偏好的变化，其均衡点的位置会有所不同。如以图中A点为均衡点的情况下，农户的经济效用较高，而社会效用的水平较低；对应着农户会为了更高的经济效用而放弃部分社会效用，如采取异地不完全城镇化模式等。以C点为均衡点时，农户的社会效用较高，而经

---

[①] MRS: Marginal Rate of Substitution；边际替代率递减的经济学含义是随着一种商品的消费数量的增加，消费者想要获得更多这种商品的愿望就会递减，为了获得更多一单位这种商品而愿意放弃的另外一种商品的数量就会越来越少。

济效用较低;对应着农户更为看重社会理性,可以能会为了家庭团聚而采取本地城镇化模式。

**(2)农户的城镇化能力决定其城镇化效用高低**

在经典的无差异曲线分析中,随着收入的增加无差异曲线会向外推移,表示综合效用提升。其实在微观经济学模型上,收入增加对应的是消费者购买力的提升,因此对应到农户模型中,由于经济收益已经成为分析的变量之一,因此原模型中收入提升应该理解为农户城镇化能力的提升。即在假设农户对社会效用和经济效用组合的偏好程度不变的情况下,即均衡点切线斜率不变的情况下,随着农户城镇化能力的提升,效用曲线外移,达到新的均衡$U_2$时,农户的社会收益和经济收益均会有所提升(图2-5)。现实中农户城镇化能力受多方面影响,如家庭收入、主要劳动力素质、家庭掌握资源的情况都影响着农户的城镇化能力。

**(3)市场、政策等外部条件变化影响农户城镇化效用曲线**

微观经济学上,无差异曲线与收入预算线叠合,可以分析收入变化、商品价格变化对消费者效用的影响;这里借用这一方法,分析外部市场、政策条件变动下农户的城镇化效用与模式。现实中城镇化制度政策变化的总体趋势是降低农户城镇化的成本以促进其城镇化,这可以理解为社会效用的价格下降了,即获得同样社会效益的成本在降低。模型中农户的初始预算线为$E_1S_1$,它与无差异曲线相切于A点。新型城镇化政策的推进相当于社会效用S的获取成本相对于E明显下降了,从而发生替代效应,这可以使农户在维持总体效用不变的情况下,增加社会效用S的值,从而形成新的预算线$E_2S_2$,与无差异曲线相切于B点。现实中这种情况可能对应着随着城镇落户条件的放宽,一些原来只能采用异地家庭分离式的不完全城镇化农户,可以实现全家的城镇化了。同时,城镇化社会成本的降低或是随着市场环境的变化、农户收入水平提升,在一定程度上也相当于增加了农户的城镇化能力,表现为收入效应,即农户的预算线从$E_2S_2$

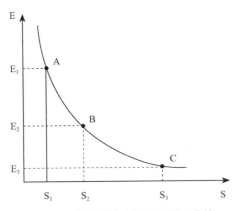

图2-4 农户城镇化效用无差异曲线

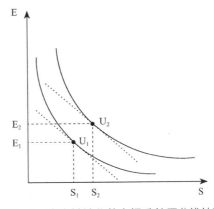

图2-5 农户城镇化能力提升效用曲线外移

向外平移至$E_1S_3$，与更高效用的无差异曲线相切于C点（图2-6），实现农户更高的城镇化综合效用。

因此图2-6的含义是制度政策、市场环境的变化也可以影响农户城镇化效用。市场环境的变化为农户提供更多的就业机会、更高的工资收入；而制度、政策改革则是降低了农户城镇化的社会成本，都有利于农户获得更高的城镇化效用，推进城镇化发展。

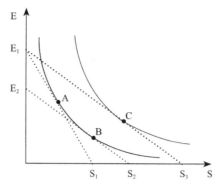

图2-6 市场、政策等外部条件变化影响农户城镇化效用

## 2.5 理论解释：农户行为变迁与城镇化模式演进

### 2.5.1 农户城镇化的阶段演变：从个体到家庭，从就业到生活

从城镇化定义来看，完整的城镇化应该包括三层含义，其一是经济层面的整合，农户在城镇获得稳定的就业，有经济条件进入城市；其二是社会层面的整合，享受城镇基本公共服务，家庭生活融入城市，不存在明显的隔离与差别；其三是心理认同上的整合，对城市产生归属感和认同感（王春光，2006）。不同于西方国家以家庭为主体的迁移，受制度、市场条件制约与家庭理性影响，我国农户的城镇化进程通常是从劳动力个体城镇化到家庭整体城镇化，从就业城镇化到居住生活城镇化的渐进式融入过程。整个过程呈现明显的阶段性差别，大体可以划分为外出务工尝试、就业城镇化、住房与家庭城镇化和完全城镇化四个阶段。

第一个阶段为城镇化的尝试阶段，家庭优质劳动力脱离生产效率较低的农业进行非农就业尝试。在人多地少、人地矛盾突出的传统农区，寻找农业以外的出路是农户的共识。20世纪90年代以来，在本地乡镇企业发展停滞，东南沿海等地区快速发展的背景下，大量农村剩余劳动力开始外出务工。尽管在很多情况下进城的农民从事的是收入较低、非正规的、城市人不愿从事的工作，但对农民而言，这是冲破了城乡隔绝藩篱的向上流动，这种流动不仅可以增加收入，而且蕴含着一种希望和梦想（徐勇，2004）。家庭主要劳动力进城务工是符合农户经济理性的，因为主要劳动力是家庭中素质最好的，在城市找到合适就业岗位的机会最大，而其他家庭成员留在农业农村有利于降低家庭的风险与经济成本，在不能在城市立足的情况下，还能返回农村继续务农。

第二个阶段是劳动力就业城镇化，进城务工的劳动力凭借自身能力，在城镇获得稳定的工作。其中有一定劳动技能、收入较高、工作稳定的劳动力，有条件继续进行城镇化；而另外一些可能因为技能不高、收入有限，随着年龄的增加和劳动力价值的降低，选择返回农村。

第三个阶段是住房和家庭的城镇化。在获得稳定的城镇就业后，部分有经济实力的农户考虑子女教育、务工便利、投资等需求会在城镇购房或租房。在取得城镇住房的情况下，家庭成员会逐步搬迁到城镇，初步实现家庭居住和生活的城镇化。没有经济实力购房的农户，则会返回农村。

第四个阶段是完全城镇化，主要是实现社会融入和文化认同。事实上，在农村保留宅基地、耕地的情况下，自小在农村长大的很多中老年农户，很难完全融入城市生活。即便在城镇购房也不一定就能实现完全城镇化，一些农户为了子女教育而在城镇购房，在经过子女教育这一特定生命周期后，随着自身年龄的增加、在城镇就业的困难，他们还可能回到农村生活，而将城镇的住房让给成年子女居住，从而完成家庭内部城镇化模式的代际更替。

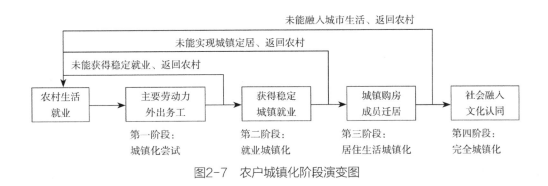

图2-7 农户城镇化阶段演变图

上述四个阶段中，每一次跨越都是一个筛选过程，只有有城镇化需求，且具备相应的经济实力、能够适应城镇生活的农户才能继续，并最终实现完全城镇化。第一阶段向第二阶段转变的关键是稳定的就业；第二阶段向第三阶段转变的关键是有能力在城镇获得住房；第三阶段向第四阶段过渡的关键是能够融入城市，并切断与农村的关联，这涉及农村土地制度的改革。从社会学视角来看，农户城镇化的过程也是其社会阶梯（social ladder）的上升的过程。

### 2.5.2 农户城镇化的模式形成：不同优先要素决定不同城镇化模式

如前文分析，农户是否进行城镇化，主要看城镇化后的家庭综合效用是否超过之前。而农户的城镇化效用可以分为社会效用和经济效用两个方面。经济方面，农户城镇化需要非农就业的支撑，能够覆盖城镇化成本。广义上看，这种成本应该包括在城市居住、生活的成本，也包括脱离农村所要放弃的农业收入、宅基地等沉没成本。这要求农户充分利用家庭劳动力、土地等资源，通过家庭分工使不同劳动力素质的家庭成员都能找到适合的就业岗位，实现其劳动力价值就成为重要的家庭策略。同时城镇化带来家庭生活条件的改善、子女教育家庭的改善，可以视为家庭社会收益的增加。根据无差异曲线的分析，农户家庭的经济收益和社会收益是可以互相抵偿的，也就是说为了更高的家庭经济收益，农户可以暂时压缩或放弃部分社会收益；同理为了提高社会收益，农户也可以暂时放弃部分经济收入或是承担更高的经济压力和风险。在政策、市场条件下，农户会根据自己家庭的情况，优先考虑目的理性或经济理性成本风险等不同的影响因素，理论上会形成两种不同的城镇化模式与路径。

（1）经济理性优先：就业支撑的城镇化模式

一般而言，在城镇获得稳定的就业是农户是否进行城镇化的首要考虑因素，因为城镇就业直接关系到家庭的经济收入。由于工业和农业劳动生产率的差异，造成城市工业部门的工资明显高于农业部门，因此如果家庭劳动力素质较高，农户会优先考虑将更多的劳动力投入到城市工业、服务业部门，以最大化发挥家庭劳动力的价值，从而提高家庭收入，而暂时放弃家庭团聚等福利，形成主要劳动力的长距离外出务工的异地不完全城镇化模式。当城镇就业的收入能够覆盖城镇化成本且就业较为稳定时，农户自然会选择放弃农业农村，进行城镇化。

对于某些劳动力素质不高或是家庭抗风险能力较弱（如家庭中需要抚养的人口较多）农户而言，成本和风险是他们在进行城镇化决策时首要考虑的因素。这时他们可能选择非城镇化或是城乡通勤的弹性城镇化。所谓城乡通勤的弹性城镇化，是指家庭劳动力通过在城乡间的通勤，实现在城镇就业、在农村生活。这种情况下农户的收入主要由非农就业收入和农业收入两部分构成，不需要放弃土地、宅基地，即便是在暂时失业的情况下，家庭生活还是可以保障的。同时由于住在农村自家宅基地的住房中，也节省了大笔的在城镇购房的成本。

（2）社会理性优先：服务引导的城镇化模式

在城乡差距依旧明显的情况下，实现城镇化可以享受到城镇更高水平的公共服务，有助于改善家庭福利水平，使子女接受更好的教育，这对农户有着明显的吸引作用。如费孝通先生在《生育制度》中总结的，家庭的核心功能就是要将下一代抚养成人，从而实现社会演替的目标。这一目标下，对子女的教育历来是家庭最为看重的，城市居民愿意高价购买学区房，农户也愿意为了子女受到更好的教育而搬迁到城市中。从另一个角度看，培养子女固然是亲情和社会责任，而为子女教育的投资，则更可以理解为是一种投资行为，争取的是一种未来的预期收益。

因此，随着农户收入水平的提升，在全面温饱、基本小康的情况下，农户更多考虑家庭的团聚、子女教育发展等问题，在现实层面形成为了子女教育而在城镇购房，实现城镇化的模式，这里将其概括为服务设施引导城镇化模式。可以预见，随着农户收入水平的提升，这种以社会理性为导向的，为了支持子女教育、改善家庭生活条件、提升家庭福利的城镇化模式也会更为普遍。

需要说明的是，上述两种经济理性优先或社会理性优先的城镇化模式更多是理论的推导与概括。现实生活中农户更多的是考虑经济理性与社会理性的均衡，比如农户会为了子女教育而在城镇购房，很多情况下这种行为同时也是以劳动力在城镇就业为支撑的。因此也会呈现出更多城镇化的复杂组合模式，这还需要结合后文的实证分析进行总结与修正。

### 2.5.3　农户城镇化的动力演替：从经济理性主导到社会理性主导

根据马斯洛的需求层次理论，人类的需求构成一个层次体系，从低到高分别是生理需求、安全需求、社交需求、尊重需求和自我实现的需求。当低层次的需求得到满足时，更高一层次的需求便会自然产生。农户的生活目标也形成了类似的层次，从低到高依次是满足温饱、家庭团聚、支持子女发展、获得社会的尊重与认同、实现自身价值等。在食不果腹的情况下，农户首先追求的是生理、安全需求，他们的行为将以经济利益最大化为目标，可以忍受家庭的分离，通过老人、妇女本地务农，主要劳动力长距离外出务工的方式，提高家庭收入，减少家庭支出；而随着收入水平的提升，在全面温饱、基本小康的情况下，农户开始更多地考虑社交需求、尊重需求与自我实现需求。社交需求的典型表现就是希望能够实现家庭团圆，改变过去家庭分离的异地不完全城镇化模式。同时，如前文所述，由于中国家庭特有的以纵向亲子关系为主的家庭结构，使得支持子女教育与发展，成为家庭重要的目标与需求。获得社会尊重则体现为职业与社会地位的提升，一定程度上从在外打工、被雇佣，到经营小买卖等自雇佣式非正规就业，可以认为是自我职业的提升，后文关于外出务工群体返乡意愿与非正规就业群体的调查都可以证明这一点。

据此，研究判断现阶段随着农户收入水平的普遍提高，温饱问题的解决，家庭团聚、子女教育、社会尊重等更高层次的需求成为农户追求的重要目标。而这些目标正对应着农户的社会理性，受到社会文化、家庭伦理的约束。这也符合前文无差异曲线的模型分析，随着农户收入的增加，其进一步提高经济效用的边际替代率递减，农户有更高的动力追求社会效用而放弃部分经济效用。因此在农户生存、温饱问题得到解决的情况下，农户需求层次的提升，将促使农户城镇化的动力机制发生转变，从以经济理性主导为了更高的经济收入而城镇化，转变为社会理性主导，为了子女教育、改善家庭生活、享受更好的公共服务而城镇化。相应地农户城镇化的模式也将从过去劳动力的就业城镇化，转向家庭生活、公共服务的城镇化，并最终实现家庭的完全城镇化。

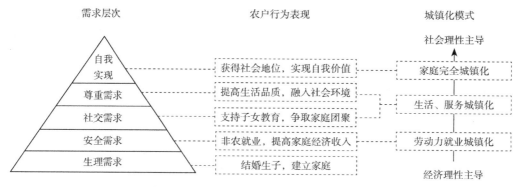

图2-8 需求层次提升、农户行为变化与城镇化动力模式转变图

## 2.6 本章小结

为了构建全面的能够统合农户微观行为与外部宏观环境的城镇化理论框架，本章首先在分析理性小农与道义小农两个理论学派观点、争论的基础上，借鉴马克思·韦伯关于工具理性与价值理性的二分思路，将农户的家庭理性划分为经济理性和社会理性两个方面。结合现实中农户的城镇化行为，提出本书的理论假说，即农户具有社会理性和经济理性构成的双重理性，其中社会理性是农户城镇化的引导性动力，而经济理性是农户城镇化的支撑性条件。

同时考虑外部环境对农户行为的影响，以新制度经济学理论为基础，结合中国城镇化历程与特征，提出制度政策和市场环境构成农户行为的外部约束。继而借鉴结构化理论，提出政策、市场条件约束下的农户行为与城镇化的分析框架，认为农户作为城镇化的微观行为主体，在制度政策和市场环境的影响与约束下，根据自身的情况，平衡家庭的经济理性与社会理性，做出适当的城镇化选择。并以无差异曲线分析解释了农户城镇化理论框架。

在这一理论框架下，根据农户优先考虑要素的不同，理论上可以形成三种城镇化模式。其一是经济理性主导，经济收益优先，形成就业支撑的城镇化路径；其二是社会理性主导，家庭福利优先，形成服务引导的城镇化路径；其三是优先考虑城镇化的成本与可能风险，形成城乡兼顾的弹性城镇化路径。整个城镇化进程中，农户合理安排家庭资源，并与政策和市场环境呼应，形成从劳动力个体就业城镇化到家庭生活城镇化的阶段演变。随着农户收入提高，需求层次上升，农户城镇化的动力机制也发生演替，从以经济理性主导为了更高的经济收入而城镇化，转变为社会理性主导，为了子女教育、改善家庭生活、享受更好的公共服务而城镇化。

# 第3章

# 周口城镇化历程、特征与农户概况

本章重点介绍案例地区河南省周口市的基本情况，总结周口城镇化的现状特征与问题，以及宏观经济社会发展背景。通过总结改革开放以来周口城镇化发展的三个阶段，并结合当时的制度和市场环境，分析不同发展阶段、不同外部条件下农户行为的变迁，证明外部环境条件对农户行为与城镇化模式的制约。概述传统农区农户的基本情况，从农村和就业的视角对农户的分类问题进行讨论，阐述以就业为基础的农户分类研究思路，为后文实证研究提供基础。

## 3.1 周口市概况

周口市位于河南省东南部，下辖一区（川汇区）、一市（项城市）、八县（扶沟、西华、商水、太康、郸城、鹿邑、淮阳、沈丘），总面积1.19万平方千米。周口历史悠久，其所处的豫东平原地区是中国农耕历史最久、传统积淀最深的地区。周口市境内有太昊陵、女娲宫等重要历史文化遗产，是中华民族根祖文化、农耕文化的重要发祥地。

周口是农业大市，平均每年为国家提供商品粮60多亿斤，相当于每个周口人为国家贡献300公斤商品粮，被称为豫东粮仓。根据国家主体功能区规划，周口属于黄淮海平原粮食主产区，主导功能是保障农产品供给安全。从全国经济格局分析，周口处于长三角、环渤海、中原城市群等经济城镇密集区辐射的外围地区，远离郑州、武汉、合肥等省会城市，经济发展上明显缺乏区域性中心城市的带动，整体上，也偏离了长江经济带、京广发展轴、陇海发展轴等主要区域经济联系轴带，经济边缘化特征明显。地理区位决定了周口及其所在的豫东、皖北传统农区很难成为经济、信息的交换节点，经济发展水平明显滞后，形成经济洼地（图3-1）。2015年全市GDP总量2082.38亿元，仅占河南省经济总量的5.63%；人均地区生产总值23644元，在河南省地级市中排名最后。

2015年周口市户籍人口1141.95万，居河南省第二位，是我国为数不多的市域人口超千万的城市之一；常住人口为880.92万，其中城镇人口333.43万，农村人口547.49万，常住人口城镇化率为37.85%。由于本地经济落后，城镇非农就业岗位不足，大量劳动力常年外出务工。据第六次人口普查统计，2010年周口市常住人口与户籍人口之差高达219万；2010~2015年流出人口逐步增加，2015年达到261万（图3-2）。大量人口的外出导致周口农村空心化、老龄化问题严重。

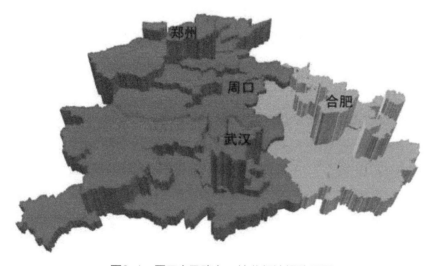

图3-1 周口市及豫东、皖北经济塌陷区图

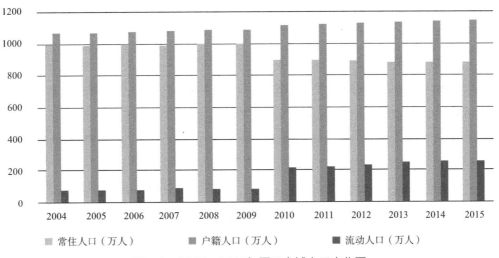

图3-2　2005~2015年周口市域人口变化图
数据来源：周口市统计年鉴（2005~2016）

## 3.2 周口市城镇化历程与农户行为变化

改革开放以来周口的经济社会持续发展，GDP总量从1978年的11.09亿元增加到2015年的2199亿元，城镇化水平是从1978年的2.96%增加到2015年的37.85%。根据城镇化速度、城镇化水平与全国平均水平的差异、发展动力等要素，可将周口市的城镇化进程划分为1978~1994年的缓慢起步期、1995~2003年的明显滞后期和2004年以来的快速增长期三个阶段（图3-3），这种划分既与国家整体发展阶段有紧密关联，又体现出了农区发展中的特殊问题与阶段。

不同的城镇化阶段有不同的制度框架和市场环境，构成农户行为的不同外部环境，相应地农户也采取了不同的行为模式。本小节希望通过对不同阶段特征的回顾，在一个比较长的时段上分析制度供给、市场环境变化如何影响农户行为。

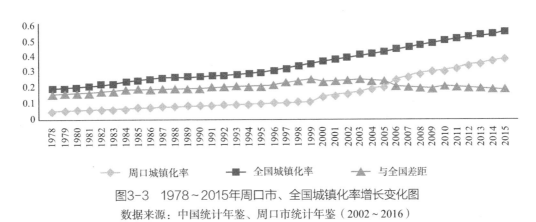

图3-3　1978~2015年周口市、全国城镇化率增长变化图
数据来源：中国统计年鉴、周口市统计年鉴（2002~2016）

### 3.2.1 缓慢起步阶段（1979~1994年）

**（1）城镇化水平**

从1978年到1994年，周口市的城镇化水平从2.96%提升到8.33%，年均提升约0.34个百分点；同期全国的城镇化水平从17.92%提升到28.51%，年均提升0.66个百分点。综合来看，1978~1994年这段时期是周口城镇化的缓慢起步阶段，与国家发展的整体趋势基本相同。

**（2）经济社会发展背景**

党的十一届三中全会后，以家庭联产承包责任制为主的农村土地制度改革，使农户重新成为社会行动的主体，后续一系列的经济体制改革更是充分调动了其生产积极性，从而释放出了巨大的制度红利。农业劳动生产率显著提高，主要农产品产量大幅增加[①]。随着农业生产率的提高，生产过程需要的劳动力明显减少，由此而形成的农业剩余劳动力，先是发展棉花、蔬菜、水果等多种类型的种植经营，促进了农林牧渔业的全面发展，而后又到乡镇企业就业，促进了乡镇企业的迅速发展（蔡昉等，2008）。在全国乡镇企业发展的浪潮下，周口地区的乡村工业也得到了一定发展，乡镇企业数量明显增加，生产规模不断扩大，形成了沈丘皮革、项城味精等有影响力的产业[②]。虽然在增长速度上，周口与河南省、全国的平均水平存在一定差距，但差距并不明显。

农产品短缺局面的改变，使国家取消了除粮食和棉花外其他农产品的国家计划收购，这为农户优化种植结构，提高农业收入提供了可能性。同时农业剩余为供养更多城镇人口提供了基础条件，从1984年开始允许农民自带粮进镇务工经商落户。虽然在发展中，国家逐步认识到变农村人口为城镇人口的城市化过程是实现四个现代化的客观要求和必然结果（吴友仁，1980），但仍坚持农业剩余劳动力不可能也不必要都进入大中城市，制定了"控制大城市规模、合理发展中等城市、积极发展小城市"的城市发展政策，优先支持小城镇建设，并加强城市对农村的支援。费孝通（1986）的"小城镇、大战略"理论为这种政策提供了理论依据。

**（3）农户行为**

家庭联产承包责任制的实施极大地调动了农户的积极性，使农户的土地资源和劳动

---

[①] 根据周口地区农业局编写的《周口地区农业志》（1986），1985年周口地区的农业总产值达33.9亿元，小麦产量达到24.5亿公斤，棉花总产14710.5万公斤，花生产量4594.0万公斤，水果总产116万担，比1980年分别增长1.1倍、1.4倍、66.1%、76.8%、61.2%，为国家贡献粮食10.3亿公斤，比1980年增长2倍多。

[②] 截至1989年周口地区集资兴办的股份制企业多达8285个，已成为乡镇企业的主体；主要集中在粮油加工、棉麻加工、畜产品加工和林果秸秆加工四个主要领域。引自：卢耀发，付晓东. 周口平原模式[J]. 地域研究与开发，1990（s1）：9-10。

力资源得到充分利用,从而推动农业快速发展,在短期内就解决了温饱问题,并产生粮食剩余。在限制农户迁移、劳动力市场未形成的情况下,农户一方面优化农业种植结构,通过种植经济作物、发展套种等方式,提高土地产出效率和自身收入。另一方面乡镇企业的发展,给农户提供了非农就业途径,周口本地也发展出项城味精、沈丘皮革等具有一定市场影响力的乡镇企业,形成"离土不离乡、进厂不进城"的农村城镇化模式。

### 3.2.2 明显滞后阶段(1995~2003年)

**(1)城镇化水平**

1995~2003年周口市的城镇化率从8.85%提升到15.66%,年均增长0.85个百分点,虽然绝对速度较前一阶段有所增加,但同期全国城镇化水平从29.04%增加到40.53%,年均增长约1.44个百分点。这一阶段是传统农区发展的滞后期,不仅城镇化率增长缓慢,经济发展水平也与发达地区产生明显差距。

**(2)经济社会发展背景**

这一阶段传统农区发展的滞后有着深刻的社会经济原因。首先,从市场环境来看,这一时期整个国家正在从计划经济体制向社会主义市场经济体制转型,公有制企业大量改制。同时随着初级工业品的饱和与市场竞争的加剧,乡镇企业的竞争力大不如前。周口具有一定基础的纺织、皮革等企业亏损严重,大量处于停产、半停产状态。受区位条件、产业基础、发展阶段的限制,包括周口在内的广大传统农区没能在短期内形成新的发展动力。而同期,随着经济全球化进程的加快,东南沿海地区大量承接国际产业转移,在空间上表现为开发区热和工业用地的快速增长。沿海地区的快速发展和农区发展的迟滞,共同导致周口与国家整体发展水平的差距显著扩大,形成了"平原农区问题"(刘云,2005)。

其次,这一阶段国家逐步放开户籍管理和人口流动管制[①],在区域经济差异日趋明

---

① 1985年出台的《关于城镇暂住人口管理暂行规定》,国家开始实行居民身份证制度,且公民在非户籍所在地长期居住是合法的;这为农村剩余劳动力的外出就业提供了基本制度保障。1997年6月,国务院批转了公安部《关于小城镇户籍管理制度改革试点方案》,允许符合条件的农村人口办理城镇常住户口,逐步放开对小城镇户口的迁移限制。1998年,公安部发布了《关于解决当前户口管理工作中几个突出问题的意见》,其中规定"在城镇投资、兴办实业、购买商品房的公民,及随其共同居住的直系亲属,凡在城镇有合法固定的住所、合法稳定的职业或生活来源,已居住一定年限并符合当地政府有关规定的,可在该城镇落户"。2004年中央一号文件《中共中央国务院关于促进农民增加收入若干政策的意见》中要求各地方政府、关部门要取消农民进城务工就业的职业工种限制,取消对企业使用农民工的行政审批……,各行业和工种对务工农民和城镇居民应一视同仁,企事业单位录用农民工以后,也应该在工种分配、工资发放、劳动管理、技术培训、职务升迁等方面一视同仁,实现同工同酬、同工同时、同工同权。

显的背景下，逐渐形成了全国性的劳动力市场。农民为了获取更高的收入大量外出务工，并逐渐获得在城镇合法就业、生活的权利。据周口市相关部门统计，2000年周口常年外出务工人口达150万左右，第六次人口普查统计显示2010年周口市外出人员约220万，这一数据在2015年更是增加到261万。从经济规律上看，劳动力进行跨地区转移流动可以进一步提高资源的配置效率，促进经济增长，对于农户收入的提高也有积极作用。但是这种发展在空间上是极度不均衡的，在造就沿海地区、大城市快速发展的同时，也使得传统农区的人口大量外流，本地工业化、城镇化动力不足，区域差距显著拉大。

再次，虽然国家还在强调小城镇发展战略，但实际上城市住房和土地供应制度的改革给城市尤其是沿海地区大城市的发展提供了强大的动力（赵燕菁，2014）。在土地有偿使用的制度框架下，建设城市新区促进房地产市场发展，可以使地方政府通过土地出让获得大量资金，投资城市基础设施建设，改善城市人居环境；同时高水平的城市建设又可以推高地价和房价，从而形成循环发展动力。因此这一阶段大城市的发展速度明显超过中小城市和小城镇，拉大了传统农区和发达地区在经济发展水平和城镇化率等方面的差距。

最后在农业方面，由于粮食种植生产收益较低，且农业税费和农民负担较重，"三农问题"日趋严重，土地抛荒现象时有发生。周口市粮食播种面积从1994年的102.82万公顷下降到2004年的94.98万公顷，1994年周口市的粮食产量为464.6万吨，2004年增长到541.17万吨，年均增长率仅为1.54%，明显低于刚刚实行家庭联产承包责任制的5年。

（3）农户行为

在发展滞后阶段，外部市场环境的变化导致周口本地乡镇企业逐步衰落。而在全球化和国际产业转移的背景下，沿海城市凭借区位优势，成为经济发展和就业提供的主要地区。随着人口流动限制的放开，传统农区的青壮年劳动力大规模外出务工，但受经济收入和户籍制度限制，绝大多数外出务工者不能在打工地安家落户，因而形成男性劳动力外出务工，女性、老人和孩子在家务农种地的异地半城镇化模式。对农户而言，在需要提高收入解决温饱问题的情况下，让主要劳动力异地半城镇化，是经济理性优先的策略。

但同时农户的经济理性是扎根在家庭中的，外出打工的目的是为了改善家中的生活条件。他们将劳动收入的大部分返还到农村家中，支持农户在老家改善生活。2004年周口市邮政汇款的数据显示，当年进口汇票超过100万张，实际兑付金额超过10亿元，仅邮政局的送汇业务收入就超过了1300万元[①]。邮政汇款并不是农民工返还劳动收入的唯一渠道，因此劳务返还的实际数额更为巨大。一些打工收入较高的农户，为了改善生活

---

① 数据引自：杨福乐. 在深谷中起飞[N]. 中国邮政报，（2004-10-22）.

条件、支持子女的教育，开始在本地城镇购房，形成通过主要劳动力异地打工，支持其家人本地城镇化的特殊模式。

### 3.2.3 快速发展阶段（2004年以来）

（1）城镇化水平

2004~2015年周口的城镇化进程开始加速，11年间城镇化率从18.15%提升到37.85%，年均增长1.79个百分点，而同期全国年均的城镇化率增长为1.3个百分点，相应地周口与全国城镇化率的差距也从2004年的23.61%缩小到2015年18.25%。虽然总体差距依然较大，但是缩小的趋势明显。

总体上这一阶段传统农区初步实现了城镇化与工业化、农业现代化的协调推进。周口市的GDP总量从2004年的501.6亿元增长到2015年的2082.38亿元，年均增长率高达13.8%，三次产业结构不断优化，从2004年的37.1∶37.4∶26.5调整为2015年的21.8∶46.3∶31.9，虽然一产比例依旧较高，但第二产业的主导地位已经确立，第三产业比重也明显上升。同时农业现代化进程也稳步推进，农业生产条件明显改善，农业种植结构不断优化，农村土地流转规模持续增加，粮食产量实现"十二连增"；在合作社和专业市场带动下，具有一定规模的、特色种养的家庭农场日益增多。形成这种局面的原因是多方面的，涉及产业转移与工业化发展、交通区位条件改善、现代农业发展和人口流动等。

（2）市场环境

从市场环境来看，最为重要的因素是随着大量劳动密集型产业转移持续向中西部转移，周口凭借丰富的劳动力资源优势成为承接产业转移的热点地区。据统计，2009~2015年周口市的工业增速连续5年位居河南省首位，累计承接产业转移项目1283个，引进省外资金2903.13亿元，吸引了富士康、麦当劳、美国好时集团、泰国正大集团等重大项目，对工业经济发展、解决农民就业等起到支撑带动作用。

其次，从交通条件上看，周口境内第一条高速公路宁洛高速于2002年底全线通车，结束了周口无高速公路的历史；2006年底大广高速和周商高速相继通车；2015年周郑高速通车，形成了以周口市区为中心的高速公路网络，彻底改变了国省道时代周口地区以淮阳为中心的道路交通系统。交通区位的改善使以前封闭落后的传统农区得以与外部快速联系，进一步促进了产业转移和人口流动。

（3）制度政策

市场环境的改善离不开制度政策的支持。总体上这一阶段的制度政策框架与市场需求互动良好，起到了引导促进经济社会发展的作用。本节重点从城镇化政策、工业化政策、农业现代化政策和行政管理体制四个方面分别进行论述。

第一，城镇化制度政策方面。国家从十五计划开始，逐步将推进城镇化上升为国家发展策略，希望通过城镇化发展拉动内需，解决三农问题。党的十六大、十七大均提出要加快城镇化进程，统筹城乡经济社会发展，坚持大中小城市和小城镇协调发展，走中国特色的城镇化道路。十八大以来国家强调以人为本的新型城镇化发展战略，出台了《国家新型城镇化规划（2014—2020年）》等多项推动城镇化发展的政策文件。

从地方政府的角度来看，推进城镇化成为拉动GDP增长，提高财政收入的重要手段。2005年河南省出台了《关于进一步促进城镇化快速健康发展的若干意见》，明确以加快中原城市群建设为重点，各地市实施中心城市带动战略，全面推进河南省的城镇化进程。2009年河南省提出"三化协调发展战略"，而战略实施的核心是要发挥新型城镇化的引领带动作用。同期，周口市政府也大力推动城镇化，2005年、2015年两次修编城市总体规划，使城市远期发展规模增加到150万人、150平方千米；并于2013年出台了《关于加快中心城区发展的意见》，将加快城镇化发展、提高城市建设水平作为拉动地方经济发展的重要举措。

第二，工业化政策方面。各级政府都顺应产业转移的大趋势出台了一系列吸引外来企业的优惠政策[①]，其核心目标是降低企业成本，提高地方对企业的吸引力。企业转移到周口的主要原因是丰富而廉价的劳动力资源，而实际上由于工资偏低、劳动时间较长、安排不自由等原因，企业招工也面临一定困难。对此地方政府承诺帮助招募员工，充分发挥基层组织的作用，将招工名额按比例分配给乡镇、村庄干部，作为干部考核的一部分。地方政府普遍通过减税、降低土地成本、保证劳动力供应等政策吸引外来产业转移。

第三，作为传统农业地区，国家支持农业、农村现代化的政策，对周口影响也十分重要。2004年以来，国家围绕农业农村发展出台了15个中央一号文件，加大了对农业、农村的投资，大力支持新农村建设、建立粮食直补制度。在一系列政策的引导下，周口市的粮食产量2004~2015年实现了12连增；城乡差距持续扩大的局面得到扭转，城乡居民收入差距在2003年达到3.14∶1的峰值后逐步下降（图3-4）。2005年国家颁布《农村土地承包经营权流转的管理办法》，明确了农户的耕地流转权、收益权，为农村土地流转市场的建立提供了政策法规依据。农业现代化发展通过提高农民收入、增加土地流转等方式，间接促进了本地城镇化发展。

最后，2000年周口撤地设市。从行政管理体制来看，撤地设市后地方政府调配各种

---

① 2012年周口市政府出台了《周口市招商引资优惠办法》，规定对一次性投资固定资产5000万元~1亿元的奖励土地净收益等额的60%，一次性投资固定资产1亿~3亿元的奖励土地净收益等额80%，一次性投资3亿元以上的100%返还土地净收益，这一规定的核心是降低企业的土地成本。同时在税收方面，对投资5000万元以上的工业项目，地方留成部分的企业所得税和增值税，自投产之日起，前2年奖励80%，后3年奖励50%。

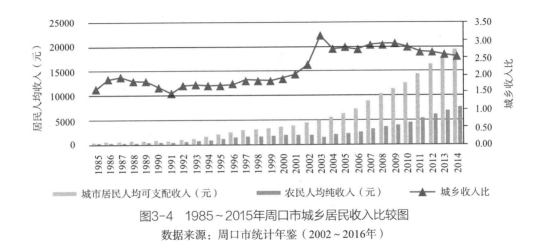

图3-4 1985~2015年周口市城乡居民收入比较图
数据来源：周口市统计年鉴（2002~2016年）

资源、主导经济社会发展的能力更强了，这在一定程度上也起到了促进发展的作用。

（4）农户行为

2004年后，以周口为代表的传统农区的城镇化速度快速提升，形成了城镇化与工业化、农业现代化协调发展局面。农户收入水平的普遍提升和生活条件的改善，使农户更多考虑子女教育、家庭团聚等问题，开始追求经济理性与社会理性的均衡，本地城镇化、弹性城镇化和异地城镇化等多种模式共存，拉动城镇化水平快速提升。总体上看，这一阶段外出务工依然是青壮年劳动力的首选。在国家大力推进农民工群体市民化的背景下，一些能力较强、收入较高的务工人员在务工地点实现异地城镇化的比率和可能性也越来越高。同时随着产业转移和本地工业化、城镇化的发展，非农就业岗位增加明显，有很多农户选择返乡就业，或是进企业打工或是开出租、开小买卖等非正规就业，实现本地城镇化。此外随着城乡交通联系便捷度的提升，还有大量农户选择在城镇就业、在农村生活居住的弹性城镇化方式。

### 3.2.4 不同阶段的外部约束、农户行为与城镇化模式

在周口市城镇化的三个不同发展阶段，制度政策、市场环境的差异决定了农户的行为方式，并形成了不同的城镇化特征与模式（表3-1）。

不同发展阶段的制度与市场环境及相应的农户行为与城镇化模式　　表3-1

| 城镇化阶段 | 制度政策 | 市场环境 | 农户行为 | 城镇化模式 |
| --- | --- | --- | --- | --- |
| 缓慢起步阶段（1979~1994年） | 农村家庭联产承包责任制，小城镇优先发展 | 农产品丰富，农业劳动力剩余，乡镇企业发展 | 经济理性主导：优化农业种植结构，在乡镇企业就业 | 离土不离乡、进厂不进城的农村城镇化 |

续表

| 城镇化阶段 | 制度政策 | 市场环境 | 农户行为 | 城镇化模式 |
|---|---|---|---|---|
| 明显滞后阶段（1995~2003年） | 城市土地、住房制度改革，户籍管制放松 | 区域差距明显全国性劳动力市场 | 经济理性主导：外出务工，提高收入 | 异地不完全城镇化、异地工业化支撑的本地城镇化 |
| 快速发展阶段（2004年至今） | 新型城镇化，农民工市民化 | 大规模产业转移劳动力结构性短缺 | 经济理性与社会理性均衡：满足基本经济收入的情况下，优先支持子女发展，追求家庭团聚 | 异地城镇化、本地城镇化、弹性城镇化等多模式共存 |

在1978~1994年的城镇化缓慢起步阶段，发展的基础动力来自于制度创新。正是家庭联产承包责任制改革打破了人民公社的坚冰，使农户再次成为生产经营主体，从而激发了他们的积极性，促进经济社会发展进入快车道。制度创新极大地解放了农业生产力，提高了农民收入，丰富了农产品，为城镇发展提供了最基本的粮食保障。随之而来的市场变化是农业剩余产品的出现，初级工业产品的缺乏，以及大量农业剩余劳动力，这些条件共同促成了乡镇企业的快速发展。在国家积极发展小城镇的战略引领下，农户将剩余劳动力投入到乡镇企业中，形成"离土不离乡"的农村城镇化模式。

在周口城镇化的明显滞后阶段，外部市场环境的变化导致乡镇企业逐步衰落；而在全球化和国际产业转移的背景下，沿海城市凭借区位优势，成为经济发展和就业提供的主要地区。随着人口流动限制的放开，传统农区的青壮年劳动力大规模外出务工，但却不能在打工地安家落户，因而形成异地半城镇化模式。同时打工者将劳动收入的大部分返还到农村家中，支持农户在老家改善生活。部分收入较高的农户利用打工收入在县城购房，以支持子女教育并改善家庭生活条件，形成通过主要劳动力异地工业化，支持其家人本地城镇化的特殊模式。

2004年后，以周口为代表的传统农区的城镇化水平快速提升，总体上形成了城镇化与工业化、农业现代化协调发展局面。产业转移和周口本地工业化进程的加快，非农就业岗位增加，为劳动力本地就业提供了支持。出于对城镇化风险和成本的考虑，很多农户并不愿意放弃农业生产，便捷的城乡交通联系使农户可以采用城乡兼业，即就业在城镇、居住在农村的弹性城镇化方式。同时国家大力推进农民工群体的市民化，一些能力较强、收入较高的务工人员在务工城市实现异地城镇化的比率和可能性也越来越高。

在劳动力市场不断完善，制约农户迁移的制度逐步退出的背景下，随着农户收入的提高和基本生活条件的改善，农户开始在经济理性和社会理性间进行权衡，在城镇化模式的选择上更多地考虑家庭团圆、子女教育等因素。农户根据自己家庭劳动力、收入等情况，灵活选择异地城镇化、本地城镇化或是城乡通勤的弹性城镇化，总体上形成多种城镇化模式共存的状态特征，这也是这一阶段农区城镇化率快速提高的主要原因。

## 3.3 周口市城镇化现状与特征

### 3.3.1 城镇化率较低但增速明显

作为传统农区，周口市的城镇化率一直明显低于全国和河南省的平均水平。2015年周口市城镇化率为37.85%，在河南18个省辖市中处于最后，比河南省平均水平（46.85%）低9个百分点，比全国平均水平（56.1%）低18.93个百分点。

但近年来周口市的城镇化速度明显提升，2004至2015年周口市的城镇化率从18.15%提升到37.85%，年均增长约1.79个百分点。总体来看周口与全国、河南省的城镇化率的差距不断缩小。

### 3.3.2 劳动力大量外流、异地城镇化明显

由于传统农区本地经济落后，城镇非农就业岗位不足，大量劳动力常年外出务工。2015年周口市常住人口与户籍人口之差约为250万，且呈逐年增加的态势。虽然大部分外出务工者受经济条件、家庭因素和户籍政策的制约，并不能在异地安家落户，但也有相当比例是全家外出，并实现了异地城镇化。根据历年统计年鉴的数据，从2010年到2015年周口市城镇人口增加了67.68万人，而同期乡村人口减少了80.65万人。假定周口市城镇人口的增加全部来自本地农村农民转化，则还有12.97万的农村人口没有进入本地城镇，而是实现了异地城镇化。随着国家新型城镇化、市民化政策的推广，未来能够在就业地落户的劳动力和家庭数量将会有所上升，所以对传统农区而言，农户的异地城镇化将长期存在。

### 3.3.3 产业转移促进本地工业化、城镇化进程

2008年国际金融危机以来，传统农区凭借着其丰富而廉价的劳动力资源优势，吸引了大批国内外产业转移项目。周口市合同利用省外资金数量从2009年的14.67亿元增长到2014年的536.42亿元，增幅达36倍，落户了富士康、麦当劳、美国好时集团、新加坡郭氏集团、泰国正大集团等重大项目。大规模的产业转移促进了本地工业化进程，2009~2015年周口市的工业增速连续5年位居河南省首位。

随着外来产业落户，本地的二产就业岗位有所增加。据统计周口市第二产业从业人员从2009年的149.87万增长到2015年的168.36万，增加了18.5万。随着本地非农就业机会的增加和工资水平的上升，中年劳动力返乡就业的情况有所增加。考虑到二产就业的乘数效应，产业转移对本地工业化、城镇化的带动作用明显。

### 3.3.4 总体均衡、县城极化的城乡空间格局

**（1）市域范围：总体格局均衡，中心城市首位度较低**

豫东平原无差别的自然生态本底条件、网格状的干线公路网、规模相当的县级行政区经济版图，形成了周口总体均衡的城镇空间格局。豫东平原农业县的行政辖区平均为1300平方公里，县城间一般相隔40公里。周口市区与各县多数都以农产品深加工、纺织轻工业为主导产业，产业结构近似。在面积相差不大的管辖空间内，结合人口规模与经济水平相近的基础条件，各县均围绕县城形成相对独立的经济腹地（图3-5）。从2015年周口市各区县的GDP比重和经济腹地划分来看，周口市区、各县的发展水平非常接近，GDP占比均在10%左右，其中中心城区（川汇区）的GDP占比仅为9.44%，处于中等水平。

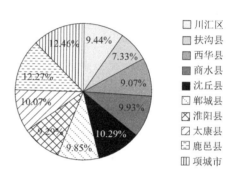

图3-5　2015年周口市各区县GDP比重

从各级城镇的人口规模来看，周口中心城区和各县城的人口聚集能力明显不足，2015年中心城区现状人口约为70万，各县城人口在20万～30万左右，一般建制镇的常住人口均不足5000，行政村的户籍农业人口平均在2000左右。周口市区的首位度不高，与我国大部分地区城镇体系首位分布态势明显的格局明显不同。城镇布局方面，县级以上城市都位于国省干道交汇处。而重点镇大部分位于县城与县城之间、县城服务辐射不到的地方。这种层级均衡的城镇空间格局非常符合经济地理学上经典的中心地理论（图3-6）。

**（2）县域层面：县城极化发展，乡镇动力不足**

在市域总体均衡的空间格局之下，各县内部却呈现出县城极化发展的趋势。县域村镇体系中，县城的首位度突出，乡镇的经济规模、常住人口都较小。以西华县为例，2015年县城的常住人口约18万，占全县常住人口（75万）的比例接近1/4；更是集中了全县约65%的城镇人口，高于其他乡镇驻地城镇人口总和。从固定资产投资分布看，当年县城固定资产投资总额为82.5亿元，是其他所有乡镇固定资产投资总和的两倍（图3-7）。县城聚集了全县最为优质的教育、医疗等公共服务资源。全县主要的工业企业也都位于县城的产业集聚区，能够提供较多的非农就业岗位。

随着非农产业在县级产业园区的集中布局，乡镇失去了产业支撑；同时在城乡间教育、医疗等公共服务质量存在明显差异的情况下，乡镇的发展动力明显不足。再加上"乡财县管"后，乡镇没有独立的财权，多数只能维持吃饭财政，因此一般乡镇在人口规模、城镇面貌、公共服务水平方面和普通行政村相差无几。大多数乡镇的功能仅限于为辖区提供基本公共服务。

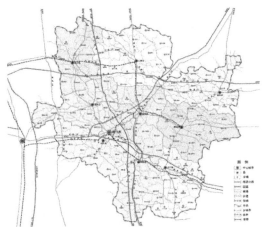

图3-6 周口市域城镇分布现状图

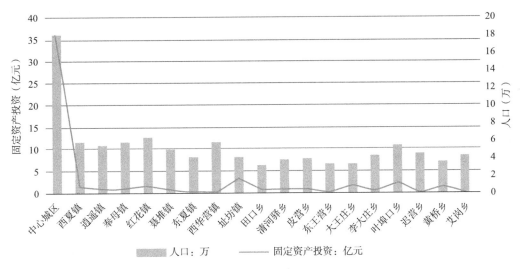

图3-7 2015年西华县城和各乡镇人口规模与固定资产投资比较图

数据来源：2016年西华县统计年鉴

## 3.4 城镇化背景下农户特征与变化

### 3.4.1 农户小型化与核心化

根据历年统计数据，2000年以来周口市农村家庭的农户常住人口数量持续下降，从2000年的户均4.32人，逐步缩减到2015年的户均3.34人，相应地户均劳动力数量也同步减少（表3-2）。

周口市历年农村家庭户均常住人口与劳动力　　表 3-2

| 年份 | 2000 | 2005 | 2006 | 2007 | 2008 | 2009 | 2010 | 2011 | 2012 | 2013 | 2014 | 2015 |
|---|---|---|---|---|---|---|---|---|---|---|---|---|
| 户均常住人口 | 4.32 | 4.23 | 4.23 | 4.21 | 4.19 | 4.21 | 4.2 | 4.13 | 4.07 | 3.6 | 4.02 | 3.34 |
| 户均劳动力 | 2.72 | — | — | 2.95 | 2.95 | 2.95 | 2.93 | 2.92 | 2.91 | 2.5 | 2.8 | 2.2 |

数据来源：周口市统计年鉴（2001～2016）

传统农区农户家庭人口减少的趋势与全国层面家庭小型化、核心化的趋势是一致的（郭志刚，2008）。在城镇化背景下，家庭外出劳动力数量逐渐增加，生育水平下降，年轻人结婚后独立居住，是造成户均人口减少的主要原因。大量三代人组成的主干家庭逐渐转变为父母与未成年子女组成的核心家庭。

### 3.4.2　农户就业与收入的多元化

2000年以来周口市农村居民人均可支配收入增长超过4倍，从2001年的1962元增加到2015年的8576元。在工业化、城镇化、农业现代化协调推进的大趋势下，农户的就业和生活方式发生了显著的变化，外出务工增加，工资性收入显著提高，从而形成家庭收入的多元化（图3-8）。务农收入从2001年占家庭总收入的58%，逐年下降至2015年的29.5%，农业不再是农户最主要的收入来源，但仍旧占有相当比重。同期农户的工资性收入占比则从27.9%增长到52.1%。2011年以来工资性收入就一直超过农业收入，成为农户最主要的收入来源。农户收入结构变化的背后是农户就业、谋生方式的变化，农户发生了明显的分化。

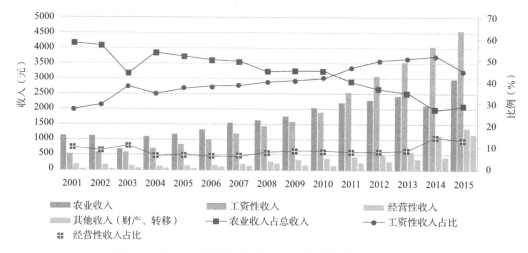

图3-8　2001～2015年周口历年农村居民人均收入结构变化图
数据来源：周口市统计年鉴（2002～2016）

### 3.4.3 农户消费结构逐步优化

随着收入的增长，农户的消费支出也明显提高，从2000年的年均2003元，增长到2015年的8633元，增长3.31倍，略低于同期收入的增长幅度。同时农户的消费结构也逐渐优化，恩格尔系数从2000年的45.54%连续下降到2014年的32.82%，15年间降低了12.72个百分点；而2015年由于食品价格上涨等原因导致恩格尔系数又有小幅上调。同期农户衣着消费和交通通讯消费的总额均有明显增加，2010年后衣着消费占农户消费总额的比重都稳定在6%~8%之间；交通和通讯的消费比重稳定在9%~11%之间。农户家庭拥有冰箱、电视机、摩托车等耐用消费品的数量显著增加[①]，说明农户的生活水平有较大提升。

农户在文化、教育、娱乐等方面的消费占比在2005年前一直维持在10%左右，而2010年骤然降低到5.35%，这主要是与2000年前后教育的市场化改革和2008年的义务教育改革密切相关（方松海等，2011）。从统计数据上看，2010年后文化、教育等方面消费占比从5.35%逐步增加到2015年的5.67%，说明随着收入的提高，在文化、教育、娱乐等方面的消费有所增长。

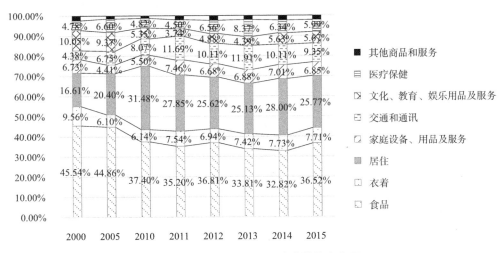

图3-9　周口市历年农户消费结构变化图
数据来源：周口市统计年鉴（2001、2006、2011~2016）

---

① 根据历年统计年鉴，周口每百户农户拥有洗衣机数量、电冰箱、空调、摩托车、移动电话、彩色电视的数量分布从2005年的38.11、8.75、0.83、20.94、44.1、69.57增长到2015年的92.1、65.9、29.4、54.9、205.3和108.9；其中2015年农户家庭拥有手机已超过2部，电视机超过1台。

## 3.5 农户研究分类

分类是重要的研究方法，其意义正在于其可以使复杂无序的事物系统化，从而更好地认识和区分客观世界。根据不同的标准农户可以有不同的分类方法。如前文界定，本书研究的农户广义上指没有完全脱离农业、农村的家庭，其中即包括从事农业生产的家庭，也包括家庭成员全部或部分居住在农村的家庭。因此对农户可以从就业和生活居住等不同视角提出不同的分类标准。

### 3.5.1 农村视角的农户分类

从农村视角分析，农户的区位、家庭资产、劳动力配置等要素组合的不同，会形成不同的农户类型。以农户现实生活居住方式为基础，结合农村抽样调查和访谈数据，可将农户分为核心农户、兼业农户、留守农户、居住农户和迁移农户5类[①]。

核心农户是将家庭主要劳动力投入农业生产，且以农业收入为主要收入来源的农户，主要是蔬菜、瓜果等特色农业种植户或是种粮大户。兼业农户生活居住在农村，利用自家土地种植小麦、玉米等粮食作物，但以附近城镇打工为主要就业和收入来源的农户。留守农户是家庭青壮年劳动力长期外出务工，老人在农村从事粮食种植、独自生活的农户。居住农户是考虑成本问题而生活在农村，但并不从事农业生产，而是以城镇就业收入为主的农户；这种农户占比较少，主要分布在城市近郊地区。迁移农户指已经实现城镇化，不在农村生活居住的农户。

在抽样调查的20个村庄的493个有效样本中，核心农户平均占比约为18.90%，兼业农户占比29.91%，留守农户占比41.58%，居住农户比例1.83%，迁移农户7.78%（图3-10）。

这一比例总体上反映出农区乡村的实际情况，留守农户的比例最高接近总量50%，其次是城乡兼业的农户约占到总量的1/3；而实际上主要依靠农业收入的核心农户已不足20%；此外大约有7%的农户已经实现了城镇化。当然受区位条件、农业种植类型等因素影响，不同村庄各类农户构成差别较大，如在城市的近郊地区兼业型农户的比例就明显较高；而在有农业

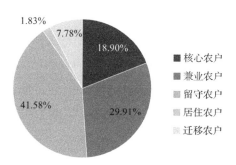

图3-10　周口市各类农户占比图
数据来源：农户抽样调查

---

① 具体分类方法详见第七章关于农户分化的研究。

专业合作社带动的村庄，由于大棚种植等特色农业发展较好，核心农户的比例会明显偏高。

### 3.5.2 就业视角的农户分类

非农就业是农户实现城镇化的前提与保障，因此根据就业方式与特征对农户进行分类，对于研究农户的城镇化动力具有重要作用。首先根据产业门类可以分为农业就业与非农就业两种类型；而考虑农区的实际情况，根据非农就业的地点又可以划分为外出务工就业和本地就业两种类型。根据周口市历年统计年鉴，外出务工收入占农户总收入的比重从2001年的18.52%上升到2012年的35.20%；而外出打工收入占农户工资性收入的比重也从2001年的66.43%上升到2010年的79.73%，而后又小幅下降到2012年的70.75%[①]；这也反映出随着产业转移和本地工业化的发展，农户在本地就业的情况增加，因此外出务工收入占工资性收入的比重又有小幅下降。因此根据非农就业地点，可将非农就业农户进一步划分为外出务工农户和本地就业农户，这与农户收入构成和传统农区大量劳动力常年外出打工这一实际情况是相符的。

关于本地非农就业，其实也还有进一步细分的必要。由于传统农区本地工业基础薄弱，第二产业能够提供的就业岗位有限，而小商贩、打零工等非正规就业实际上构成农区城镇非农就业的主要部分，也是支持农户本地城镇化的主要力量。胡鞍钢等（2006）也证明非正规就业已经成为城镇新增就业和农业剩余劳动力转移就业的主导。因此考虑周口的实际情况，将本地城镇非农就业进一步划分为企业正规就业和非正规就业是十分必要的。

总之，参考农户收入构成，按照农户主要劳动力就业情况可以将农户分为农业就业、外出务工就业、本地企业就业和本地非正规就业四种类型。

### 3.5.3 本书使用的农户分类

城镇和农村是功能耦合、空间互嵌的连续统一体，是一件事的两个方面（费孝通，2007），因此上述两种农户分类其实存在着内在关联。其中外出务工农户基本对应这农村的留守农户和部分迁移农户；本地城镇就业农户对应着兼业农户、居住农户和部分迁移农户；而农业就业农户则对着核心农户和兼业农户。

---

① 由于2013年后的统计数据不再单列外出打工收入，这里只能分析到2012年的情况。

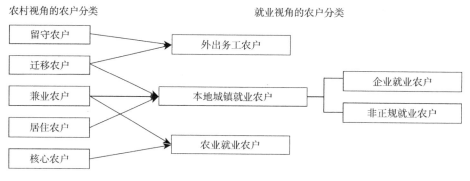

图3-11 不同分类方法的农户类型对照图

基于农村视角的农户分类，对于分析农业、农村的状况有重要的作用。但就城镇化研究而言，这一分类没有突出非农就业这一引导农户城镇化的主要动力。因此考虑到研究主题和数据获取的方便程度，本书将选择以就业为基础的分类展开研究，其优势主要体现在以下三个方面（表3-3）。首先，城镇化的本质就是通过创造非农就业将农村劳动力吸引到城镇（赵永革，2003）；非农就业是农户实现城镇化的基本条件，就业方式往往决定了其城镇化的可能性与模式。其次，农户的就业方式，尤其是家庭主要劳动力的就业方式，很大程度上是由经济社会发展条件决定的，因此从农户就业方式入手可以有效地关联起宏观经济社会背景、农户行为及其城镇化模式。随着外部经济社会环境的变化，农户会灵活调整家庭就业组合。在农区本地经济、工资收入均与沿海发达地区存在明显差距的情况下，农户会优先安排家庭的主要劳动力外出打工，从而更好地实现劳动力价值，获取较高的收入。在产业转移和本地工业化快速发展的背景下，本地非农就业岗位的增加为劳动力回流创造了条件，因此部分劳动力会考虑家庭原因，返乡就业，从而形成本地城镇化模式。同时随着本地城镇的扩张和相关服务业快速的发展，城镇非正规就业大量涌现，形成农区特有的非正规就业支撑本地城镇化的模式。而近年来国家不断加大对农业的投入，农业现代化进程加快，农业种植结构不断调整优化，这也改变了农户的农业生产方式，进而影响他们的城镇化行为。

外部环境条件、农户就业方式与城镇化模式相关性分析表　　　表3-3

| 外部环境条件 | 农户就业方式 | 城镇化模式 |
| --- | --- | --- |
| 区域差距明显 | 外出务工 | 异地城镇化或异地工业化支撑本地城镇化 |
| 产业转移与本地工业化 | 本地企业就业 | 本地城镇化或弹性城镇化 |
| 城镇扩张，三产发展 | 非正规就业 | 非正规就业支撑的本地城镇化 |
| 农业现代化进程加快 | 农业就业 | 非城镇化或弹性城镇化 |

最后，基于就业类型的农户分类更便于研究数据的收集。笔者可以从城乡两个层面

分别调研企业就业员工、非正规就业群体和农村居民，这样获得的数据更为全面真实；以弥补由于农区的村庄普遍存在空心化和老龄化问题，只是在农村层面进行调研访谈，获得的数据难以真实反映在外成员的真实情况的问题。

因此本书以农户的就业方式为基础，将研究对象划分为外出务工农户、本地企业就业农户、本地非正规就业农户和农业就业农户四类，分别研究各类农户的城镇化特征、模式与动力。同时在讨论农业就业农户的章节，也将借用核心农户、兼业农户、留守农户等从农村视角的分类，深入研究在农业现代化背景下，不同农业生产方式对农户城镇化的影响。

## 3.6 本章小结

本章在介绍案例地区河南省周口市基本情况的基础上，回顾了改革开放以来周口的城镇化历程。根据周口市历年城镇化率增长速度以及城镇化率与全国和河南省的差距，划分为缓慢起步阶段（1979~1994年），明显滞后阶段（1995~2003年）和快速发展阶段（2004年至今）三个阶段。在缓慢起步阶段，家庭联产承包责任制的实施大幅提高了农民的劳动生产效率和农业剩余，为城镇发展提供了基础条件；而在国家限制人口迁移，并且鼓励发展乡镇企业和优先发展小城镇的政策引导下，形成"离土不离乡、进厂不进城"的农村城镇化模式。在1990年代中后期，随着沿海经济的快速发展，区域差距日益明显，同时国家逐步放松人口迁移管制，形成全国性劳动力市场，这促使大量农村青壮年劳动力外出务工；但受户籍政策限制，并不能在打工地安家落户，形成异地不完全城镇化模式。随着产业转移，2004年以来周口本地工业化水平有明显提升，同时在国家支农惠农政策和新型城镇化政策的支持下，呈现出工业化、农业现代化、城镇化协调发展的局面。虽然外出务工依旧是家庭主要劳动力的优先选择，但农户在本地实现非农就业的机会和收入也有明显增加，形成异地城镇化、本地城镇化、弹性城镇化等多种模式并存的情况。在上述三个城镇化阶段中，不同的市场环境、不同的制度政策，形成了农户不同的城镇化模式，这在整体上证明了外部市场环境和制度政策对农户行为与城镇化模式的影响和制约。

继而本章从宏观和微观两个层面，分别总结了传统农区城镇化的现实状况与农户的基本特征。宏观层面，虽然近年来周口城镇化率增速很快，但总体水平还是明显低于河南省和全国的平均水平；虽然大规模的产业转移促进了本地工业化和城镇化进程，但劳动力依旧呈现大规模外流的情况，异地城镇化依旧是重要的城镇化方式。

微观层面，农户家庭日益小型化、核心化，家庭收入构成多元化，消费结构明显优化。同时农户出现了明显的分化，从农村生活的视角，可以将农户分为留守农户、核心农户、兼业农户、迁移农户、居住农户等类型。从家庭主要劳动力就业方式和收入构成的角度，可以分为外出务工农户、本地非农就业农户和农业就业农户等类型。本章还进一步分析了两种分类方法下农户类型的对应关系，考虑到研究主题和数据获取的可行性，选择以就业为基础的分类，将研究对象划分为外出务工农户、本地企业就业农户、本地非正规就业农户和农业就业农户四类，以深入研究各类农户城镇化的特征、模式与动力机制。

# 第4章

# 外出务工农户城镇化研究

由于传统农区人口基数庞大,而本地经济不发达,非农就业机会少,导致大量农业富余劳动力外出务工。从统计资料来看,2010年以来周口市历年外出务工人员数量均在200万以上,占全市劳动力数量的50%左右。本章所讨论的外出务工农户,其中既包括只有主要劳动力外出的农户,也包括全家外出的情况。这部分农户未来的城镇化方式和空间选择会对传统农区的城镇化路径和模式产生重要影响。

本章主要利用对外出务工人员的电话访谈数据,总结外出务工农户的基本特征,他们未来可能的生活方式与空间选择,即是留在打工地进行异地城镇化,还是返回本地城镇进行本地城镇化,或是回到农村;并进一步探讨影响其决策的因素,总结外出务工农户的城镇化模式。

## 4.1 宏观环境：劳动力外流与不完全城镇化

### 4.1.1 市场引导、管制放松下的劳动力流动

改革开放以来，尤其是随着1990年代的市场经济转型，东南沿海地区与中西部地区的区域差距明显扩大。从市场的视角看，东部地区较快融入全球产业体系，劳动密集型产业的发展需要大量廉价劳动力；而传统农区人多地少、农业比较收益低，小规模的农业种植已经不能满足农户生活需要，而农区本地产业基础薄弱，不能解决农业剩余劳动力的非农就业，因而形成了外出务工的需求。

根据刘易斯二元经济理论，在区域差距、工农差距普遍存在的情况下，劳动力会自发地从农村向城市，从农业向工业迁移，形成区域间劳动力的大规模流动。同期国家顺应市场经济改革的步伐，逐步调整户籍制度与人口流动政策[①]。从20世纪80年代的控制农村剩余劳动力跨区域流动，到90年代规范引导人口流动，2000年后逐步放开小城镇落户限制，再到近年来深化户籍制度改革，推动流动人口的市民化。在市场和政策的共同作用下，我国人口流动规模日益扩大，根据历次全国人口普查和历年1%人口抽样调查数量估算，我国流动人口数量从1990年的2135万人增长到2000年的1.02亿人、2010年的2.21亿人（郑真真、杨舸，2013）。

对传统农区而言，区域发展不均衡、市场经济体制的确立、允许劳动力自由流动等外部条件和传统农区人多地少、农业劳动力资源过剩、本地工业化城镇化发展滞后、非农就业能力有限等本地因素叠合，共同形成劳动力大量外出务工的局面。历年统计年鉴显示，周口市2000年外流人口约为150万，2010年流出人口规模达到219万，2015年进一步增长到261万。

### 4.1.2 制度政策约束下的不完全城镇化

受户籍制度、社会保障制度的制约，大量进入城镇打工就业的农村劳动力不能平等享受城市的公共服务，只是实现了就业的城镇化，而不能实现生活的城镇化，只是个人

---

[①] 1985年国务院出台《关于城镇暂住人口管理暂行规定》确立公民在非户籍所在地长期居住的合法性，同年开始实行身份证制度。1992年取消了粮票、布票等城市票证制度，客观上方便了农民进城打工。1995年出台的《关于加强流动人口管理工作的意见》，要求对流动人口实现"鼓励、引导和实行宏观调控下的有序流动"。1997年出台的《小城镇户籍管理制度改革试点方案》和《关于完善农村户籍管理制度的意见》允许已经在县城、集镇就业、居住并符合一定条件的农村人口办理城镇户口；2001年全面放开县级以下小城镇对农民进城落户的限制。

的城镇化而其家庭还留在农村，处在分离状态。这种不完全城镇化使参与其中的农户长期处在返回农村与完全城镇化之间的状态，是中国城镇化进程中特有的结构性现象（王春光，2006）。2015年我国城镇化率为56.1%，其中户籍城镇化率仅为39.9%，其间相差的16.2%约2.23亿人，主要是常年在城镇务工，而没有户籍、不能享受公共服务的农民工群体。

这种不完全城镇化在相当一段时期内维持了低成本的工业化，延续了人口红利优势，但也衍生出拉动内需不足、土地资源浪费、社会成本增加等问题。从城市层面看，劳动力的不完全城镇化，使他们在一定年龄后便会退出城市，返回农村，这无疑降低了劳动力数量与实际劳动年限，在人口资源面临"刘易斯拐点"的情况下，更加剧了劳动力资源的结构性短缺问题。此外，不完全城镇化也使得城镇化激发需求的能力大为降低，不能充分释放城镇化对经济社会发展的带动作用。从农村层面看，不完全城镇化产生农村儿童、老人留守等社会问题。一些农户即便已在城镇就业、生活，也不愿意放弃农村的耕地和宅基地，这一方面不利于土地流转和适度规模经营，影响了农业现代化进程的推进；另一方面也造成农村空心化严重、宅基地空置却难以退出等问题。

传统农区是农民工的主要输出地，受制度因素和经济因素的限制，大部分外出务工人口难以在输入地实现市民化和完全的城镇化。这部分人口的流向、落脚地选择和最终的生活就业方式，成为影响城镇化格局和质量的重要因素，也是本章研究的重点。

### 4.1.3　周口市外出务工人口数量估算

由于传统农区人多地少，大量农村剩余劳动力需要转移就业才能维持家庭生活。根据历年统计年鉴，周口市农村劳动力总量从2002年的597.1万人持续增加到2012年达到峰值624.5万人，而后由于人口老龄化和城镇化的影响，农村劳动力总量回落至2015年的589万人。其中农业就业人口数量从2002年的403.9万人持续下降到2015年的301.6万人。对应的农业转移就业人口数量在2012年出现峰值为307万人，而后小幅下降至2015年的287.4万（图4-1）。

而由于工业基础薄弱，本地非农就业岗位有限，导致农业转移就业的主要方式是外出异地务工。这一点可以从周口市历年户籍人口与常住人口的差值中得到证明，2010～2015年周口市每年的外出务工人口从219万人增加到261万人。

根据研究对周口市外出务工农户状况的调查，平均有14.2%的外出务工人员是未婚的；在其已婚外出务工人员中，只身外出的占41.9%，夫妻两人外出的占16.1%，全家

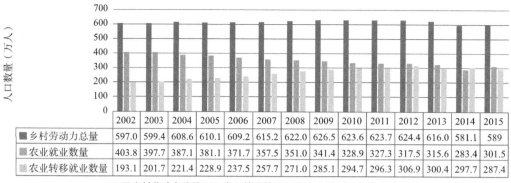

图4-1　周口市历年农村劳动力就业情况变化柱状图
数据来源：周口市统计年鉴（2003～2015）

外出的占27.7%。假定夫妻双方外出和全家外出的家庭中全部劳动力均为周口户籍，事实上受亲缘和地缘关系限制，这种情况是比较普遍的，可以大致推算出2015年外出务工人员的数量在220万左右[①]，占到农业转移劳动力300万的70%，而在本地城镇就业的转移农村劳动力数量不足80万。也就是说农业转移就业劳动力中只有约四分之一是在本地城镇就业的，而四分之三是常年外出务工的。这一比例与周口市劳动和社保局访谈得到的经验数据，以及农村调查数据基本吻合。

## 4.2　微观主体：外出务工农户的特征与城镇化意愿

### 4.2.1　劳动力个体状况：以劳动力素质较高青年男性为主

调查问卷反映出，农村外出务工的劳动力整体上具有年纪轻、学历高、掌握一定劳动技能，是农村劳动力中素质较高的群体。

（1）青壮年男性为主

在211位电话受访外出务工人员中，男性172名，占比81.5%，女性39名，占比18.5%。周口市外出务工人员的平均年龄为33.9岁，年龄在26～45岁之间的外出务工人员占比约60%（图4-2）。在农区老年劳动力务农、青壮年劳动力外出打工是普遍现象。

---

① 假设外出务工人员数量为X，2014年周口全市外出人口为252万，则在考虑外出人口的婚姻、家庭状况的情况下可以得到如下方程：0.142X（单身）+0.419X（已婚只身外出）+ 0.277*3/2 X（全家外出）+0.161X（夫妻外出）=252，可以解得X约等于221.5。假设全家外出的情况是全家三口人，其中有2个劳动力。

### （2）普遍掌握一定劳动技能

调查显示，外出务工人员大多掌握一定的劳动技能。其中占比最高的是建设、装修类技能，如电工、瓦工等，这与大量外出劳动力在建筑工地工作的数据相契合。其次是美容美发占到了总量的14.8%，占女性受访者的72.1%，是女性劳动力最主要的技能。此外，机动车驾驶、服装加工、食品加工等技能也占据一定比例（图4-3）。

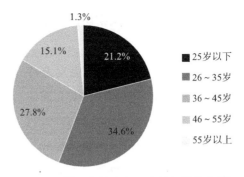

图4-2　周口市外出务工人员年龄分布图
数据来源：外出务工人员电话访谈

关于劳动技能的获得，68.2%的受访者表示这些技能是在具体工作中学习并掌握的，28.4%的受访者认为是经过学校培训获得。可见在外出打工中"干中学"是提高劳动技能的主要方式（吴炜，2016），这也是很多年轻劳动者愿意到外面去"闯一闯""见见世面"的重要原因。

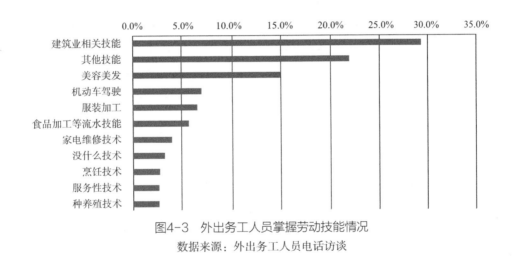

图4-3　外出务工人员掌握劳动技能情况
数据来源：外出务工人员电话访谈

### 4.2.2　外出务工家庭状况：单身外出为主，家庭迁移也占一定比例

#### （1）已婚单身外出为主，家庭迁移也占一定比例

在调查中发现，在外出务工人员中有85.8%已婚，这与年龄结构基本吻合。在已婚者中，只身一人在外打工的占比41.9%，也就是说已婚外出务工人员中，有40%以上是与家人长期分离的。夫妻二人在外务工而孩子留在家里的占比16.1%。全家人均在外的占比也达到了27.7%（图4-4），这与全国层面上家庭化迁移日渐成为人口流动的主体模式是吻合的。

### （2）与农村联系密切，务工收入大部分返还老家

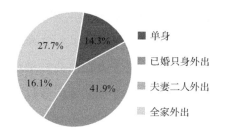

图4-4　周口市外出务工人员家庭状况
数据来源：外出务工人员电话访谈

外出务工农户与农村老家保持着较为密切联系，表现在回家探亲和资金返还两个方面。调查显示，外出务工人员平均每年回家1.85次，以逢年过节返乡为主，平均在家停留27.4天。资金联系更为密切（表4-1），近40%的打工者将80%以上的打工收入返还到农村，还有约20%的打工者将60%～80%的收入返还到农村，而自己只保留在异地维持日常生活的开支。同时打工收入基本不返还的也占31.3%，这种情况主要对应未婚年轻人和全家外出的情况。但综合来看，外出务工收入的大部分是返还农村老家的，从而起到改善家庭生产生活条件、带动传统农区发展的作用。

外出务工群体收入返还情况统计表　　　　　表4-1

| 分类 | 数量（户） | 占比（%） |
| --- | --- | --- |
| 80%以上返还 | 84 | 39.8 |
| 60%～80%返还 | 46 | 21.8 |
| 50%左右返还 | 15 | 7.1 |
| 基本不返还 | 66 | 31.3 |

数据来源：外出务工人员电话访谈

### （3）农地以家人耕种为主，流转也占一定比例

外出务工农户的承包地最多的还是交给父母家人代种，占到总比例的64.46%。这反映出家庭内部青壮年劳动力外出务工、老人务农的组合模式。同时也有35.55%的耕地是流转经营的，这一比例明显高于当年周口全市平均28.5%农地流转比例。其中最多的情况（20.85%）是有偿流转给亲友耕种，其次为流转给合作社或企业耕种占10.90%；随着土地价值的提升，无偿让人耕种的比例大幅降低，仅为3.79%。

外出务工农户农地经营情况统计表　　　　　表4-2

| 分类 | 数量（户） | 占比（%） |
| --- | --- | --- |
| 父母家人耕种 | 136 | 64.46 |
| 免费流转给亲友耕种 | 8 | 3.79 |
| 收费流转给亲友耕种 | 44 | 20.85 |
| 流转给企业、合作社 | 23 | 10.90 |

数据来源：外出务工人员电话访谈

### 4.2.3 在外务工情况：东南沿海地区工厂和建筑企业打工为主

**（1）打工地点分布：东南沿海地区为主，其次是河南省内**

从打工地点看，外出务工人员的主体依然在东南沿海地区[①]，占总量的59.16%，其中在北上广深等一线城市就业的约占41.53%，且占全部外出人员的24.57%。可见由于收入水平和就业机会的差异，东南沿海和大城市依然是外出就业的重要选择。其次是在河南省内打工比例达到25.06%，尤其是在郑州市就业的占17.43%，可见随着产业转移和中原经济区建设，省会郑州市正在成为传统农区外出劳动力就业的重要选择。最后，其他省份就业的约为15.78%（图4-5），其中在新疆从事农业生产的占比约为3%。

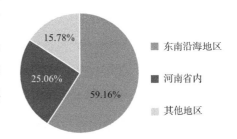

图4-5 周口市外出务工人员就业区域分布图
数据来源：外出务工人员电话访谈

**（2）就业类型：在工厂和建筑工地占比过半，非正规比例较高**

外出务工人员以在工厂和建筑企业打工为主，分别占总量的32.53%和21.84%，其次是从事交通运输业，占比约为10.25%。而个体经营、打零工、快递等非正规就业方式占比超过20%；而在企事业单位就业的比例仅为6.02%。另外有4.55%的劳动力以农业为主，主要是到新疆摘棉花或是到北京、天津等大城市周边承包土地。

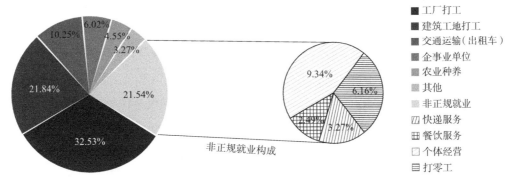

图4-6 外出务工人员就业行业分布图
数据来源：外出务工人员电话访谈

---

① 问卷统计中东南沿海地区包括北京、天津、河北、山东、江苏、上海、浙江、福建、广东和海南。

### （3）务工收入情况

调查中约有83%的受访者提供了月收入情况，将这些数据平均，得到周口市外出务工人员的月平均收入为2835元。考虑到很多打工人员在春节期间要返乡1个月左右，这期间没有务工收入，按照11个月计算，则全年平均收入约为31185元，略高于全国平均城镇居民人均可支配收入26955元，与同年（2013年）周口市城镇居民人均可支配收入18046元以及农村居民人均纯收入6950元相比高很多。可见明显的收入差距也是促使大量农村劳动力外出务工的主要原因。

### （4）外出工作的主要困难

问卷反映外出务工面临最主要的困难来自经济和家庭两个方面（表4-3），分别是"收入太低"占比42.3%和"不能与家人团聚"占比39.7%。

外出务工人员外出工作面临的主要困难　　表4-3

| | 数量（个） | 占比（%） |
|---|---|---|
| 收入太低 | 89 | 42.2 |
| 不能与家人团聚 | 84 | 39.8 |
| 子女教育不好解决 | 22 | 10.4 |
| 住房条件差 | 13 | 6.2 |
| 其他 | 3 | 1.4 |

数据来源：外出务工人员电话访谈

尽管与周口本地人均可支配收入相比，外出务工人员的收入较高，但是在输入地外出务工人员仍属于低收入群体，处于社会的边缘。另一方面，外出务工人员认为不能和家人团聚，不能照顾老人和孩子，是现在遇到的重要问题之一。

此外，受户籍限制，务工人员子女在打工地难以接受义务教育，无法正常参加高考也是困扰他们的重要问题。一些本来有条件实现异地城镇化的家庭，不得不因子女就学而返回周口。虽然在问卷上子女就学问题选择比例总体不高仅为10.4%，但是考虑到外出务工人员的家庭结构、年龄结构，这一比例还是相当可观的。

### 4.2.4　返乡意愿与返乡后选择

#### （1）返乡意愿明确

总体来看外出务工农户对家乡有着强烈的归属感，有82.1%的人表示会返回周口定居；仅有8.1%的受访者明确表示自己不会返乡，还有9.8%的人尚未确定未来是否返乡。

对于有明确返乡意愿的82.1%的农户而言，大多认为会在短期内返乡。其中选择在

1~3年返乡的占66.3%；在4~10年返乡的占23.9%；认为10年后才会返乡的占9.80%。返乡时间在一定程度上可以反映出外出农户的返乡意愿是很强烈的。

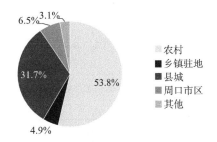

图4-7 拟返乡外出务工人员返乡后居住地选择

数据来源：外出务工人员电话访谈

**（2）返乡后居住地点选择：半数回到农村，三成落户县城**

对外出务工农户返乡后居住地进行分析，可以发现农村和县城是他们返乡后的主要居住地点，其中53.8%的受访者选择回到本村居住，31.7%的受访者选择到县城定居，仅有6.5%的受访者考虑到周口市区居住，4.9%的受访者选择到乡镇居住（图4-7）。由此可以推论外出务工农户的返乡将会带动以县城为核心载体的本地城镇化进程，同时农村仍将是重要的居住空间，改善其人居环境也非常重要。

进一步综合问卷中"未来是否会返回周口"以及"返乡后将选择哪里定居"两个问题的回答，可以将其城镇化方式划分为异地城镇化（不返回周口），本地城镇化（到周口市区、县城、镇居住）以及返回农村居住三类；其中可能实现异地城镇化的占17.9%；返回周口各级城镇，实现本地城镇化的为37.8%；还有44.3%的人将直接返回农村生活居住。

**（3）返乡后就业方式选择：非正规就业为主**

有44.08%的拟返乡人员，返乡后选择自己经营小买卖，占比最高；另有18.96%的受访者选择务农，18.48%的受访者还没想好做什么，仅有11.37%的受访者选择到本地企业打工（表4-4）。

**外出务工人员返乡后就业选择统计表** 表4-4

| 分类 | 数量（户） | 占比（%） |
| --- | --- | --- |
| 企业打工 | 24 | 11.37 |
| 自己做小买卖 | 93 | 44.08 |
| 务农种地 | 40 | 18.96 |
| 没想好 | 39 | 18.48 |
| 其他 | 15 | 7.11 |

数据来源：外出务工人员电话访谈

这一调查反映出，相比于进工厂打工，自己做生意、跑出租等非正规就业方式更受外出务工人员欢迎。如果将就业意愿与性别进行交叉分析（表4-5），可以发现男性有49.42%的受访者选择做买卖等非正规就业方式，而女性选择务农或是进工厂打工的比例均显著高于男性。周口本地的非农就业也大体呈现出,返乡女性多在企业打工,男性则更多从事出租车、小买卖、装修等非正规就业的情况,具体情况将在后面两个章节进行讨论。

不同性别外出务工人员返乡后就业意愿比较表　　　　　　　　　　　表4-5

| 性别 | 企业打工 | | 做小买卖 | | 务农种地 | | 未想好或其他 | |
|---|---|---|---|---|---|---|---|---|
| | 样本(个) | 占比(%) | 样本(个) | 占比(%) | 样本(个) | 占比(%) | 样本(个) | 占比(%) |
| 女性 | 11 | 28.21 | 8 | 20.51 | 10 | 25.64 | 10 | 25.64 |
| 男性 | 13 | 7.56 | 85 | 49.42 | 30 | 17.44 | 44 | 25.58 |

数据来源:外出务工人员电话访谈

## 4.3 机制分析:农户城镇化的影响因素与动力机制

### 4.3.1 农户特征:年龄、学历、收入水平等影响城镇化意愿

为了分析影响外出务工农户城镇化的因素,分别将城镇化方式与其年龄、受教育程度、打工收入、家庭状况、土地状况等要素进行交叉分析,得出如下结论。

(1)学历越高,城镇化意愿越强

教育水平越高的受访者进行城镇化的意愿和可能性就越高。按照小学、初中、高中、大专及以上的受教育水平排列,本地城镇化意愿显著上升(表4-6),如大专以上文化群体的本地城镇化意愿高达63.16%,而小学文化水平的本地城镇化意愿仅为18.18%;异地城镇化意愿总体上也是随学历水平提高的。相反小学文化水平者有72.73%和初中水平文化者有57.58%选择回到农村定居,而高中学历的这一比例约为28.57%,大专及以上学历者返回农村定居的比例仅为5.26%。

外出务工人员教育水平与城镇化方式交叉分析表　　　　　　　　　　表4-6

| 教育水平分档 | 返回农村 | | 本地城镇化 | | 异地城镇化 | |
|---|---|---|---|---|---|---|
| | 样本(个) | 占比(%) | 样本(个) | 占比(%) | 样本(个) | 占比(%) |
| 小学 | 32 | 72.73 | 8 | 18.18 | 4 | 9.09 |
| 初中 | 57 | 57.58 | 35 | 35.35 | 7 | 7.07 |
| 高中/中专 | 14 | 28.57 | 27 | 55.10 | 8 | 16.33 |
| 大专及以上 | 1 | 5.26 | 12 | 63.16 | 6 | 31.58 |

数据来源:外出务工人员电话访谈

一定程度上,受教育水平反映出劳动力的人力资本水平,受教育水平越高在城镇找

到适合的岗位，进而留在城镇的可能性也就越高。可见提高教育水平对于提升城镇化水平具有助推作用。

（2）年龄越大，返乡意愿越强

年龄是影响外出务工人员城镇化方式的重要因素。将打工者年龄与返乡地点进行交叉分析发现，年龄越小留在城镇的意愿和可能性就越强，年龄越大返回农村的意愿就越强（图4-8）。在35岁以下年龄组，有26.82%的受访者选择"不返回周口"，40.66%的受访者选择"回到县城或周口市"就业生活，32.52%的受访者选择"回到农村"。在36~55岁年龄组中，选择"返回农村"的受访者比例约为55.06%，选择"回到县城或周口市"的受访者约为28.40%，较35岁以下群体下降了约12个百分点，选择"不返回周口"的受访者比例也下降到16.54%。50岁及以上群体选择"回到农村"的比例则接近90%，占绝对主体。

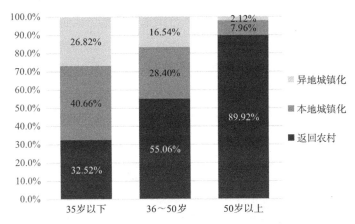

图4-8 不同年龄段外出务工人员返乡地点比较图
数据来源：外出务工人员电话访谈

（3）打工收入越高，异地城镇化意愿越强

将打工月收入分为低于2000元、2001~4000元和大于4000元三个等级，样本数量呈正态分布特征（表4-7）。

外出务工人员收入与城镇化方式交叉分析表　　表4-7

| 月收入分档（元） | 返回农村 | | 本地城镇化 | | 异地城镇化 | |
|---|---|---|---|---|---|---|
| | 样本（个） | 占比（%） | 样本（个） | 占比（%） | 样本（个） | 占比（%） |
| <2000 | 45 | 60.00 | 26 | 34.67 | 4 | 5.33 |
| 2001~4000 | 53 | 51.96 | 39 | 38.24 | 10 | 9.80 |
| >4000 | 3 | 8.82 | 19 | 55.89 | 12 | 35.29 |

数据来源：外出务工人员电话访谈

将打工收入与城镇化方式进行交叉分析,可以发现随收入的增长农民城镇化意愿有显著提升,对于月收入低于2000元的外出务工人员,60%选择回到农村定居,34.67%选择本地城镇化,仅有5.33%选择异地城镇化。收入在2000~4000元的外出务工人员,选择回到农村定居的比例为51.96%,选择本地城镇化和异地城镇化的比例均有小幅提升,分别达到38.24%和9.80%。而月收入在4000元以上的受访者城镇化意愿显著提高,仅有8.82%选择回到农村,而55.89%选择本地城镇化,35.29%选择异地城镇化。结合相关访谈可以判断月收入高于4000元的劳动者普遍掌握了较高的劳动技能,这些技能在农村没有用武之地,因而他们选择返回农村的比例是很低的。

(4)农户外出成员越多,城镇化意愿越强

根据家庭情况可以将外出务工人员划分为未婚单身外出、已婚单身外出、夫妻外出孩子留在农村和全家外出4类。将外出务工人员家庭状况与城镇化意愿进行交叉分析可以发现,家庭状况对于受访者城镇化方式的选择有明显影响。综合来看,家庭离农务工人员越多,占家庭人口比例越高,则进行城镇化的意愿就越强(图4-9)。未婚单身外出者的城镇化意愿最高达到72.72%,其中异地城镇化约为27.27%,本地城镇化约为45.45%。其次是全家外出的城镇化意愿也高达65.11%,再次是夫妻二人外出子女留在农村的城镇化意愿约为44%;已婚单身外出者,由于妻子、孩子均留在农村,因此其城镇化意愿最低,约63%受访者选择回到农村。

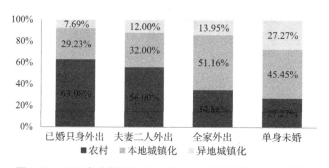

图4-9 不同家庭状况的外出务工人员城镇化意愿比较图
数据来源:外出务工人员电话访谈

异地城镇意愿最高的是未婚单身外出者高达27.27%,其次是全家一起外出者约为13.95%和夫妻两人外出的约占12%;而已婚单身外出者异地城镇化的意愿仅有7.69%。

### 4.3.2 农户需求:家庭因素和经济因素影响城镇化意愿

(1)追求高收入是异地城镇化的主要原因

受访者中选择"不会返乡"和"没想好"的群体最有可能实现异地城镇化。对于不返乡的原因，62.8%的受访者选择"周口就业机会太少"，其次有41.4%的受访者认为"外面机会多挣钱多"，还有35.5%的受访者认为自己"在外面混得还可以"，23.5%的受访者"已经在外地安家"（表4-8）。这些选项归纳起来都指向经济原因，一方面是因为周口本地就业机会少、工资水平低，难以找到合适的工作而不能返乡；另一方面是因为已经具备了异地城镇化的资本与条件而不必返乡。总体上看，追求较高的收入且具备一定的素质与经济条件，是促使外出农户异地城镇化的主要原因。

外出务工人员不返乡原因统计表[①]  表 4-8

| 不返乡原因 | 占比 % |
| --- | --- |
| 周口就业机会少 | 62.8 |
| 外面机会多、挣钱多 | 41.4 |
| 外面混得还可以 | 35.5 |
| 已在外地安家 | 23.5 |
| 享受更好的公共服务 | 14.1 |
| 其他 | 7.8 |

数据来源：外出务工人员电话访谈

（2）家庭和经济原因共同促使农户返乡本地城镇化

对选择返乡进行本地城镇化群体的原因进行分析可以发现，家庭原因和经济原因是促使他们返乡并进行本地城镇化的两个主要方面（表4-9）。家庭方面，选择最多的是"家里有人需要照顾"，占29.3%；其次是"为了孩子上学只能返乡"，占15.4%，说明在随迁子女不能在迁入地就读、升学的情况下，为了子女上学而不得不返乡也占据了相当比例；如果再算上选择"孩子上完学成家后就返乡"的6.1%，则家庭原因占了50.8%。经济因素方面选择最多的是"外面钱不好赚"，占24.2%，选择"老家挣钱机会增加"的占20.2%，两者之和占比达44.4%，与家庭原因基本持平。

外出务工人员返乡原因统计表[②]  表 4-9

| 原因 | 占比 % |
| --- | --- |
| 家里有人需要照顾 | 29.3 |
| 外面钱不好赚 | 24.2 |
| 老家挣钱机会增加 | 20.2 |
| 为了孩子上学只能返乡 | 15.4 |

---

① 考虑到农民工返乡意愿复杂性和多样性，本题可多选，因而各选项占比之和大于100%。
② 考虑到农民工返乡意愿复杂性和多样性，本题可多选，因而各选项占比之和大于100%。

续表

| 原因 | 占比 % |
|---|---|
| 赚够钱或学会技术就返乡 | 10.9 |
| 孩子上完学或成家后就返乡 | 6.1 |
| 家里地没人种 | 5.6 |
| 其他 | 4.1 |

数据来源：外出务工人员电话访谈

其实促进外出劳动力返乡并进行本地城镇化的家庭和经济两个方面的原因，正好对应前文分析的农户的社会理性和经济理性。家里有人需要照顾、为了孩子上学而返乡等原因是家庭社会理性的直接反应，即打工的目的是为了改善家庭福利条件；而"孩子上完学或成家后就返乡"的选项更是说明了外出打工的目的就是为子女上学或结婚提供经济支持，这是家庭亲情关系的直接反映。而经济方面，反映出随着产业转移和区域经济结构调整，周口本地的非农就业机会增加、收入提高，确实为劳动力返乡提供了一定的经济支撑，使更多农户能够通过本地就业支撑家庭城镇化。

（3）农地不构成农户返乡的主要原因

此外，值得注意的是选择"家里地没人种"的比例仅有5.6%，是各个选项中选择比例最低的，说明在农业比较收益很低、土地可以流转的情况下，农地并不构成外出务工人员返乡的主要因素。

### 4.3.3 政策措施：公共服务水平与就业机会最为重要

政策也是影响外出务工农户城镇化方式选择的关键因素。可以预期，随着农民工市民化政策的逐步落实，未来除了京沪等一线特大城市依然会严格限制农民工落户，务工群体在其他城市实现异地城镇化的可能性会越来越大。问卷中提供了相关选项，让外出务工人员对相关政策的重要性进行评价（表4-10）。

吸引外出务工人员回流的政策有效性比较表　　表4-10

| 评价指标 | 不重要（%） | 不太重要（%） | 一般（%） | 比较重要（%） | 很重要（%） |
|---|---|---|---|---|---|
| 合理控制房价 | 7.4 | 9.4 | 12.3 | 19.2 | 51.7 |
| 增加就业机会 | 2.6 | 1.9 | 4.6 | 17.4 | 73.5 |
| 改善市容市貌 | 2.6 | 6.5 | 25.1 | 40.0 | 25.8 |
| 提高教育水平 | 0.0 | 0.0 | 4.5 | 14.2 | 81.3 |
| 提高医疗水平 | 0.6 | 0.0 | 5.8 | 14.2 | 79.4 |

续表

| 评价指标 | 不重要（%） | 不太重要(%) | 一般（%） | 比较重要(%) | 很重要（%） |
|---|---|---|---|---|---|
| 城镇落户优惠 | 16.7 | 23.1 | 18.5 | 19.8 | 21.9 |
| 完善社会保险 | 9.3 | 19.3 | 18.5 | 28.6 | 27.3 |

数据来源：外出务工人员电话访谈

**（1）高水平的公共服务是促进本地城镇化的主要因素**

从评价结果上看，"提高教育水平""提高医疗水平"两项分别被高达81.3%和79.4%的受访者认为"很重要"，成为最受关注的本地城镇化选项。说明提高本地城镇的公共服务水平，是吸引农户城镇化的关键要素。外出务工人员放弃外地较高的工资收入，返回本地生活的主要目标就是改善提升家庭福利条件，因此提高本地城镇的教育、医疗等公共服务质量，对于提升本地城镇的吸引力，具有重要作用。

**（2）经济门槛是影响城镇化与否的重要因素**

经济方面，有73.5%的受访者认为"增加就业机会"非常重要；同时，认为"合理控制房价"非常重要的占51.7%，比较重要的也达到19.2%。增加就业机会是为了提高收入，而控制房价则直接关系到城镇化的成本，两者共同说明了经济门槛是影响劳动力是否返乡实现本地城镇化的重要因素。对于"改善市容市貌"选项，选择"很重要"的受访者为25.8%，选择"比较重要"的受访者为40.0%；说明城市环境会对外出务工人员返回本地城镇意愿产生一定影响，但并不关键。

**（3）户籍、社保等制度影响明显弱化**

在户籍和社保等制度层面，农户并不认为"城镇落户优惠"和"完善社会保障"是促使他们进行本地城镇化的重要因素，其中认为"城镇落户优惠"重要的仅占21.9%，认为完善社保重要的略高，也仅占到27.3%。事实上像周口这样的中小城市，城镇公共服务已经完全向农民放开，农户保留农村户籍也可以同样享受城镇的各项公共服务，同时还可以享有承包地、宅基地等"身份红利"，因此在农区的本地城镇化中"进城不落户"是普遍现象。

综合来看，高水平的公共服务是吸引外出务工群体返乡城镇化的关键性要素。本地的非农就业机会和房价是影响农户能否有经济能力完成城镇化的重要因素；而城镇户籍、社保等制度性要素对传统农区农户的本地城镇化影响有限。

### 4.3.4 动力机制：经济收入与家庭情况共同决定农户城镇化选择

综合上述分析，经济因素和家庭因素是决定外出务工家庭城镇化方式的关键方面。

经济因素方面，外出劳动力的年龄、受教育程度、打工收入是主要因素，而这三个因素在本质上反应的是就业者的人力资本情况，总体上根据劳动者的人力资本水平的差异，初步形成了分层城镇化的模式。其中少量年轻、受教育程度较高、工作能力强的人，有意愿和能力实现异地城镇化。中间部分群体，在外拼搏一段时间并积累了一定的资金后，以打工积蓄在周口本地城镇购房，实现本地就近城镇化。而年龄偏大、没有特殊技能的群体，难以在城镇立足，往往会选择回到农村定居。

家庭方面，农户的家庭结构和家庭所处生命周期综合影响着农户的城镇化方式。前文已经证明劳动力素质高的单身青年选择实现异地城镇化的可能性最大；而对于已经成家有孩子的农户，实现全家的异地城镇化，成本则要高出很多；这种情况下考虑子女教育则成为返乡农户进行本地城镇化的主要目的。而对那些子女已经成年、成家的农户，则没有动力进行城镇化，更倾向于采用就业在城镇、居住在农村的弹性城镇化模式。

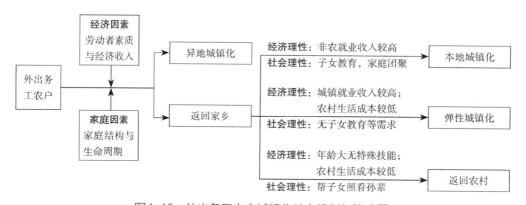

图4-10　外出务工农户城镇化动力机制与模式图

总之，外出务工农户中主要劳动力素质与家庭情况共同决定了其城镇化模式，形成分层差异化的城镇化路径。政府出台的吸引农户本地城镇化的政策措施中，响应度最高的是提高教育和医疗服务水平，这符合农户支持子女发展、改善家庭生活的社会理性要求；其次是增加本地就业机会、控制房价，符合农户的经济理性。这也证明了农户双重理性主导下的城镇化动力机制。

## 4.4　模式总结：主体分化、差异多元的城镇化模式

### 4.4.1　少量年轻、高收入农户实现异地城镇化

由于异地城镇化需要更高的成本，因此要求农户有更高的素质和收入作为保证。从样本统计上看，有意向进行异地城镇化群体的平均年龄为33.55岁，比返乡群体低4.36

岁。他们的平均外出务工时间是8.43年，已经具有一定工作经验和社会关系，正处在劳动力价值最高的阶段。从收入水平看，不返乡群体的月平均收入为4595元，比返乡群体的月平均收入2921元高出1674元，有明显的经济优势；从受教育程度来看，不返乡群体的平均学历为2.49，高于返乡群体的2.16[①]。

返乡与不返乡群体特征比较表　　　　　　　　　　　　　表4-11

| | 平均年龄 | 月平均收入 | 平均学历 |
|---|---|---|---|
| 异地城镇化群体 | 33.55岁 | 4595元 | 2.49 |
| 返乡群体 | 37.91岁 | 2921元 | 2.16 |

数据来源：外出务工人员电话访谈

因此能实现异地城镇化的群体总体上具有年纪较轻，受教育程度较高，掌握一定劳动技能，收入水平较高的特征。他们不返乡的主要原因是返乡后难以找到合适的就业岗位，收入水平也面临大幅下滑。随着市民化政策的逐步落实，外出务工群体中的精英将逐步实现异地城镇化，从而从根本上缓解传统农区的人地矛盾。

根据历年统计数据，从2010年到2015年周口市城镇人口增加了67.68万人，而乡村人口缩减了80.65万人，其间相差的12.97万的农村人口没有进入本地城镇，而是实现了异地城镇化。据此可以大致推算在周口市实现城镇化的农户中，本地城镇化与异地城镇化的比例大概是67.68/12.97，即约有16%的农户是异地城镇化，84%的农户是本地城镇化。这一数据与外出务工人员电话调查中反映出的，约有17.9%的外出务工人员愿意进行异地城镇化基本吻合。调研问卷还反映出7.44%的外出务工人员已经在打工地购买了住房，考虑到住房是异地城镇化最主要的成本支出，可以初步认为这7.44%已购房农户基本上已经实现了异地城镇化。据此可以初步估算未来还将继续进行异地城镇化的外出务工农户比例在10%左右。

### 4.4.2　主要劳动力异地打工支撑家庭本地城镇化的模式

大部分外出打工者不打算、也没有条件在打工地购房安居、实现异地城镇化，对他们而言，只是通过异地就业实现了自身的劳动力价值，外出打工的目的是为了改善家庭的生活条件。问卷调查显示，在外务工收入的主体还是返还到了农村老家；其中约有

---

[①] 为了便于比较不同群体的教育水平，笔者对调研数据进行良好处理，小学学历赋值为1，初中学历赋值为2，高中、中专、技校学历赋值为3，大学及以上学历赋值为4，据此计算出不同群体的平均学历水平。

40%的打工者返还了80%以上的收入，还有约20%的打工者返还了60%~80%的收入。

大量的资金返还对于改善农村生活条件起到了重要支撑作用，很多农户都在宅基地上翻建了房屋。有条件的农户更是为子女的教育、结婚，而在县城购房，形成了以家庭主要劳动力异地打工的收入，支持家庭本地城镇化的模式，这也在很大程度上支撑了农区本地房地产市场的繁荣发展。农户主要劳动力外出打工，充分利用区域经济的差距，取得更高的收入，这是农户经济理性的表现。同时，打工者将收入的主体返还到农村家庭，支持在农区改善生活条件，甚至实现城镇化，则是实现了提高家庭福利水平的社会理性。

### 4.4.3 劳动力回流促进本地城镇化

对外出务工群体的电话访谈显示，高达82.1%的受访者明确表示要返回老家，其中53.9%选择回到本村定居，31.7%选择到县城定居，6.5%考虑到周口市区定居，4.9%选择到乡镇定居。以此估算外出务工群体中约三成返回周口后会在城镇生活。即使这中间只有一半的家庭最终实现了本地城镇化，那对周口本地城镇化率的提升也是非常明显的[①]。从现实情况来看，外出务工回流人员已经成为近年来转移到周口的企业的员工主体。这一点可以从下一章"对本地企业员工问卷"中得到证实，被调查的三个典型企业中，平均超过60%的员工有外出务工经历。

综合来看，外出务工群体中30%左右将会返回周口进行本地城镇化。同时随着产业转移和传统农区本地经济的发展，本地城镇非农就业机会将明显增加，也能为外出务工回流人员提供一定的就业岗位。外出务工人员综合权衡家庭需求、外出打工与本地就业的收益和成本，一些由于没有特殊竞争力、不能实现异地城镇化，又不愿意返回农村的农户，会在周口本地城镇就业安家，实现本地城镇化。

### 4.4.4 弹性城镇化成为就近城镇化的重要方式

外出劳动力回流后，除了三成左右会在城镇定居外，还有很大一部分会选择在农村居住、在城镇从事非农就业的弹性城镇化模式。综合分析外出务工群体返乡后的就业意愿和居住地点选择，可以发现仅有18.8%选择从事农业，而选择居住在农村的比例却有

---

① 以222.5万的外出劳动力计算，那么返回周口的城镇人口约为69.9万，如果再考虑带眷系数为1.5，则实际可增加城镇人口约为175万。以2013年周口市常住人口为基数计算，则外出劳动力回流将可以带动周口市本地城镇化率提升17个百分点，从2013年的34.78%增加到51.78%。

53.9%，也就是说大概有约35%的受访者返乡后会居住在农村而不以农业为主要就业方式。以2013年222.5万外出务工劳动力计算，这部分人约为64万，是相当可观的。

根据农户抽样调查，周口市现状城乡兼业农户的比例平均在30%左右①，而在城市近郊的村庄中，这种居住在农村而在附近城镇就业的农户数量更是接近一半。可见，不论是现实情况，还是在农民的期望中，这种就业在城镇、居住在乡村的弹性城镇化模式都是农户重要的生活方式（赵明等，2016）。这种方式既可视为城市文明向农村的渗透，也可以理解为农民为了同时享受乡村低成本生活和较高的城镇非农就业收入而进行的理性选择。

## 4.5 延伸讨论：市民化政策对农户城镇化的影响

随着新型城镇化政策的落实，2017年以来郑州、武汉、西安等二线大城市普遍放开城镇落户限制，甚至通过补贴等方式吸引较高学历者落户。有分析指出，对人才的争抢是地方政府应对经济社会发展转型，从高速增长转向高质量增长的必然举措；也是在人口红利衰减的背景下，防止人口老龄化、延续土地与房地产市场活力的重要方法②。

各地落户政策调整意味着，除北上广深等一线城市外，其他城市的户籍政策限制已经基本取消，制度因素对于农户流动的制约进一步弱化。未来房价、收入等经济门槛将进一步成为人口迁移、农户城镇化的主要影响因素（Shen，2013）。而大城市较高的公共服务水平、较多的就业机会将进一步吸引外来人口落户安家。这将深刻地改变中国人口流动与区域分布格局，必然也会对人口持续流出的传统农区产生显著影响。

前文分析表明，外出务工群体返乡很大的一部分是因为家庭成员无法随迁到城市（家里有人需要照顾，29.3%），子女无法在打工地入学（为了孩子上学只能返乡，15.4%）等原因。而随着户籍政策的放开，这部分群体实现异地城镇化的可能性显著增加。从农户社会理性看，大城市较高的公共服务水平，尤其是高质量的教育，将吸引他们进行异地城镇化；从经济理性看，大城市较多的就业机会、较高的收入预期将支持他们进行城镇化。这种情况下，农户异地城镇化的动力更强、阻力更小，传统农区本地素质较高的青壮年劳动力流出速度可能进一步加快。总体上，人口向大城市区域和都市圈聚集的趋势将更为凸显。近年来河南省内农业转移人口已经形成从外围向中心、从农业地区向中心城市聚集的圈层结构（刘岱宁，2014）。未来郑州作为省会城市对周边农区

---

① 详见本书第3章3.5.1节
② 参见：刘志彪. 对当前各大城市"抢人大战"的思考和讨论 [EB/OL]. https://wallstreetcn.com/articles/3331279.

人口的吸引力将进一步加强；而远离区域中心城市的传统农区的人口红利优势将进一步衰减，人口老龄化问题更为突出。

将传统农区放在全国的格局中来看，人口流出与减少无疑是正确的方向与路径；因为传统农区在全国的基本定位是国家粮食主产区，并不是经济发展的引领区。人口的流出和本地城镇化的发展有利于缓解目前农区十分紧张的人地关系，促使农户的土地经营规模逐步扩大和现代农业发展。传统农区城镇化的目的是通过提高农区整体的经济发展水平、改善城乡基本公共服务、通过创造非农就业岗位提高农民的收入，而城镇化率本身并不是追求的目标。因此地方政府应尊重城镇化规律，不宜设定过高的城镇化目标与过激的推动城镇化发展的政策。

## 4.6 本章小结

本章通过对外出务工人员的电话访谈了解这类农户的特征和城镇化意愿。研究发现随着户籍管制与人口流动政策的开放，形成了全国性的劳动力市场，外出务工占到农业转移就业人口的75%左右，成为传统农区农业转移就业的主要渠道。

总体上看，外出务工农户会根据自身的劳动力素质、收入、家庭情况选择多样的城镇化模式。少量收入较高、能力突出的农户可能实现异地城镇化。绝大部分外出劳动力都有明确的返乡意愿，返乡后约有3成左右会选择在城市定居，实现本地城镇化。还有大量外出劳动力返乡后会选择在农村居住、到城镇打工兼业的弹性城镇化模式。劳动力返乡的原因主要来自经济和家庭两个方面，分别反映出农户的经济理性和社会理性。绝大多数外出劳动力的归属依旧在老家，他们了解自己的能力，清晰地认识到自己异地打工的目的在于赚取较高的收入，以更好地完成抚养子女、改善家庭生活条件的任务。外出务工是家庭经济理性的表现，打工经济始终是嵌入在家庭经济之中的。暂时忍受家庭分离，通过主要劳动力的异地打工改善家庭生活条件是家庭经济理性优先的现实选择；而返乡进行本地城镇化，则是家庭经济理性与社会理性的均衡。

# 第5章

# 本地企业就业农户城镇化研究

本章分析了周口承接产业转移的市场环境与政策背景；利用统计数据从宏观层面分析了产业转移、工业化对城镇化的影响。因此本章选择周口DY集团作为农产品深加工的代表，西华县FX企业作为新兴劳动密集型产业代表，太康县SH纺织作为轻工纺织业的代表，分别对其就业人员发放问卷和访谈，了解他们真实的生活状况与城镇化意愿，进而分析影响本地企业就业农户城镇化的主要因素，并总结出产业转移背景下传统农区城镇化的路径与模式。

## 5.1 宏观环境：大规模产业转移与农区本地工业化

### 5.1.1 产业转移的市场与政策环境

**（1）市场环境**

产业转移是指在市场竞争条件下，发达地区的部分企业为了应对成本上升、市场变化等情况，通过跨区域投资，把部分或全部生产环节转移到发展中地区的过程。随着产业升级和成本增加，产业转移有其必然性和客观规律。20世纪90年代我国东南沿海地区的快速发展，就是得益于在经济全球化过程中，承接了大量发达国家的劳动密集型产业转移。而东部地区的快速发展也不可避免地带来原材料、劳动力、土地等生产要素价格不断上涨，而劳动密集型的传统加工制造业利润率较低，资源价格要素的上涨造成企业经营困难①，大量劳动密集型企业面临着转型升级、产业转移或是停产关闭。地方政府也希望淘汰效益一般的劳动密集型企业，通过腾笼换鸟实现产业升级和城市更新。2008年爆发的全球金融危机，更是加速了产业转移的进程。而传统农区劳动力丰富、价格相对较低，这成为吸引外来产业转移的核心优势。同时，随着中部崛起战略的实施，近年来中部地区的道路交通、能源、水利等基础设施不断完善，为承接产业转移奠定了坚实的基础。

**（2）政策框架**

中部地区正处于新型工业化和城镇化加速发展阶段，急需相关产业支撑；因此在产业转移的大环境下，中部地区的省、市、县三级政府出台了一系列吸引外来企业的优惠政策。其核心目标是降低企业成本，提高地方对企业的吸引力。以河南省为例，2009年就颁布了《关于加快推进产业集聚区科学规划科学发展的指导意见》，之后河南省每年出台2~3个指导性文件，以推进产业集聚区的发展，承接产业转移。截至2015年河南全省已依托各市、县，建设各类产业集聚区150个，对于承接产业转移，促进工业经济的发展起到了引领带动作用。

各地市在具体操作过程中，会根据地方实际情况，进一步深化、细化各自的配套优惠政策。2012年周口市政府出台了《周口市招商引资优惠办法》，明确了土地出让收益奖励、税收返还等一系列优惠办法。各县级单位更是以零地价、税收减免等方式，争取外流企业落户。如周口市西华县承诺对国内100强和国际500强企业，固定资产投资在

---

① 2000年后珠三角、长三角地区的民工荒日益严重，即便企业提高工资待遇，也难以招到数量足够的、稳定的工人，造成企业用工成本上升明显。

5000万人民币和1000万美元以上的工业项目，县政府无偿提供必要用地[①]。此外地方政府还帮助企业招工，保证企业的劳动力供给[②]。总之，地方政府通过减税、降低土地成本、保证劳动力供应等政策较好地适应了产业转移这一市场趋势，同时也显著地促进了传统农区的工业化进程。

### 5.1.2 传统农区承接产业转移概况

在市场环境和政策调节的配合下，近年来周口市大量承接外来产业转移。根据周口市工信局和发改局的统计，周口市合同利用省外资金数量从2009年的14.67亿元增长到2014年的536.42亿元，增长达36倍。仅2013年一年，周口市就承接各类产业转移项目近300项，年内实际使用外资550亿元，项目数量和外资到位率均位列河南省前茅。

服装、鞋帽等产业还出现了整产业链转移的模式。如2009年以来，先后有30多家珠三角和台湾制鞋企业相继落户周口市。其中包括总投资4.6亿元的奥康鞋业项目选址商水县，深圳龙岗区鞋业商会主导的"中部鞋都"项目选址在西华县产业集聚区。目前周口市制鞋业年产能1550万双，年产值达到15亿元，安排就业人员4万人。转移产业的类型也从最初食品加工、轻工纺织等传统行业转向电子信息、建材、化工等多元化产业。综合来看，食品加工业、轻工纺织业和以富士康为代表的新兴劳动密集型产业成为周口产业转移的主导产业。

综上所述，随着市场环境的变化，以周口为代表的传统农区凭借劳动力资源与成本优势大规模承接产业转移，并带动了本地经济发展。整个过程中市场是原发性的根本力量，各级政府尽力配合市场趋势，市场与政策形成合力，进而明显推动了农区本地的工业化进程。

### 5.1.3 产业转移的影响：显著推动工业化，但提供就业岗位有限

**（1）推动工业化进程，拉动经济快速发展**

受资源禀赋、区位因素的制约，传统农区内生发展动力不足；因此顺应产业转移与分工的大趋势，发挥人力资源优势，积极承接国内外的产业转移是推动本地工业化进程、发展经济的重要途径。显然大规模的产业转移促使周口迅速由前工业化阶段

---

① 引自西华县招商政策，参见 http://blog.sina.com.cn/s/blog_5993f0790100lok7.html。
② 由于产业转移企业的工资偏低，且本地劳动力大量外出务工，造成企业招工困难。对此地方政府充分发挥基层组织的作用，将招工名额按比例分配给乡镇、村庄干部，作为干部考核的一部分，帮助企业招工。

进入到工业化阶段，经过三次产业结构调整后，第一、二、三产业占比从2004年的37.1∶37.4∶26.5调整为2015年的21.8∶46.3∶31.9，第二产业的主导地位初步确立。其间的年均GDP增速高达13.8%，远超同期全国和河南省的平均水平。相关定量分析已证明，产业转移与工业发展已成为促进周口市经济发展的关键因素（王宇燕，2009）。

快速的工业化明显促进了本地城镇化的发展。以横轴表示周口市历年工业总产值，纵轴为历年城镇化率，对2004~2015年周口市的工业生产总产值与城镇化率做回归分析，可以发现两者呈显著的对数正相关（图5-1），回归公式为$y=0.1165\ln(x)-0.4318$。相关系数$R^2$高达0.9857，这可以证明工业化是推动城镇化发展的关键因素之一。

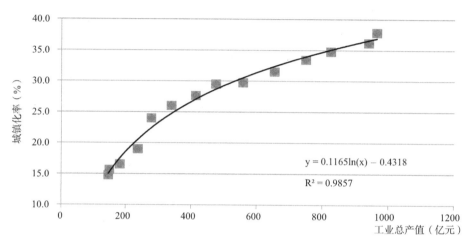

图5-1　周口市工业总产值与城镇化率相关性分析图
数据来源：周口市统计年鉴（2005~2015）

（2）就业贡献率低，劳动力依旧大量外流

相比于大规模的投资和工业产值，产业转移创造的新增就业岗位却比较有限（图5-2）。2005~2015年间周口市第二产业产值由205亿元增长到454亿元，增长了121%，年均GDP增速高达11.26%；而同期城镇非农就业数量从282.63万增长到347.11万，年均增长率仅为2.08%，其中第二产业就业人数更是增加了近22.9万人。

技术进步与工业生产组织方式的变化，形成资本对劳动力的显著替代效应，产业转移、工业化发展创造的非农就业远低于投资和GDP增长所带来的非农就业。虽然周口吸引的产业转移多为劳动密集型企业，如富士康集团、大用集团等，但现阶段的企业与20世纪80、90年代的劳动密集型企业相比在生产设备、生产方式、用工需求上已经明显降低了[①]。

---

① 相关报道显示，随着产业升级和生产设备改进，江苏昆山富士康集团员工人数从高峰时期的8万多人下降到目前的4万人，产值却增加了近一倍。参见http://news.ks.js.cn/item/show/238030.html。

这一点也可以从不同行业的单位GDP需要的就业人数中得到证明。如图5-3，周口市现有产业门类产值与就业岗位提供能力整体上呈负相关趋势，产值最高的工业、制造业的亿元产值仅能带动131人就业，是各个行业中最低的，而比较高的则集中在教育、卫生、公共管理等服务行业。

因此，虽然产业转移给农区的城镇化带来强大的外部动力，推动了产业结构优化和经济快速发展，但是在解决非农就业方面却明显不足。事实上，产业转移并没有改变传统农区人口继续外流的基本趋势，只是使外流增速有所减缓，从2010~2015年周口市的外流人口从219万增加到了261万（表5-1）。

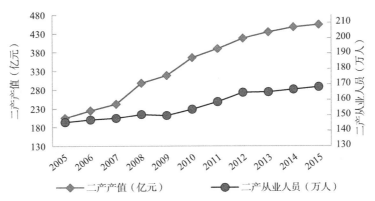

图5-2　2005—2015年周口市二产产值与就业人员变化图
数据来源：周口市统计年鉴（2006~2016）

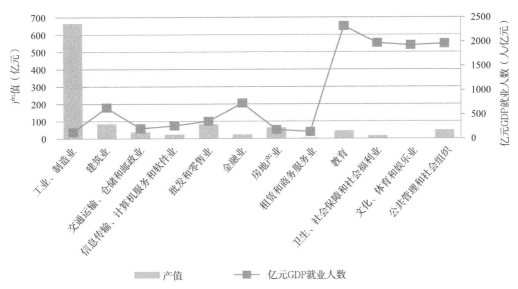

图5-3　2015年周口市分行业产值和就业人数比较图
数据来源：周口市统计年鉴（2015）

表 5-1　2010~2015年周口市域人口变动情况

|  | 常住人口（万人） | 户籍人口（万人） | 流动人口（万人） |
|---|---|---|---|
| 2010年 | 895 | 1114 | 219 |
| 2011年 | 895 | 1121 | 226 |
| 2012年 | 888 | 1126 | 238 |
| 2013年 | 878 | 1130 | 252 |
| 2014年 | 880 | 1136 | 256 |
| 2015年 | 881 | 1142 | 261 |

数据来源：周口市统计年鉴（2011~2016）

因此，在传统农区同时发生着产业转移带动本地就业岗位增加、城镇化率显著提高和人口持续外流的现象。那么产业转移究竟吸引了什么人就业？这些人的城镇化意愿与特征又是怎样的？要回答这些问题，仅靠统计数据是不足的，需要进一步深入转移企业调查本地就业农户。

## 5.2 微观主体：本地企业员工特征与城镇化意愿

### 5.2.1 女性员工为主，大部分有外出务工经历

（1）女性为就业主体

三个企业均以女性员工为主体（图5-4）。西华FX企业全厂共有员工3964人，其中女性职工2287人占57.7%。周口DY集团共有员工2609名，女性员工1781名，占员工总量68.30%。太康县的SH纺织厂规模较小，全部员工307名，如只计算本地招收的人员，则男职工75人，占比为38.27%，女职工121占比61.73%[①]。因此综合来看，三个企业均是以女性为员工主体，平均占比为62.58%。

（2）大部分有外出务工经历

目前企业职工中大部分均有外出务工经历（图5-5），其中SH纺织最高达67.62%，FX次之为64.17%，DY集团最低也占职工总数的57.43%。可见外出务工回流人员是本地企业就业的主体。

---

① 由于调研时SH纺织刚从福建转移过来，建设投产时间较短，因此管理层和技术骨干多是从福建原厂派遣过来的，共有111人为非河南户籍。考虑这一情况，在统计员工性别时，扣除了因企业初步运营的外来人员。

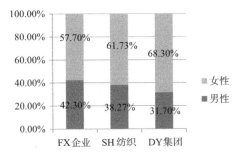

图5-4 调研企业职工性别结构柱状图
数据来源：企业员工问卷调查

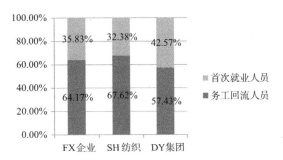

图5-5 调研企业职工就业经历柱状图
数据来源：企业员工问卷调查

（3）不同类型企业员工的年龄结构差异明显

员工的年龄结构方面，不同类型的企业有着明显差别（图5-6）。FX的职工年龄结构最年轻，30岁以下占了30.54%，是就业主体；纺织服装类的SH纺织以31～40岁为主体占了50.14%；而农产品深加工类的DY集团的职工年龄最大，41岁以上的群体占到了55.7%，其中包含13.7%的50岁以上的劳动者。

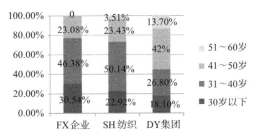

图5-6 调研企业职工年龄结构柱状图
数据来源：企业员工问卷调查

造成三类企业吸纳员工年龄结构差异的原因是多方面的。不同企业劳动强度、技术要求是造成就业群体年龄差异的重要原因。调查发现，DY集团员工的主要工作是对肉鸡等原料进行清洗、分类、简单加工，而后包装，因此最为简单，容易上手，因此招收的中老年员工较多。当然不同的劳动内容也会通过市场机制反应在职工的工资上，这一点将在下一小节详细论述。

西华FX企业轻人就业比例高，主要是因为FX采用校企合作的模式，建设了实训基地，既可以在本地组织生产，又可以为郑州、广东等地的FX企业输送熟练的技术工人。很多年轻人到西华FX企业的目的是获得技术培训与认证，而后跳出周口去郑州、深圳等地工作。这一点可以从西华FX的员工年龄、性别结构中得到验证。按5年一个年龄段，对职工的性别、年龄进行交叉分析，则可以发现不同年龄、性别的比例差异明显。其中30岁以下的员工以男性为主，而30岁以上年龄段的员工则以女性为主体（表5-2）。

西华FX企业职工年龄、性别结构统计表　　表5-2

| | 男性（人） | 占比（%） | 女性（人） | 占比（%） |
|---|---|---|---|---|
| 20～25 | 492 | 61.8 | 304 | 38.2 |
| 26～30 | 628 | 55.7 | 500 | 44.3 |
| 31～35 | 260 | 37.4 | 436 | 62.6 |

续表

|  | 男性（人） | 占比（%） | 女性（人） | 占比（%） |
| --- | --- | --- | --- | --- |
| 36~40 | 160 | 29.2 | 388 | 70.8 |
| 41~45 | 80 | 13.4 | 516 | 86.6 |
| 46~50 | 56 | 28.0 | 144 | 72.0 |
| 合计 | 1676 | 42.3 | 2288 | 57.7 |

数据来源：西华FX办公室

对此西华FX办公室负责人解释，之所以在30岁以下年龄段男性员工多，是因为"年轻人来FX实训基地接受培训的目的主要是想去郑州或深圳FX工作，毕竟那边工资比周口高不少呢"。而"30岁以上年龄段则是以妇女为就业主体，她们多数就住在附近的村庄，家里有孩子、老人、庄稼需要她们照看，所以她们工作相对稳定，现在厂里有一批从2012年起就在这里工作的"。

FX企业的情况表明不同性别、不同年龄段的劳动力的就业选择有明显差别。青年男性群体到FX工作主要为了获得专业性技术培训，以提升自己的劳动技能和人力资本，为外出务工做准备。而中年女性群体，则考虑家庭原因，选择离家近、稳定的非农就业机会，便于照看孩子和家庭，同时也获得一定的非农收入。

### 5.2.2 技术培训不足，年轻人依旧大量外出

在现代生产技术支持下，很多企业的生产是"精密仪器+人工修补"的工作流程，生产的核心环节是由高度自动化的机械完成的，而工人的工作多是辅助性的，如放入原料、取出成品、检查包装等。少数技术含量较高的机械的养护与调试的工作则由专业工程师完成。这种生产模式决定了对工人的技术要求相对简单，因而员工培训也较为简单，一般只针对特定的生产环节，对于提升员工劳动技能、形成人力资本的作用有限。

**访谈案例5-1**

耿女士，33岁，西华县皮营乡人，入职FX企业3个多月。她说："入职有培训，主要是消防、安全逃生，还有就是进入车间的步骤、管理的制度、工资计算啥的，也就2、3天吧；而后我就被分到这个'毛刺车间'了，线长大概用了1个多小时告诉我重点要检查处理哪些部件，怎么打磨，然后我们就上手干了，这个真的挺简单。开始几天我做的东西每天都要经过线长检查，检查时她告诉我哪个可能有问题，哪些地方需要打磨，这样不用几天就全会了……"

对于已婚已育的女性员工，她们在本地企业就业为的是在挣钱的同时还能照顾家庭，看重其稳定性。但是对于更年轻的男性员工情况就明显不同了，他们希望能学到技术，以利于将来发展。显然培训三五天就可以上岗、工作半个月便成了熟练工的，以机械为核心、劳动力为辅助的劳动密集型企业并不能起到累积工作技能、行成人力资本的作用。因此技术培训不足，人力资本提升有限，是产业转移留不住年轻人的根本原因。

**访谈案例5-2**

杨先生，23岁，西华县红花镇人，在FX工作。他说："你说这一年多没学啥吧，也好像学了，还都挺忙活的，你说学了啥了吧，也不是，出了FX好像别的也还是啥也干不了……所以再干半年，等拿到合格证，就可以被安排到郑州FX了，郑州毕竟比周口强多了，机会也多嘛……其实之所以在西华FX工作还不是为了能够更平稳地出去嘛，毕竟这里培训合格了可以直接安排到郑州去，省得自己跑出去不好找工作。真到了郑州，那就再说了，我们村里有一个比我大两岁，去年也是从这里去了郑州，后来就辞职了，现在在郑州卖建材呢……"

更深入地分析，技术培训不足又是由产业转移规律与类型决定的。根据弗农（Vernon，1966）的产品生命周期理论①，目前转移到农区的产业都属于标准化阶段，因此其附加值也较低，产业转移的目的就是为了节省劳动力成本，以延续产品的竞争力。因此其间存在一个悖论，即农区承接产业转移的目的是增加自身的发展能力，提高农民收入；而产业转移的目标是降低劳动力成本，因此会提供相对低廉的雇佣价格。这种价格虽然高于务农收入，却明显低于人们到发达地区打工的收入。这种差距的存在使得大量年轻人还是首选外出务工。而本地企业中工作的主体是30~50岁的妇女，她们结婚生子后需要照顾家庭，很多人不再选择长距离外出，转移来的企业正好满足了这部分人的就业需求。

### 5.2.3 工资收入偏低，不同企业差距明显

笔者2015年的调查显示，FX的月平均工资为2371元，DY集团的平均工资为1827

---

① 产品生命周期理论从技术垄断与市场竞争的角度将产品分为初创、成熟和标准化三个阶段。在初创阶段，企业依靠技术优势和壁垒，在市场上形成一定的垄断，因而可以获得丰厚的利润回报，这时不会发生产业转移，还可能围绕核心企业形成产业集群。而后随着技术扩散和市场的开放，产业进入成熟阶段，企业依赖资本和管理获利，产业开始扩散到技术、资本等条件类型的地区进行生产和销售。随着生产技术及产品的完全成熟，产业进入标准化生产阶段，存在着激烈的市场竞争，成本、价格因素成为决定性因素，因此从降低成本的角度出发，生产、加工等标准化环节需要转移到劳动力成本更低的发展中国家，形成大规模的产业转移。

元,而SH纺织的平均工资约为2398元,薪资水平总体不高,不同企业间有一定的差距。工资的高低并不像想象中的新兴产业职工工资较高,传统产业的工资较低,而是纺织企业工资明显高于其他两类。

事实上三类企业工资的差异,更多是与职工劳动的技术性关联。DY集团是食品加工企业,工人日常工作包括清洗、分拣、包装、运输等工作,均不需要特殊劳动技能,可替代性强,这也决定了其招工的年龄范围最宽。FX虽然是生产手机及配件的先进制造业,也更为地方政府所追捧,但如前文分析FX生产的核心环节是由数控机床完成的,工人在生产过程中只从事放入原料、收回成品、检查修补以及包装运输等工作,劳动的技术性不强,所以FX企业职工工资并不高。而纺织业的情况则明显不同,虽然生产中同样大量利用现代化机械设备,但是这种机械需要与熟练的技术工人紧密配合才能达到最高的生产效率[①]。所以从劳动技能的角度可以解释不同类型企业工资的显著差异。

此外也可以从全球化、产业竞争力的角度解释不同类型企业工资的差异。在全球化的背景下,任何企业都是全球产业链上的一环,其价值的多少取决于其在全球产业链中的地位和不可替代性。FX企业虽然生产价值最高的手机,但是却处在整个价值链低端的加工部分,因此利润也较低。可见在全球生产链中生产加工环节的价值已经处于低端,而在转移到农区的低端生产环节中,人工承担的还是其中的辅助、补充环节,因此劳动创造的附加值也就更低了,这也在根本上决定了其工资水平较低。食品产业由于竞争激烈,利润率也是较低的,在农区选址建厂具有降低劳动力成本和原料成本的双重考虑。而纺织产业的情况则明显不同,笔者调查的太康县的一些纺织企业生产高档羽绒服面料,产品直销波司登等品牌企业。从全球竞争的视野看,我国已经基本垄断了服装市场,具有一定的定价权,附加值最低的服装生产环节已经开始向越南等相对落后的发展中国家转移了。落户中部地区的纺织服装企业大都有一定的竞争力,这也使其产品附加值较高,有较高的利润。

整体来看,三类企业分别解决了不同年龄段劳动力的就业问题,对农区发展都很重要。对就业农户而言,提高自身的劳动技能是提高收入的重要方法。

### 5.2.4 本地城镇化意愿较强

为了考察企业职工的城镇化意愿,问卷中设计了"未来3~5年内您认为自己最有可

---

① 其中如穿综工,要将一个棉线拆分成若干股,手工挂在织布模板上。这个工种的熟练工人的工资每月在5000元左右;再如挡车工,一个人要负责十几台机械,完成穿线、接线,劳动强度较大,要求技能也较高,一个熟练的挡车工月工资也可达4000元。

能住到哪里"，备选项分别是"农村住房""乡镇定居""县城购房/租房""周口市区购房/租房""郑州购房/租房"等（表5-3）。总体上，职工的城镇化意愿比较强，希望到周口以外地区进行异地城镇化的占10.06%，县城或周口市定居的本地城镇化的比例约为46.70%，到乡镇定居的占7.23%，继续留在农村的比例为36%。同时不同企业员工的选择存在一定差异，如由于DY集团位于周口市区，因为其员工选择未来搬到周口市区的比例就明显高于其他两家位于县城的企业。

调研企业职工居住地点选择统计　　　　　　　　　　　　　表5-3

| 居住地点 | FX企业 | DY集团 | SH纺织 | 三企业平均数据 |
|---|---|---|---|---|
| 农村住房 | 35.84% | 25.52% | 46.67% | 36.00% |
| 乡镇定居 | 5.83% | 9.18% | 6.67% | 7.23% |
| 县城购/租房 | 41.67% | 9.18% | 34.17% | 28.34% |
| 周口市区购/租房 | 7.50% | 45.92% | 1.67% | 18.36% |
| 郑州购/租房 | 5.00% | 6.12% | 5.82% | 5.65% |
| 许昌、漯河等省内其他城市 | 2.50% | 3.06% | 2.50% | 2.69% |
| 外省城市 | 1.66% | 1.02% | 2.50% | 1.73% |

数据来源：企业员工问卷调查

为了使数据更为明晰，对上述选项进一步归并统计，将选择县城、周口市区和乡镇的看作本地城镇化，将选择郑州和许昌、漯河等省内城市的看作省内城镇化，将选择继续居住在农村的视为非城镇化，将选择外省的人员视为异地城镇化，则可以得出图5-7。

整体上本地城镇化和非城镇化是职工选择主体，基本各占30%~50%。平均有45.34%的员工选择到城镇居住，其中DY集团最高为55.10%，SH纺织最低为31.76%。

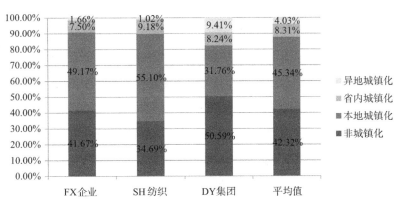

图5-7　调研企业职工城镇化意向统计图
数据来源：企业员工问卷调查

同时平均有42.32%的员工选择继续居住在农村，其中SH纺织中希望留住农村的最高为50.59%，DY最低为34.69%。由此可见通过城乡通勤，实现居住在农村、就业在城镇的弹性城镇化是企业员工的重要选择。此外，各企业职工选择省内其他城市进行城镇化的比例在7%~10%之间，不同企业差异不大。SH纺织由于刚刚运行时间不久，从外部引入的管理层、技术骨干较多，所以选择异地城镇化的比重较高，而其他两个经过较长时间运营的企业员工以本地为主，所以其选择异地城镇化的比重很低，不足2%。

将企业调查的数据与第七章农业就业农户数据进行比较，可以发现企业就业农户的城镇化意愿明显高于农村居民[①]。两者在城镇化意愿上的显著差别可以从两个方面来解释，其一是到企业打工的群体本身就比较年轻、劳动力素质较高，因而其城镇化意愿自然会高于农业就业农户；同时也不可忽视，在城镇获得较为稳定的工作会进一步提升农户的城镇化意愿。因此产业转移通过提供非农就业岗位，可以提高农户的城镇化意愿，进而带动城镇化发展。

## 5.3 机制分析：农户城镇化的影响因素与动力机制

基于对产业转移企业员工属性、生活方式、城镇化意愿的分析，本节重点讨论影响企业员工城镇化的要素。由于问卷涉及要素较多，难以简单判断要素间潜在的逻辑关系，因此本小节以SPSS中的Logistic回归模型为技术工具，利用前述问卷中获得的关于本地务工人员年龄、性别、教育、家庭、收入、居住地、承包地、农村住房等数据，分析哪些因素会影响到职工的城镇化意愿。

### 5.3.1 农户特征的影响：二元logistic回归分析

（1）模型建构与变量设定

前文理论框架提出农户城镇化的内生动力主要来自农户的经济理性和社会理性两个方面。经济理性对应着劳动力个体情况和家庭资产等情况。社会理性主要反应在对子女教育的支持和家庭总体福利水平的提升，对应于城镇公共服务水平等因素。因此本节从个体因素、农户家庭情况和城市服务三个方面分析影响农户城镇化的要素（图5-8）。一是劳动力的年龄、性别、劳动力技能、务工收入等因素会影响其城镇化意愿。二是迁入城市的教育、医疗等公共服务水平，非农就业机会以及城市环境氛围等均会影响职工的城镇化选择。三是家庭构成、农村承包地、宅基地的处置和收益也会对其城镇化行为

---

[①] 论文第七章针对农村居民的调查显示平均71.91%的村民均没有城镇化意愿。

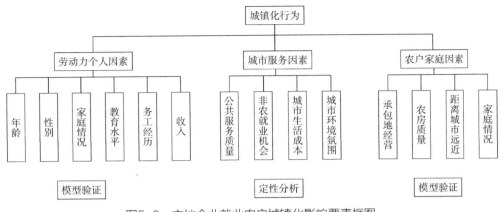

图5-8 本地企业就业农户城镇化影响要素框图

产生明显影响,很多农户出于对农村低成本生活的眷恋,以及对农业户口能带来的土地承包权、宅基地分配等"身份红利"的考虑,不愿意迁居到城镇,这其实构成了城镇化的一种阻力。

结合企业调研数据,本章拟通过logistic二元回归模型分别对影响周口本地务工农户的劳动力个体因素和家庭因素进行分析。对于迁入地城市的公共服务质量、就业机会等要素,由于比较难以量化,将在下一节中通过对问卷的统计性描述进行分析。对于劳动力个体因素的分析,将农户的城镇化意愿作为因变量,以劳动力年龄、性别、文化水平、是否有外出务工经历、打工月收入等因素作为自变量,构建分析公式(5-1)如下:

$$LogP_i/(1-P_i) = Urbanization\_ability = \varepsilon_i + \sum_{k=1}(\beta_1 age + \beta_2 gender + \beta_3 education + \beta_4 experience + \beta_5 family + \beta_6 salary) \quad (5-1)$$

其中$P_i$指就业人员发生城镇迁移的概率,因变量为Urbanization_ability,表示其城镇化迁移意愿与能力,分为有意愿迁居到城镇定居和留在农村生活两种,分别赋值为1和0。自变量的设定为就业者的年龄(age)、性别(gender)、文化水平(education)、外出务工经历(experience)、务工收入(salary)。研究假设劳动者越是年轻、劳动技能越高、务工收入越高则其城镇化的能力和意愿越强。

对于农户家庭要素的分析,也以其城镇化意愿作为因变量,以农户家庭情况(family)、承包地经营情况(land)、农村住房建设年代(house)、住宅所在地离城市距离(distance)作为自变量。这里的假设是农村承包地流转有助于推动农民的城镇化行为,土地越是稳定地流转,农民越可以放心地进城;农民乡村住房质量越好、年代越新,农民越不舍得放弃而迁居城镇。同时打工者现在农村住房的空间位置也可能影响其城镇化选择,距离城市越近则城镇化意愿越强,距离城市越远则其意愿越弱。打工者农村住宅距离城市的距离从Arcgis图中获得,为简化计算以空间直线距离代替实际交通距离。构建分析公式(5-2)如下:

$$\text{Log}P_i/(1-P_i)=\text{Urbanization\_ability}=\varepsilon_i+\Sigma_{k=1}(\beta_1\text{land}+\beta_2\text{house}+\beta_3\text{distance}) \quad (5-2)$$

两个公式中各个变量的含义、赋值规则、数据统计特征详见表5-4。

Logistic 模型变量定义与统计表　　　表 5-4

| 变量 | 含义 | 变量赋值 | 样本均值 | 样本方差 |
|---|---|---|---|---|
| age | 年龄 | 30岁以下为1，30~39岁为2，40~49岁为3，50岁及以上为4 | 1.71 | 0.653 |
| gender | 性别 | 男性为1，女性为2 | 1.82 | 0.29 |
| education | 文化水平 | 小学及以下为1，初中为2，高中、中专、技校为3，大专以上为4 | 2.06 | 0.722 |
| experience | 是否外出打工 | 有外出务工经历为2，无外出务工经历为1 | 1.73 | 0.237 |
| salary | 打工月收入 | 小于1500元为1，1501~2500元为2，2501~4000元为3，大于4000元为4 | 2.40 | 0.57 |
| family | 家庭情况 | 单身为1，已婚无子女为2，已婚有子女为3 | 2.15 | 0.205 |
| land | 承包地经营况 | 无承包地为0，自耕自种为1，免费给人种为2，流转给个人为3，流转给企业为4 | 2.03 | 0.810 |
| house | 农村住房年代 | 5年以内为1，5~10年为2，10年以上为3 | 2.25 | 1.067 |
| distance | 居住地点 | 城内为1，近郊通勤为2，远郊居住在单位宿舍为3 | 2.87 | 1.641 |

（2）回归分析1：劳动力的人力资本情况影响其城镇化选择

数据赋值后，在SPSS软件进行回归分析①；从分析结果看，只有文化程度和外出务工经历两项数据达到了显著相关的水平，而年龄、性别、收入这些因素均没有通过模型验证②。

SPSS 回归分析 1　　　表 5-5

| | 方程式中的变量 | | | | | |
|---|---|---|---|---|---|---|
| | | B | S.E. | Wald | df | 显著性 | Exp（B） |
| 步骤 1ᵃ | 文化程度 | .660 | .168 | 15.360 | 1 | .000 | 1.935 |
| | 常数 | -1.448 | .493 | 8.625 | 1 | .003 | .235 |

---

① 采用"向前：有条件回归"，该方法是使各自变量以步进的方式进入回归方程，分值统计分析达到显著水平的变量才会保留在回归方程中，从回归方程中删除变量的标准是Wald统计量的概率。

② 进一步对样本的分析表明，年龄、性别、收入没有通过验证的主要原因是企业就业员工在年龄、性别、收入上高度相似，因此不能在统计意义上表现出相关性。

续表

| 方程式中的变量 | | B | S.E. | Wald | df | 显著性 | Exp（B） |
|---|---|---|---|---|---|---|---|
| 步骤 2[b] | 文化程度 | .721 | .173 | 17.305 | 1 | .000 | 2.056 |
| | 外出务工经历 | .620 | .313 | 3.932 | 1 | .047 | 1.859 |
| | 常数 | −2.490 | .733 | 11.530 | 1 | .001 | .083 |

a. 步骤 1 上输入的变量：文化程度
b. 步骤 2 上输入的变量：文化程度，外出务工经历

模型中拟合度最好的是文化程度（education）这一变量，其显著性几乎达到100%。这表明从小学、初中、高中/技校到大学学历，劳动者受教育水平越高则其城镇化意愿也就越强。此外在5%显著性下，外出打工经历与城镇化意愿也通过验证，即有外出务工经历的农户城镇化的可能性明显高于没有外出务工经历的农户。这说明外出打工经历对于提高农户的劳动力资本、加强其城市性有积极的作用。

事实上，受教育程度和外出务工经历两项，均是劳动者人力资本和素质的指标，总体上反映了农户城镇化的能力，这与2.4.4小节中农户城镇化效用无差异组合模型的分析是一致的：即农户城镇化能力越强则其可获得的城镇化效用越高，实现城镇化的可能性也越大。因此模型1的回归结果可以解读为农户城镇化能力是决定其是否城镇化的核心要素。

（3）回归分析2：农户离城距离与土地流转情况影响其城镇化意愿

回归模型2同样采用"向前：有条件回归"的分析方法。结果显示居住地距离与承包地经营模式两个要素达到显著性标准。其中，居住地距离城市的距离这一变量为负相关，且显著性验证接近100%；表明就业者在农村住房距离城市越远则其城镇化意愿越强；这与访谈中反映出的近郊农户不希望迁入城市，更愿意采取居住在农户、就业在城镇的弹性城镇化是一致的；而远郊农户由于通勤距离远、公共服务水平差，则更愿意搬迁到城镇。其次承包地经营情况这一要素的显著性也达到了99.7%，这表明稳定的土地流转有助于促进农户的城镇化。

表 5-6 SPSS 回归分析 2

| 方程式中的变量 | | B | S.E. | Wald | df | 显著性 | Exp（B） |
|---|---|---|---|---|---|---|---|
| 步骤 1[a] | 居住距离 | −.438 | .113 | 15.110 | 1 | .000 | .646 |
| | 常数 | 1.430 | .372 | 14.803 | 1 | .000 | 4.179 |
| 步骤 2[b] | 承包地经营 | .477 | .163 | 8.541 | 1 | .003 | 1.612 |
| | 居住距离 | −.450 | .116 | 15.104 | 1 | .000 | .638 |
| | 常数 | .471 | .489 | .931 | 1 | .335 | 1.602 |

a. 步骤 1 上输入的变量：居住距离
b. 步骤 2 上输入的变量：承包地经营，居住距离

而建筑年代、质量一项并没有通过验证，说明不论农村住宅的新旧与建筑质量如何，农民都视其为重要的资产。某种意义上讲，农民更为看重的是住房之下的宅基地，只要宅基地属于自己，就可以再新建、翻修现有住宅。因此住房建筑年代与质量并不能成为影响城镇化的主要因素。

综合上述分析，回归模型1表明劳动力素质决定城镇化行为，回归模型2表明居住地距离与承包地经营模式两个要素达到显著性标准。随着居住地与城镇距离的加大，居民的城镇化意愿明显增加；其次承包地经营情况也通过了显著性验证，证明土地流转有助于减少农民城镇化的阻力，且土地流转越是稳定，能获得经济补偿越高，则农户城镇化的可能性越强。

### 5.3.2 农户需求的影响：公共服务和就业是吸引农户城镇化的主要原因

对于迁入地城市的公共服务质量，就业机会、生活成本等要素，由于比较难以量化处理，所以借助问卷进行定性分析。

（1）公共服务和就业是吸引农户城镇化的主要原因

为了进一步研究职工选择本地城镇化或留在农村的原因，问卷中安排了"促使您做出上述选择的原因"的问题。对选择本地城镇化的群体的答案进行统计，发现三个企业职工的选择呈现高度一致性（图5-9）。最主要的原因是为了"享受较好教育、医疗等服务"，占比均在45%左右；第二重要的原因是"务工就业方便"占比均在30%以上，其中DY最高达到了36.07%。可见高水平的公共服务是吸引农户城镇化的首要原因，方便就业也是吸引农户进城定居的重要原因之一。

在对企业员工的访谈也发现，农户进行城镇化的首要目的是为了子女就学，方便上班就业只是辅助原因。

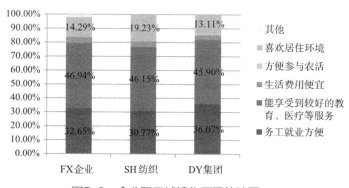

图5-9 企业职工城镇化原因统计图
数据来源：企业员工问卷调查

**访谈案例5-3**

樊女士，SH纺织厂女工，41岁，家在太康县老冢镇。家里有1儿1女，女儿18岁在郑州读大专，儿子15岁在县城读初三。她说："我是去年6月开始在纺织厂上班，一直是住宿舍，周末回村里。今年9月份孩子上初三了，要考高中了，想着得照顾好他，好能考个好学校，所以就在城里租了他表舅家的一套小房子，每月给500元钱。儿子也不用住校了，我也不用住厂里啦。……租房主要是为了儿子上学，要只是我自己肯定就住宿舍了。儿子明年要能考上县高中，我们就考虑在城里买个房子，高中三年都用得上，以后还可以留着他结婚用。"

（2）农村较低的生活费用与生活环境是农户不愿城镇化的主要原因

对于继续留在农村的群体的选择原因进行分析，发现三个企业呈现一定的差异性（图5-10）。但总体上以选择"生活费用便宜"和"喜欢居住环境"两项为主，两项之和最低的西华FX也达到了68.57%，在SH纺织这一比例为76.93%，而DY最高为80%。略微出人意料的是选择"方便参与农活"的比例却比较低，在8%～17%之间，明显低于前两个选项。可见，对于已经在城镇获得非农就业的农户而言，家里的承包地不是影响他们城镇化决策的关键因素，农村真正让他们更留恋的是生活低成本、独门独院的居住环境与生活方式。

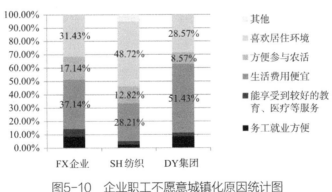

图5-10 企业职工不愿意城镇化原因统计图

数据来源：企业员工问卷调查

### 5.3.3 动力机制：女性到企业就业间接带动农户本地城镇化

市场和政策环境的变化使传统农区凭借其劳动力资源与成本优势成为承接产业转移的重要地区，大规模的产业转移带动了本地工业化进程，增加了非农就业岗位。但由于转移企业以劳动密集型企业为主，处在产业链低端，因此能够支付的工资水平较低。较低的工资水平、没有职业发展的就业岗位对农户优质劳动力缺少吸引力，主要吸纳了大量农村妇女到企业就业，其中既有外出返乡的，也有从本地农村析出的。妇女就业的稳定性强，工资水平较低，其要求是在城镇就业的同时还能照顾农村家庭，因此形成了传统农区中企业员工以女性为主的就业结构。从动力机制上看，女性在企业就业提高了家庭的总收入，使家庭活动的重心进一步从农村或是外出打工地向本地城镇转移，这间接带动男性劳动力回流，形成完整的本地城镇化模式（赵明、吴唯佳，2018）。

（1）产业转移企业主要吸引女性就业

近年来周口市虽然承接了大量的产业转移，创造了大量本地非农就业[①]，但是从统计数据上看劳动力外流的总体趋势并没有改变。常年外流人口即常住人口与户籍人口之差，从2010年的219万增加到2015年的261万。一方面是劳动力外流持续增长，一方面是本地非农就业数量也在明显增加，那么多出来的劳动力来自哪里呢？答案只能是原来沉淀在农业农村中，以中年妇女为主的不充分就业的劳动力。很多女性在成家、生孩子后，就不再外出打工，过去在农区本地非农就业岗位不足的情况下，她们只能选择在家带孩子、务农。外出务工人员电话访谈显示，外出务工农户在农村的住房有42.18%是由妻子居住的（图5-11），这一数据间接反映出约有四成外出务工农户的妇女在农村留守。夫妻两人一同外出务工成本高、难以在同一城市找到合适工作、家里需要人照看等原因是婚育后妇女较少外出务工的主要原因。

产业转移和本地非农产业的发展为返乡和沉淀在农村的中年妇女提供了就业机会，使她们得以在照顾家庭的同时，进入企业打工，获得远高于农业收入的务工收入。在生

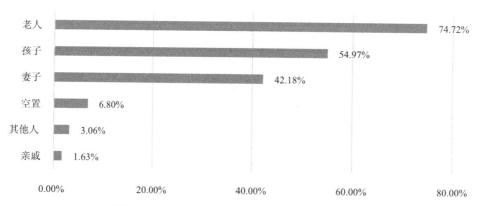

图5-11　周口外出务工人员农村住房利用情况

数据来源：外出务工人员电话访谈

---

① 根据官方统计2009～2015年间周口市11个产业集聚区累计入驻企业813家，完成投资2113.8亿元，2014年产业集聚区规模以上工业实现主营业务收入2206亿元，吸纳就业人员近30.5万。参见河南省人民政府网站http://www.henan.gov.cn/zwgk/system/2015/01/22/010522248.shtml。

产高度自动化的前提下，很多岗位的劳动强度不大、技术含量不高，适合女性就业，同时工资水平也偏低。如DY集团用工量最大的生产环节是鸡肉清洗、分拣、包装；西华FX用工量最大的是"毛刺"车间，即人工检查、修补机器加工手机部件的合格性；SH纺织的穿综、挡车等工种更是以女性为主，且大部分曾经外出务工。上一章对外出务工人员返乡后的就业方式的调查也反映出，男性返乡后更倾向于非正规就业，而女性则会更多选择到工厂企业打工。

从农户的角度看，中年女性出于照顾家庭、竞争力弱等因素，更愿意选择到收入稳定、时间固定的企业就业；而中年男性更倾向于从事收入更高的非正规就业；同时青壮年劳动力依旧以外出务工为主。这就解释了近年来传统农区本地非农就业和外出人口同步增长的现象。总之，产业转移企业以吸引返乡女性就业为主，这既满足了女性劳动力提高收入，同时又能照顾家庭的需求，也使企业的低成本优势得以延续。

（2）**女性企业就业带动家庭城镇化的过程**

妇女实现在城镇的非农就业只是家庭城镇化的一个环节，进一步和农户家庭结构、收入构成、农业生产相关联，会产生丈夫返乡务工增加、土地流转增加和县城迁居增加三种变化，进而间接地带动了本地城镇化和农业现代化发展。

首先，妇女非农就业收入提高，可以带动男性劳动力回流。与从事农业相比，妇女在本地企业打工可以较明显地提高劳动收入。由前文的企业调查可见，即使收入最低的以农产品加工为主的DY集团职工平均月收入也在1800元左右。

中国社会以家庭为基本组织单元，因此收支平衡也是以家庭为单位进行统计的。虽然外出务工人员大部分都有明确的返乡意愿，但由于返乡后的收入水平通常会有明显下降，使得很多农户迫于生活压力，不得不延长在外工作的时间。2013年周口市外出务工人员月平均收入为2835元，而当年周口市城镇居民人均可支配收入约为18046元，折算为每月1504元，其差距约为1300元。正是这个收入差距使得大量外出务工人员虽有返乡的意愿却迟迟难以实施。妇女在县城务工获得较为稳定的非农收入，在一定程度上可以补偿男性返乡收入的减少，使整个家庭在男性返乡后的收入没有显著减少。而返乡就业还会明显减少在外食宿、交通等方面的支出，对于整个家庭是可行的财务选择。

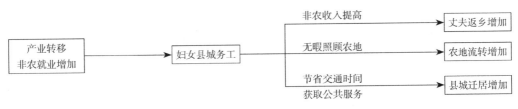

图5-12 产业转移带动农户本地城镇化发展路径图

**访谈案例5-4**

张女士,28岁,西华县清河驿镇人,已在西华FX打工2年,做到了"线长"。每月工资2000元左右。其丈夫王某,31岁。两人2010年结婚,婚后和丈夫一起在苏州、无锡一带干装修。2012年怀孕生孩子后,自己就回到农村老家。2014年开始在FX工作。2015年底,丈夫也从苏州回到周口,凭借多年外出打工经历和技术,成立了自己的装修队,在县城、周口市给人做装修,年平均收入在4万~5万元。现在夫妻两人在县城购110平方米两居室生活,有十几万房贷。

张女士说:"我现在工作还算稳定,每月2000元的收入在本地也不算少了。老公就想着也没必要在南方撇家舍业地卖命干活了,他说外边的活也越来越不好干了。去年(2015年)就干脆也回到周口了……虽然说他的收入少了一点,但是有我每月2000多的收入,也差不多。关键是自己家里过日子花费也省了很多呢。"

由此可见产业转移使妇女获得较为稳定的非农就业机会,劳动收入明显增加,在一定程度上弥补了因丈夫返乡造成的家庭财务损失,因此间接支持了外出务工人员返乡,带动本地城镇化水平提升。

其次,妇女城镇就业造成农业劳动力减少,土地流转增加,间接推动农业现代化进程。妇女到城镇的企业打工后,有些距离较远的还要住在单位住宿,没有时间和精力照管家里的承包地,如果家里缺少有劳动能力的老人,农户将不得不转出土地。这会使得农村土地流转更为普遍,有助于适度扩大土地经营规模,推动现代农业发展。这从近年产业转移增加、土地流转速度加快、比例增加上可以得到间接证明。根据周口市农业局的统计,2008年周口市土地流转的比例仍不足5%,而到2015年周口市流转土地面积达285万亩,占耕地总量的28.11%。在小农家庭的农业生产中,妇女是主要农业劳动力,占农业劳动力投入的30%左右,仅次于55岁以上的老年人[①],这主要是因为农业机械化的普及使得农民种地的劳动强度大为减轻,仅依靠妇女和老人就可以完成。产业转移为很多妇女提供了非农就业机会,抽离了农业劳动力,使得土地流转比例快速提升。

最后,在女性本地企业就业、其丈夫也返乡在城镇就业、农村土地流转的情况下,为了节省交通成本,同时改善提高家庭福利,农户向城镇迁居的比例会有所增加。总之,通过企业调查和深度访谈,发现产业转移企业以吸纳返乡和农村中年女性劳动力为主,而这些女性的非农就业会在一定程度上带动其丈夫返乡,加快土地流转,间接地促进其家庭的城镇化,形成农区特有的城镇化路径。

---

① 参见本书第7章,7.2.1 农业劳动力基本特征。

**（3）女性企业就业带动家庭城镇化的动力机制**

综上所述，产业转移增加了本地非农就业岗位，但由于其工资水平偏低、发展空间有限，因此以吸纳农村妇女就业为主，就业妇女既有外出返乡的，也有本地农村析出的。女性的企业就业增加了农户家庭收入，考虑家庭总体收支平衡，男性外出劳动力返乡的概率增加。女性企业就业还使农户生活重心进一步向城镇转移，这种情况下考虑子女教育与家庭团聚，在家庭社会理性的引领下，农户选择在本地城镇化的可能性增加。从经济理性的角度看，非农收入的增加也为家庭城镇化提供了更好的经济支撑。当然，实现城镇化需要同时满足很多条件，其中产业转移带动的女性非农就业、收入提高只是其城镇化的必要支撑条件，而非充分条件；当这种支撑条件与家庭子女教育、生活水平改善等现实需求有效结合后，农户才会最终进行本地城镇化。

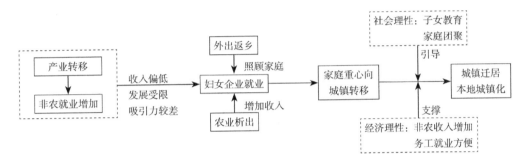

图5-13　产业转移带动农户本地城镇化动力机制图

## 5.4　模式总结：本地企业就业农户的城镇化模式

### 5.4.1　少数农户实现了本地城镇化

为了解企业就业农户的生活方式与城镇化状况，问卷中设计了"您日常住在哪里"和"如果住在单位宿舍，您多长时间回家一次"这两个问题。从结果看，仅有少部分约1/3的就业农户通过在城镇购房或租房的方式实现了本地城镇化；而大部分人员则是采用城乡通勤的方式，形成居住在农村、就业在城镇的弹性城镇化模式。

问卷统计反映出，目前在企业就业的农户中已在城区拥有房产的比例平均为21.61%，不同企业存在一定差异，其中DY集团最高为26.73%，而SH纺织最低为13.17%。在城镇租房生活的农户比例约为11.88%，不同企业差别不大（图5-14）。可见确有少量农户在就业方式转变的情况下，通过城镇购房或租房的方式实现了本地城镇化。当然其城镇化的原因，如前文分析更多是出于子女教育发展的考虑，企业就业则是辅助动因与经济支撑。

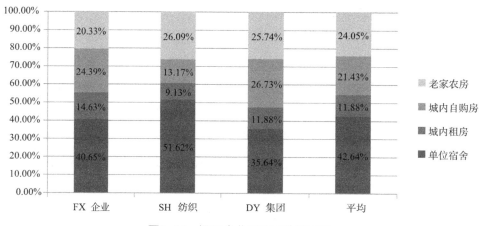

图5-14 调研企业职工居住情况图
数据来源：企业员工问卷调查

### 5.4.2 大量农户采用城乡通勤的弹性城镇化

从数据统计上看，企业职工选择居住在农村老家每日通勤往返于城乡之间的比例大体在20%～25%，不同企业差别不大。可见，产业转移使农区农民能够就近获得较为稳定的非农就业，但在城市获得非农就业的农户并不一定会迁居到城镇。事实上，很多城市近郊的农户，普遍采用骑摩托车或电动车的方式进行城乡通勤，同时享受城镇的非农就业机会和农村低成本的生活，实现了弹性城镇化。

而对于距离企业较远的农户，则更多采用平时住在"单位宿舍"，定期回家的方式（图5-15）。日常住所中选择比例最高的就是"单位宿舍"，在SH纺织这一选项的比重高达61.96%。进一步对住在宿舍职工的农户的回家频次进行分析，发现选择最多的是"每周回家"一次，西华FX最高接近50%；次多的则是每周回家两次，其中SH纺织最高占34.15%。而选择每两周回家一次的比例不足10%，每月回家一次的比例不同企业差别略大，总体占比在5%～15%之间。可见即便是平日在单位住宿的员工也和农村老家保持着经常性的联系，每周回家一次或两次的员工占比约在60%。

之所以很多员工能够每周回家2次，是企业考虑员工的需求，采用三班倒，每班8小时的工作安排。对于需要周中回家的员工，可以安排周一上早班8：00～16：00，休息8小时，再上夜班00：00～8：00，而后再休息，上周二的中班16：00～0：00或是夜班0：00～8：00；这样周三一早就可以返回农村，休息两天，到周四下午4：00再返回上中班、周五正常上班即可。这种用工时间安排，大大方便了企业员工与农村的联系，也减少了企业招工难度。可见，无论是每日通勤还是住在单位宿舍，企业员工都和乡村保持着紧密的、规律性的联系，形成就业在城镇、居住在农村的弹性城镇化模式。

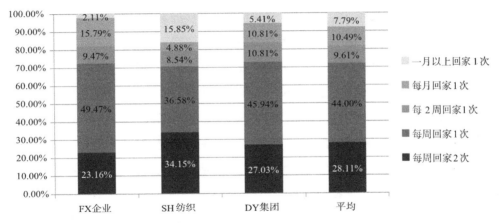

图5-15 调研企业职工回家频次统计图

数据来源：企业员工问卷调查

## 5.5 延伸讨论：充分发挥产业转移对本地城镇化的积极作用

### 5.5.1 破解家庭分离的半城镇化，提高城镇化质量

传统的城镇化模式下，农户主要劳动力长距离外出务工，家庭迁移滞后于农村劳动力转移，造成不完全城镇化现象突出，并带来就业不稳定、家庭分离等一系列社会问题。大规模的产业转移增加了农区本地非农就业岗位，提高了本地工资水平，这吸引了部分外出务工群体返乡就业。本章调研表明60%以上的企业员工都曾经外出务工；前一章对外出务工人员的问卷也显示，"老家挣钱机会增加"是促使他们返乡的重要原因之一。两相印证，可以说明产业转移和本地工业的发展确实对于吸引外出人员返乡，促进本地城镇化起到了积极作用。

而在产业转移带动下，大量女性在本地企业打工，提高了家庭收入，进而带动了男性劳动力返乡，增加了农户实现本地城镇化的经济条件与可能性。以农区本地城镇为空间载体，农户的就业空间和家庭生活空间高度重合，使之前家庭分离的不完全城镇化模式得以破解，这对于提高城镇化质量，改善参与农户的社会福利水平和幸福感，维持社会稳定都具有积极作用。

### 5.5.2 产城融合布局，发挥产业转移的积极作用

（1）企业自建封闭式厂区，压缩了员工的城镇化需求

不同于乡镇企业快速发展的20世纪80时代，工业项目散布于乡村与小城镇，新一轮

产业转移和工业化发展在空间上实现了在主要产业园区的集中布局。产业转移相对集中布局，有利于以产带城，吸引人口集聚，加快城镇化进程；也在一定程度上避免了工业发展大量占用农田，更有利于产业集群的形成。

但出于降低用工成本的考虑，规模较大的转移企业通常规划为功能相对齐全的封闭式园区，在企业内部布局宿舍、食堂、小卖部、医务室等设施，形成"企业办社会"的模式。大部分员工均申请有宿舍。无疑，较为完整的配套设施有助于减少招工难度，提高住宿职工的生活便利性。这种内部配套完善的企业园区模式是随产业一并从沿海城市移植过来的，并不适合传统农区。

在深圳、东莞等地的工厂内，大部分员工是外来务工人员，他们在本地缺少社会联系，受经济条件和户籍制度限制不太可能实现异地城镇化。这种背景条件下，在企业内部配套较完善的生活服务设施，无疑是改善职工福利、提高企业招工吸引力，并减少城市负担的最好选择。然而世易时移，当这些企业转移到农区时，其绝大部分职工都是本地人，因而有着更为广泛的社会联系和城镇化的现实需求。从产业发展对经济和城镇化的带动作用来看，转移到农区的企业依旧采用在厂区内部配套生活设施的"企业办社会"模式，则会大大降低就业群体对本地城镇公共服务设施、住宅配套的需求，是对积极外部性贡献的一种消减。

（2）产城融合布局，激活员工的需求，促进本地城镇化

基于产业转移企业封闭式园区的问题，本章建议应该重视企业就业员工的城镇化需求，变企业内部的服务配套为城市公共的设施配套，最大限度地发挥产业转移对城市发展的带动作用。在总体层面，加强城市与产业集聚区的融合布局。对于没有环境影响的企业可以考虑在更靠近城市的区域布局，同时可以沿联系城市和产业集聚区之间的主干路两侧布局公共服务、生活居住等功能，形成联系轴带，从而在保证产业用地相对完整的同时，密切产城联系。由于各个县发展的外部条件类似，自身基础差别也不大，造成各县承接产业转移的机会也差不多；因此产业转移并没有出现大规模向周口中心城区或某个县集中的趋势。这在一定程度上延续并加强了传统农区长期形成的市县均衡发展的格局。

在中观层面，可以为一定区域内的企业共同选址建设生活配套区，政府可以灵活安排保障性住房资金支持配套区的建设，建设医院、超市、文体活动等公共设施。在具体户型配比上考虑职工的实际需求，既有集体宿舍满足单身人士需求，也有小户型住宅，满足家庭城镇化需求；其中单身宿舍可以出租给就业员工，而小户型住宅则可按经济适用房标准向相关群体销售，既可以减少政府、企业的资金压力，也能促进本地城镇化。

## 5.6 本章小结

在产业转移的大背景下，具有人力资源优势的传统农区大量承接外来产业转移，带动了本地工业化、城镇化的快速发展。本章通过对西华FX、周口DY集团和太康SH纺织三个典型企业员工的问卷调查与访谈发现本地企业的员工以女性为主，平均占比为62.58%。目前本地企业就业农户中仅有少部分约20%实现了本地城镇化；约25%的城市近郊农户通过日常通勤，实现就业在城镇、居住在农村的弹性城镇化模式；其余距离较远的员工，则住在职工宿舍，每周返回农村1~2次，呈现出高度的城乡联动、融合特征。农村生活成本低是他们愿意继续居住在农村的主要原因。

由于转移企业工资水平偏低，就业岗位简单，缺乏上升通道，难以吸纳到男性优质劳动力。妇女就业的稳定性强，对工资要求较低，其优点是能够照顾家庭，因此形成了传统农区中企业就业员工以女性为主的就业结构。从动力机制上看，女性企业就业提高了家庭的总收入，使整个家庭的生活重心进一步从农村到城镇转移，间接带动男性劳动力回流和本地城镇化发展。研究通过二元logistic回归分析证明文化教育程度、外出务工经历与稳定的土地流转都有利于农户的城镇化；而农户与城市的距离越远则其城镇化意愿越高，近郊农户更愿意采取居住在农村、就业在城镇的弹性模式。问卷统计反映出，本地企业就业农户进行城镇化最主要的目的是让子女接受良好的教育，其次是方便个人就业；城镇非农就业是其城镇化的必要条件而非充要条件。

研究发现产业转移虽然在带动农区工业化、促进经济发展方面作用明显，但是由于技术进步，资本对劳动的替代明显，其所创造的就业岗位与其产值、规模相比明显偏少。而企业普遍采取封闭式园区的建设模式，在降低用工成本的同时，也压缩了就业员工的城镇化需求，对农区本地城镇化的带动作用有限。因此本章建议应按照产城融合的空间模式，整合企业配套与城市公共服务设施建设，最大限度地发挥产业转移对农区本地城镇化的带动作用。

# 第6章
# 本地非正规就业农户城镇化研究

如上一章分析虽然近年来随着产业转移周口的工业化快速发展,但是提供的就业岗位有限,商贩、建筑装修工等非正规就业是农区城镇非农就业的主体,事实上大量本地城镇化的农户是靠非正规就业支撑的。作为城市内部"岗位成本"最低的就业方式,非正规就业具有较高的劳动效率,同时为城市居民,尤其是贫困群体,提供较为廉价的商品与社会服务,对经济社会发展有明显的贡献。但对非正规就业与城镇化的研究较少,理论层面关于非正规就业促进城镇化的机理、过程的研究尚未形成系统的框架,实证研究也多针对大城市的城中村问题(尹晓颖等,2009;安頔,2014)。如何认识传统农区城镇大量存在的非正规就业?农区本地的非正规就业有什么特征?非正规就业群体的城镇化意愿、方式如何?这些是本章需要探讨的问题。

本章首先利用周口市历年的统计年鉴和三次经济普查的数据,对城镇非正规就业的数量进行了估算。由于非正规就业的群体分散,流动性大,难以进行科学的抽样和问卷调查,因此本章以质性研究方法为主,辅以统计分析,从中总结出非正规就业群体的特征和城镇化路径。本章的数据和案例来自于笔者进行的94个非正规就业案例访谈,其中各类商贩30名,出租车司机31名,建筑工33名。

## 6.1 宏观环境：经济社会转型形成非正规为主的就业结构

### 6.1.1 经济社会转型促使就业非正规化

我国20世纪90年代的市场经济转型，使城镇就业和劳动力市场呈现出明显的非正规化趋势（张延吉、张磊，2017），城镇非正规就业的增长率明显高于正规就业的增长率，非正规就业已经是城镇就业增长源头。据估算（黄耿志等，2016）从1990到2010年，我国城镇非正规就业占城镇就业总量的比例从17.4%增加到50.7%，非正规就业已经成为城镇非农就业的主要方式。造成非正规就业快速发展的原因是多方面的。首先，我国劳动力数量庞大，且以文化技术水平偏低的普通劳动力为主，决定了就业模式的非正规化（胡鞍钢等，2001）。随着户籍制度的放开，大量农村剩余劳动力进入城市谋生，但是受用工制度、户籍制度的限制，这些人大部分都被排斥在正规就业之外，形成规模庞大的非正规就业群体。

其次，制度政策安排也促进了非正规就业的快速发展。我国1990年代的经济转轨与国有企业改革，造成城市中大量国企员工下岗分流，为了维护社会稳定，与国企改革政策配套，政府也在同期出台了促进民营经济发展的政策，促进了城镇非正规就业的发展壮大。近年来，为了促进本地经济发展，提高城镇化水平，政府积极吸引鼓励外出农民工回到家门口创业，制定了《周口市人民政府办公室关于支持农民工返乡创业的实施意见》，通过开展创业培训、创业担保贷款、创业孵化、创业指导等服务，提高农民工返乡创业成功率。其实所谓创业在很大程度上就是自雇佣式的非正规就业。

### 6.1.2 农区特殊条件形成非正规就业为主的就业结构

传统农区薄弱的工业基础、庞大的人口基数产生的服务需求等现实情况，都促进了非正规就业的蓬勃发展，形成非正规就业为主的就业结构。从市场环境看，由于传统农区工业基础薄弱，造成本地正规就业岗位明显不足。虽然近年来，周口的工业化水平有大幅提升，但是随着企业生产设备的升级，以机械代替人工的情况更为普遍，单位产值、单位投入所能够提供的就业岗位越来越少，客观上造成第二产业提供的就业岗位增加缓慢。

同时，非正规就业数量大、比例高与周口以商贸和物流业为主的产业结构有着密切关联。周口市地处豫东南地区，市场腹地广阔、人口众多，这造成历史上周口的商贸物流业一直很发达，是周边地区的商贸中心。据不完全统计，城市中有荷花市场、黄淮农产品物流园、华耀城商贸区、中原国际商贸城、麒麟商贸城等各种服务于区域的大型商贸市场①，占地规模较大。据统计，2015年周口中心城区中商贸市场用地超过4.5平方公里，占城市建设用地比例约为6.5%，远高于一般城市②。商贸市场都是采用摊位出租或出售的形式，因此其中就业人口和为之配套的物流服务人口都是典型的自雇佣式的非正规就业。从发展的角度看，周口市将自己定位为豫东南的商贸物流中心，大力促进商贸服务业发展，还将进一步促进城镇非正规就业的发展。

黄宗智（2010）认为劳动力的供应量乃是决定非正规经济规模和比例以及其长期性的关键因素之一。传统农区由于人口基数大，劳动力资源丰富，因此非正规就业比重高于全国平均水平是必然的，这也符合城镇规模越小非正规就业比重也就越高的一般性规律（吴要武、蔡昉，2006）。

### 6.1.3 周口市非正规就业规模估算

根据就业门类和性质，城镇非农就业可以分为城镇正规就业和城镇非正规就业两大类；其中非正规就业是指未签订劳动合同、无法建立或暂无条件建立稳定就业关系的一种就业形式（胡鞍钢，2002）。国内关于非正规就业尚未形成统一的定义和公开的统计数据③，不同学者估算的非正规就业数量、比例存在一定差距，但均同意非正规就业已经成为城镇非农就业的主体，其规模明显超过正规就业，并且随着经济发展转型和城镇化战略的推进，新增就业中非正规就业所占比例越来越高（胡鞍钢、马伟，2012；黄耿志等，2016）。

为了初步估算周口市本地非正规就业人员的数量，研究综合利用历年统计年鉴和2004年、2008年、2013年三次经济普查的数据。统计年鉴中有"全社会分三次产业的从业人员"统计项，从中可得周口市历年三次产业的就业数据；从2005年到2013年，周口市二、三产业就业总量从282.63万增加到347.11万，增长了60.48万。假定二、三产业的从业人员全部位于城镇，则2013年周口市城镇就业人数约为347.11万，其中包含了大量城镇非正规就业、城乡兼业的数据。

三次经济普查分别记载有当年在第二、第三产业法人单位就业人员数量，这一数据可约略地认为是有劳动合同的城镇正规就业人员数量。关于城镇非正规就业数量的

---

① 荷花市场为豫东南最大的小商品批发市场，占地200余亩，日客流量10万余人次，辐射周边100多个市县；黄淮农产品大市场占地800亩，位列全国综合农产品批发市场50强，入驻商户4000多家，就业5万余人。
② 数据引自《周口市城市总体规划（2016—2030）》说明书。
③ 目前我国的非正规就业有两个口径：广义的"非正规就业"是指非正规部门就业和正规部门中的非正规就业；狭义的"非正规就业"是指"非正规劳动组织就业"，即政府扶持的、以下岗失业人员为主的生产自救性组织或公益性劳动组织。

计算，本章采用黄宗智（2010）的统计方法，即城镇非正规就业数量约等于城镇从业人员数量减去正规就业人员数量（城镇非正规就业人数=城镇从业人数−正规就业职工人数）。由此可以得出2004年、2008年、2013年三个年份的城镇正规与非正规就业的数据。虽然由于经济普查每4~5年进行一次，数据是不连续的，但也能基本反映出近10年来周口市就业结构的概况（表6-1）。

表6-1 2004年、2008年、2013年周口市各类就业数量统计表

| 年份 | 非农就业 | | 正规就业 | | 非正规就业 | |
|---|---|---|---|---|---|---|
| | 数量（万人） | 占比（%） | 数量（万人） | 占比（%） | 数量（万人） | 占比（%） |
| 2004年 | 282.63 | 100 | 71.1 | 25.16 | 211.53 | 74.84 |
| 2008年 | 304.88 | 100 | 80.57 | 26.43 | 224.31 | 73.57 |
| 2013年 | 347.11 | 100 | 103.37 | 29.78 | 243.74 | 70.22 |

数据来源：周口市第一、二、三次全国经济普查主要数据公报和周口市统计年鉴（2005年、2009年、2014年）

从总量上看，2013年周口约有240万的城镇非正规就业，占全部城镇就业量的70%左右。从数据变化趋势来看，虽然正规就业的绝对数量和比例较低，但是2004年以来呈现出更快的增长速度。正规就业占全部非农就业的比重从2004年的25.16%升高到2013年的29.78%，其中2008年以后增长的速度更快。这主要是近年来大规模的产业转移，带动了周口的工业化进程，创造了更多的非农就业岗位；也基本符合非正规经济与城市化率的倒U形的关系（Elign、Oyvat，2013）。

## 6.2 微观主体：非正规就业群体特征与城镇化意愿

### 6.2.1 调研群体选择

由于缺少关于非正规就业的统计数据，很难准确估算非正规就业的行业分布和内部结构。根据一般经验，服务业是提供非正规就业的主要门类，其中市场主导的劳动密集型服务业，如商贸、物流、餐饮业等行业非正规就业比例最高，而对人力资本要求较高的电信、金融保险等服务业中非正规就业比例则相对较少（李桂铭，2006）。根据黄苏萍（2010）对我国非正规就业的行业分布的定量研究，发现非正规就业占比最多的行业是批发零售贸易和餐饮业，占84.27%，其次是建筑业，也高达60.79%，交通运输仓储业占58.52%，社会服务业占56.21%，制造业占41.25%（表6-2）。虽然由于数据可获取性的原因，其研究呈现的是2002年的情况，时间距离较远，但也能大概反映出非正规就业的行业分布。

表 6-2  2002年我国非正规就业行业分布  单位：（%）

| 采掘业 | 制造业 | 建筑业 | 电力煤气和水生产供应业 | 地质勘察业水利管理业 | 交通运输仓储和邮电通信业 | 批发零售贸易和餐饮业 | 金融保险业 |
|---|---|---|---|---|---|---|---|
| 1.99 | 41.25 | 60.79 | 1.22 | 1.72 | 58.52 | 84.27 | 14.32 |

| 房地产业 | 社会服务业 | 卫生体育和社会福利业 | 教育文化艺术和广播电影电视业 | 科学研究和综合技术服务业 | 国家机关、党政机关和社会团体 | 其他 | — |
|---|---|---|---|---|---|---|---|
| 9.36 | 56.21 | 2.19 | 1.77 | 4.22 | 1.72 | 95.4 | — |

资料来源：黄苏萍. 东北区域经济增长中的非正规就业研究［D］. 哈尔滨工业大学, 2010.

从周口市的实际情况看，商贸物流、交通运输和建筑业也确实是非正规就业群体最为集中的行业。周口本身豫东南商贸物流中心的城市定位和数量巨大的乡村人口产生的服务业需求，都使中心城市和各县城的批发、零售等商业活动发达；同时近年来城镇化的推进、房地产市场的发展，更是产生了大量建筑、装修工群体。因此本章选择小商贩群体作为批发零售和餐饮业的代表，选择出租车司机群体作为交通运输业的代表，选择建筑装修工人作为建筑业的代表，来研究非正规就业对本地城镇化的影响。

### 6.2.2 商贩群体

**（1）生活、就业方式**

卖衣服、夜宵、蔬菜等各类商品的小商贩是周口非正规就业的主要组成之一。周口市区给人最直观的印象是，整个城市就是个大市场，每条街的底层都是各种店面，随处可见流动商贩。各种商贩数量庞大的原因是多样的。一方面，传统农区人口基数大，城镇正规就业岗位不足，很多人不得不以经营小买卖的方式挣钱谋生；另一方面，近10年来周口市区和各县县城进入快速扩张发展的阶段，但是由于城市财力有限，为了减少城市发展中的拆迁安置成本，城市扩展和新区建设尽量避开村庄，造成城市中存在大量的城中村。据《周口市总体规划（2016-2030）》统计，2014年末周口市中心城区范围内城中村用地（三类居住用地）面积约为14.5平方千米，居住在城中村中的居民有20万左右；城中村用地占居住用地比例超过50%，占现状城市建设总用地的比例高达22.7%。大量失去土地的城中村居民靠小买卖为生，成为非正规就业群体的主要组成部分。

从空间分布上看，商贩群体多选择城市主要道路交叉口，超市、批发市场周边，中小学周边，主要的生活性干道两侧排摊设点。商贩的活动有着明显的时间规律，一般早上6点到8点形成早市，卖早点、蔬菜等，从17点到19点开晚市，卖各种自制食品、衣服、鞋帽等小商品，而后是以烧烤小吃为主的夜市，夏天可以一直持续到22点多。小商贩解决了城镇居民日常购物需求,也在很大程度上降低了城镇居民的生活成本。

**访谈案例6-1——流动商贩杨女士**

杨女士,46岁,周口市川汇区李多楼村村民。李多楼村是典型的城中村,已经被众多高层楼盘包围,居民家里并没有耕地。杨女士家有一个女儿、一个儿子,女儿已经出嫁了,就在周口市区住,儿子中专毕业,在郑州打工。全家主要的收入来源就是每天晚上在关帝庙前摆摊经营烧烤。她说:"别看就晚上出摊这几个小时,也够白天忙活的。上午需要去批发市场购买材料,还有碳,回来要进行清洗、处理、腌制等,烤的馒头片也要自己蒸馒头再切片,事情可多嘞!""夏天生意好的时候,每个月能收入4000元,到了秋冬天冷的时候就改成中午、下午出摊,收入少些,大约有2000多元钱……虽然收入不多,但是也够过日子了,住自己的房子,平时吃饭也花不了多少钱。"笔者问她有没有考虑去企业打工,她说:"我们村里的人都不愿意去工厂做工,那里面挣得也不比我们出摊多,时间还不自由……在企业打工的主要还是外面的农民,像我们住在城里的,随便干点买卖都能比在厂子里挣得多。"

(2)主要特征

笔者随机在周口市区、西华县城、太康县城访谈了30个商贩,涵盖卖烧烤、服装、蔬菜副食等各种类型,其统计情况如表6-3。

小商贩群体基本情况　　表6-3

| 指标 | 选择 | 数量(个) | 比例(%) |
| --- | --- | --- | --- |
| 性别 | 男 | 11 | 36.67 |
|  | 女 | 19 | 63.33 |
| 年龄 | 18~30岁 | 2 | 6.66 |
|  | 31~40岁 | 11 | 36.67 |
|  | 41~50岁 | 12 | 40.00 |
|  | 50岁以上 | 5 | 16.67 |
| 外出务工经历 | 有外出务工经历 | 12 | 40.00 |
|  | 无外出务工经历 | 18 | 60.00 |

数据来源:非正规就业群体访谈

市面上的商贩一般以女性为主,约占63.33%,但事实上小商贩群体具有家庭化就业的特征。由于小商贩群体工作时间长,需要进货、配货等程序,因此一个摊位或门面房通常需要全家两个劳动力互相配合才能完成,形成以家庭为主的就业形态。年龄分布上以31~40岁和41~50岁的中年人为主，占比分别达到36.67%和40%。商贩中大部分（60%）没有外出务工经历。

### （3）城镇化意愿

事实上小商贩群体的主体是城中村和近郊的居民。从生活方式、收入来源上分析，这些商贩中大部分（63.33%）已经实现了本地城镇化（图6-1）。少数外来农户也有着非常强烈的城镇化意愿，在扣除已经城镇化群体的情况下，未来希望搬进城里的比例也超过60%。

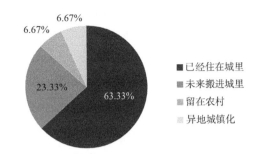

图6-1 小商贩群体的城镇化现状与意愿统计图
数据来源：非正规就业群体访谈

### 6.2.3 出租车司机群体

#### （1）生活、就业方式

出租车司机属于典型的自雇佣群体。目前在周口市开出租车的以下辖各县的返乡务工人员居多。他们大多曾经在杭州、厦门一带开过出租车，回到周口市，依然做着开出租车的工作。

**访谈案例6-2——出租车司机许师傅**

出租车司机许师傅是淮阳县许湾村居民，今年38岁，从2005年开始在厦门开出租车，干了7年。2012年返回周口，利用打工积蓄购买了出租车，花了25万左右，包括办营业执照的钱。现在每个月的收入大约在5000元，基本稳定。由于老家离周口市区比较近，他每天都回农村自己的家里住。家里还有4亩地，妻子在家经营，其中3亩地种黄花菜，1亩地种麦子，农忙的时候自己也会帮忙。黄花菜的收入还可以，一年能有2万元左右。儿子今年11岁了。他已经在周口市东新区买了新房，每平方米2500多元，今年年底（2015）就能交房，准备过两年搬到城里住，这样孩子就能在城里上中学了。家里的地就交给父母种或者是流转出去。

#### （2）主要特征

笔者利用日常乘坐出租车的机会，在两年的时间内先后随机调查了31个出租车司机，主要数据如下表6-4。

性别上看，男性28人，女性3人，男性占90.32%为绝对主体，个别女性司机也是和丈夫进行双班经营的。从年龄来看，出租车群体以中年人为主，其中31~40岁的占

出租车司机群体基本情况　　　　　　　表6-4

| 指标 | 选择 | 数量（个） | 比例（%） |
|---|---|---|---|
| 性别 | 男 | 28 | 90.32 |
|  | 女 | 3 | 9.68 |
| 年龄 | 18~30岁 | 4 | 12.90 |
|  | 31~40岁 | 14 | 45.16 |
|  | 41~50岁 | 10 | 32.26 |
|  | 50岁以上 | 3 | 9.68 |
| 外出务工经历 | 有外出务工经历 | 27 | 87.10 |
|  | 无外出务工经历 | 4 | 12.90 |

数据来源：非正规就业群体访谈

45.16%，41~50岁的占32.26%。由于购买出租车、办理营业执照需要一次性支出20多万，因此这部分人大多（87.10%）有10年左右的外出务工经历，利用务工的积蓄购买出租车。

在周口市区开出租车，月平均收入普遍在4000~5000元，还是比较高的。但如果考虑20多万的一次性购车和办理营业执照的费用，按照8年的使用期折旧，则每个月的成本还要增加2000元左右，则实际月收入约为3000元。

（3）城镇化意愿

约有32.26%的出租车司机已经通过在城镇购房实现了本地城镇化，还有48.39%的人表示会在未来几年进行城镇化，选择继续留在农村的仅有19.35%（图6-2）。

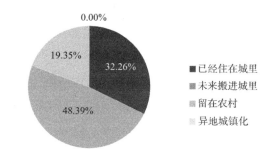

图6-2　出租车司机群体的城镇化现状与意愿统计图
数据来源：非正规就业群体访谈

### 6.2.4 建筑装修工群体

（1）生活、就业方式

近年来随着城镇的快速拓展和房地产业的发展，在本地就业的建筑工和装修工数量也有很大增长。建筑工人以城市近郊的农村居民为主，多是靠地缘、亲缘关系组织起来的，也就是村内或邻村有人牵头，形成一个小的队伍，承包一些本地的建筑、装修工程。工资是按天计算、按月结算的，一般每天100~150元，根据工种、劳动时间略有不同，所以月收入大体在2500~4000元。时间安排相对自由，有事情可以请假。近郊的工人可以骑摩托车每天回家住，稍远的也可以每周回家1~2次。

**访谈案例6-3——建筑工张师傅**

张师傅是商水县练集镇农民,今年44岁,原来曾经在洛阳、平顶山等地做建筑。他说:"我也不会什么技术,主要就是干力气活。在外面生活比较苦,那些年还经常拖欠工资,过了40岁就没再出去了。跟着邻村的一个工头,在本地的工地上干活。平均每月收入3000元左右。平均每周回家两次,帮家里照看一下,家里有事也可以请半天或1天假。家里有6亩地,妻子在家种地。两个儿子,大儿子21岁,去年才结婚,小儿子17岁,在周口职业技术学院上学。"

张先生说:"儿子马上毕业了就得给他说对象。现在要找对象,最好是在城里有个房,所以自己现在最大的动力就是挣钱给儿子在城里买个房子。"对于未来的期望,他认为:"年龄大了,在外面干不动了就可以回农村养老了。在农村也不一定要干啥吧,种点地,够自己吃就行了。"

（2）主要特征

笔者在不同工地走访了33名周口本地建筑、装修工人（表6-5）。年龄方面,40~50岁的人最多占到45.46%,其次是31~40岁的占39.39%,超过55岁,除非是具有特殊技能,否则很难从事建筑、装修的工作。由于建筑、装修的工作强度大,因此没有女性参与。72.73%的从业人员有外出务工经历。

建筑装修工人群体基本情况　　　　表6-5

| 指标 | 选择 | 数量（个） | 比例（%） |
|---|---|---|---|
| 性别 | 男 | 33 | 100.00 |
| | 女 | 0 | 0.00 |
| 年龄 | 18~30岁 | 4 | 12.12 |
| | 31~40岁 | 13 | 39.39 |
| | 41~50岁 | 15 | 45.46 |
| | 50岁以上 | 1 | 3.03 |
| 外出务工经历 | 有外出务工经历 | 24 | 72.73 |
| | 无外出务工经历 | 9 | 27.27 |

数据来源：非正规就业群体访谈

（3）城镇化意愿

建筑装修工的本地城镇化意愿在三个群体中是偏低的,从样本统计来看,选择未来继续留在农村的比例高达54.55%;目前仅有9.09%的建筑、装修工人实现了本地城镇化;其余33.33%的人有本地城镇化的意愿（图6-3）。

造成建筑、装修工城镇化意愿偏低的原因与其工作强度、性质有关。调研中很多工人在谈到未来打算时说"老了，干不动了，在城里找不到合适的工作了，就回村里呗"。不同于商贩和出租车群体，由于建筑、装修行业对从业者的体力、年龄有更为严格的限制，导致从业者随着年龄增大，而又没有其他技能适应城市就业的情况下，只能返回农村，因此城镇化意愿偏低。

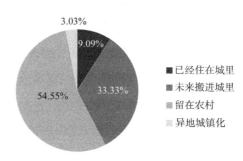

图6-3 建筑、装修工群体的城镇化现状与意愿统计图
数据来源：非正规就业群体访谈

### 6.2.5 非正规就业群体特征总结

通过综合比较上述三类非正规就业群体的性别、年龄、城镇化意愿，可以得出传统农区的非正规就业群体以中年男性为主，大部分有外出务工经历，且收入较高等特征。

（1）收入水平较高

周口本地城镇非正规就业人员，虽然根据其所从事的具体工作类型、收入水平有所不同，但是整体上来看，他们的收入水平并不低于在企业打工的收入，如出租车司机月收入4000～5000元，一般建筑、装修工人月收入3000元，高于FX、DY集团等企业的平均工资（表6-6），也高于周口市城镇居民的人均可支配收入1752元[①]。

不同就业方式月收入比较表　（单位：元／月）　　表6-6

| | 出租车 | 建筑工 | 小商贩 | 门面店铺 | 西华FX | DY集团 | SH纺织 |
|---|---|---|---|---|---|---|---|
| 收入 | 4000～5000 | 2500～4000 | 2000～3000 | 3000～5000 | 2371 | 1827 | 2398 |

数据来源：非正规就业群体访谈

（2）中年男性为主、大部分有外出务工经历

非正规就业群体以男性为主，其中出租车司机群体90%以上为男性，建筑、装修工群体更是几乎100%为男性。而小商贩群体以城市内部居民为主，也就是由于商贩工作时间长，往往会有家庭内部多人参与其中，因此就业呈现家庭化特征，男女大体比例相当。年龄结构上以中年人为主，小商贩、出租车司机和建筑、装修工三个群体中，

---

① 2015年周口市城镇居民人均可支配收入21019元，按12个月计算，折合为月收入为1752元。

31~50岁的从业人员占比分别为76.67%、77.42%和84.84%。非正规就业者大部分都有外出务工经历，其中出租车司机中有87.10%曾在外务工，大部分也是开出租车；建筑装修工人次之，曾经外出务工的占72.73%；由于小商贩群体以城市内部居民为主，因此有外出务工经历的较少约为40%。

非正规就业群体以中年男性为主，且大部分有外出务工经历这一特征反映出很多非正规就业者是利用外出务工的资金和技术积累，返乡后从事非正规就业的。一方面，非正规就业高强度、高流动性的特性，决定了男性为主的就业结构；另一方面中年男性是家中最主要的劳动力，承担着家庭主要的经济压力，这也逼迫他们进入收入更高的非正规部门打拼。相应的在企业打工虽然收入偏低，但是时间固定、收入稳定，因此更多地吸引女性就业。女性进入企业打工，男性在城镇从事非正规就业，在某种程度上契合了家庭内部的劳动分工，共同支撑着本地城镇化的发展。

（3）与大城市非正规就业差异明显

通过研究非正规就业群体的各种特征，可以发现传统农区城镇的非正规就业与人们印象中的大城市农民工的非正规就业有着明显的差别（表6-7）。大城市中农民工从事的装修、出租车等行业的收入确实显著低于本地正规就业门类；尤其是在不能落户的情况下，更面临着就业稳定性差、缺少社会保障、被歧视等问题。但是传统农区的经济发展落后，高收入的就业岗位较少，使得非正规就业的收入还略高于在本地企业打工。在城市空间利用方面，不同于在大城市外来非正规就业群体主要租住在城乡结合部的城中村；由于非正规就业人员本身就是本地人，他们可以在家乡的城镇中平等地享受各种公共服务；可以在城镇购房，也可以采用城乡通勤的方式继续在农村居住；不存在被边缘、被歧视等问题。

**大城市与传统农区城镇非正规就业群体比较表**　　表6-7

| 特点 | 大城市的非正规就业 | 传统农区的非正规就业 |
| --- | --- | --- |
| 就业者来源 | 外来人口 | 本地人 |
| 收入水平 | 明显低于本地正规就业 | 持平或高于本地正规就业 |
| 从事行业 | 小商贩、出租车、建筑、保姆等 | 小商贩、出租车、建筑等 |
| 居住地点 | 租赁廉价住房 | 自己家中 |
| 城市空间利用 | 边缘地区 | 城市中心区 |

因此，传统农区城镇的非正规就业并没有不稳定、低收入的问题，也不存在被边缘、被歧视等社会隔阂，很大比例上是"自雇佣""没有签订劳动合同"的灵活就业方式，并且是推动、支撑传统农区城镇化的重要力量。

### 6.2.6 非正规就业农户的城镇化意愿

（1）城镇化意愿总体较强，行业差别明显

对笔者访谈的94个非正规就业样本进行统计分析可以发现，整体上非正规就业群体的城镇化意愿较强，有34.04%已经生活在城里实现了城镇化，此外还有35.11%的就业者有本地城镇化的意愿，3.19%的就业者想到周口以外地区城镇化，27.66%的就业者希望继续生活在农村（表6-8）。

受访非正规就业群体城镇化意愿统计表　　　　表6-8

| 选择 | 商贩群体 | | 建筑装修工群体 | | 出租车司机群体 | |
|---|---|---|---|---|---|---|
| | 数量（个） | 比例（%） | 数量（个） | 比例（%） | 数量（个） | 比例（%） |
| 已住在城里 | 19 | 63.33 | 3 | 9.09 | 10 | 32.26 |
| 未来搬进城 | 7 | 23.33 | 11 | 33.33 | 15 | 48.39 |
| 留在农村 | 2 | 6.67 | 18 | 54.55 | 6 | 19.35 |
| 异地城镇化 | 2 | 6.67 | 1 | 3.03 | 0 | 0.00 |

数据来源：非正规就业群体访谈

但不同行业的城镇化意愿存在明显差异，其中小商贩群体最强，出租车司机次之，最后为建筑装修工人，这与其收入、所从事行业对城市空间的依存性有一定关系。由于商贩群体本身就以城中村居民为主，因此其中63.33%已经实现城镇化，未来希望搬进城中生活的也达到23.33%。出租车群体已有32.26%实现了城镇化，还有48.39%的司机希望尽快搬到城里，希望留在农村的约为19.35%。而建筑装修工人群体的城镇化意愿偏低，现状只有9.09%实现了城镇化，未来希望城镇化约为33.33%，而有54.55%的人表述将来还会生活在农村。这主要是因为建筑、装修工劳动强度较大，随着年龄的增加很多人会逐步退出，并返回农村。

（2）与企业就业人员相比，非正规就业群体的城镇化能力和意愿更强

相较于企业打工群体，现实中非正规就业群体的城镇化能力和意愿、需求都更高（图6-4）。其中，非正规就业群体中希望本地城镇化（含已实现城镇化）的比例高出企业就业群体约22个百分点，同时留在农村的意愿低15.58%。而异地城镇化较低（3.19%）也说明非正规就业群体对本地城镇的生活状态较为满意，不再谋求外出。

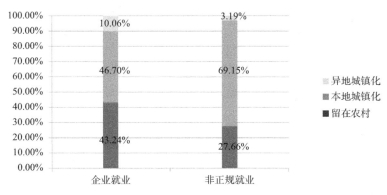

图6-4 正规就业群体与非正规就业群体城镇化现状与意愿比较图
数据来源：非正规就业群体访谈和企业员工问卷调查

## 6.3 机制分析：非正规就业支撑城镇化的动力机制

### 6.3.1 经济因素：较高的收入、较强的技术或资金积累性支撑城镇化

首先，非正规就业能为从业者提供较高的收入，有助于支撑其城镇化。如前文所述，非正规就业群体的平均收入高于在本地企业打工的收入，也高于周口市城镇居民的人均可支配收入。事实上很多非正规就业并不等于低收入和无保障，如张磊、张秀智（2013）指出的非正规就业并不是被迫的，恰恰相反是劳动者根据自身的技能和掌握的资源，综合比较在非正规和正规部门就业的收益与投入成本进行的"理性"选择，其中有为了避免在企业中受到压迫的原因，也有自己创业时间活动自由的原因。因此从结果上看，很多非正规就业者的实际收入可能还要高于他们从事正规就业的工资。较高的收入使得非正规就业群体往往更有经济实力在城镇购房定居，对本地城镇化有较强的支撑和促进作用。

其次，非正规就业，尤其是自雇佣式非正规就业往往有较好的技术或资金的积累性，具有较明确的发展前景，这也使其从业者更愿意进行城镇化。调研中发现很多年轻人之所以不愿意进企业打工，而更倾向于做买卖、搞装修，除了企业收入偏低外，更多是出于对个人未来发展、人生安排的考量。转移到农区的成熟型劳动密集型企业，显然并不能为年轻人提供具有职业前途的技能，也形不成有效的人力资本积累。事实上，进入企业打工对年轻人来说很难成为人生发展的阶梯和社会地位晋升的渠道（张世勇，2013）。调研中，一位从事装修的小伙子清晰地讲述了他从企业打工转向非正规就业的历程。

**访谈案例6-4——装修工人单先生**

单先生，河南省淮阳县新店乡人，28岁，曾有5年外出务工经历，先在苏州经济开发区打工3年，后来又去了浙江义乌打工2年。25岁结婚后就在周口本地跟着同村的包工头给人干装修工作。他说："也不是因为结婚了，舍不得老婆才待在周口的，出去打工有啥意思呢？我之前在苏州LED企业干了3年，就是操作机器，后来他们买了新机器，减少了员工，就被辞退了。出了企业就发现干了三年，就会摆弄那几个机器，别的还是啥也不会，找工作还是得从小工干起。后来又去了温州一个电气厂，干了两年。其实现在那边工资还真是不低，我回来前能拿到一个月4000吧。那又怎么样呢，自己还是没什么本事啊。还不如我同村的哥们儿，人家跟着叔叔干了几年装修，现在都能当二头了，各种活都能接。"

显然在这个小伙眼中，工厂的技术培训远不如干装修的技术含量高。事实也确实如此，从笔者在西华FX、周口DY集团等企业的调研来看，培训三天就能上岗，工作两周就能算熟练工是普遍的现象，确实很难起到积累劳动技能，提升人力资本的作用①。这种情况对于中年农村妇女具有一定吸引力，但显然不能满足年轻人的需求。

反之，装修、出租车等非正规就业行业更具有人力资本积累的积极作用。装修工人从小工干起，一般的工种包括砌砖、刷墙、吊顶、找平、铺地板等，技术含量较高的有卫生间防水、房间布线，比较聪明的可以学习木工。看似不正规的行业，实际上却被细分为很多小项，会根据劳动时间和技术的积累，逐步学习提升，工资也会随着工种的不同而增加，整体上给劳动者明显的成就感和希望。同理，做小买卖也可以通过人脉、资本的积累实现规模的扩张，存在着从小老板向中老板、大老板升级的可能。对于一些有经营思路和人脉关系的人，还可能发展起自己的事业。

总之，自雇佣式非正规就业在收入上整体高于在企业打工，也为个人的发展提供了广阔的前景。这正是非正规就业能够吸收更多男性就业，并支撑农户城镇化的重要原因。

### 6.3.2　家庭因素：子女教育是促使家庭城镇化的重要原因

与前几章分析的外出务工农户、本地企业就业农户类似，考虑子女教育也是促使非正规就业农户本地城镇化的重要原因。笔者对访谈的出租车司机和建筑装修工两类群体中已经实现了城镇化和有城镇化意愿者的城镇化原因进行统计分析（表6-9），发现"子女接受良好的教育"占比均超过60%，明显高于"就业方便"和"改善家庭生活条件"

---

① 参见上一章第5.2.2节"技术培训不足，年轻人依旧大量外出"的章节。

表6-9　出租车司机、建筑装修工人城镇化原因统计表①

| 城镇化原因 | 出租车司机 | | 建筑装修工 | |
|---|---|---|---|---|
| | 个数 | 占比（%） | 个数 | 占比（%） |
| 子女接受良好教育 | 16 | 64.0 | 9 | 62.3 |
| 就业方便 | 12 | 48.0 | 6 | 42.9 |
| 改善家庭生活条件 | 7 | 28.0 | 5 | 35.7 |
| 其他 | 1 | 4.0 | 0 | 0 |

数据来源：非正规就业群体访谈

两个选项。"为了孩子能上个好学校，还是需要在城里买房""进城主要是为了孩子能在城里读书，城里的教育水平比农村还是强很多的"是非正规就业群体在回答为什么要进行城镇化时给出的频率最高的答案。

从农户家庭理性的角度考虑，在家庭普遍少子化的情况下，支持子女教育成为农户最重要的投资；也是农户在解决基本生存问题后最为关注的问题，一定意义上农户将子女的发展作为自我实现的方法，希望通过自己的努力为子女创造最好的条件，从而使家庭获得更好的长远发展。

**访谈案例6-5——陪读兼小商贩陈女士**

陈女士，42岁，河南省项城市秣陵镇农民。儿子在项城高中读书，自己到城里陪读并做小买卖。她说："我家孩子去年开始在这里读高中，这可是重点高中，考进来不容易。想着孩子考大学是大事，我们就在这里租了房子。家里就一个孩子，学习成绩也一直挺好的，考上了县里的高中，我干脆就过来照顾他，监督他好好学习。现在我每天早晚出摊，卖鸡蛋灌饼，每个月收入不到2000元。学校周边租房子贵，我们租了一室一厅，每个月要900多呢……贵就贵吧，只要孩子能考上大学，啥都值了。他爸在外面跑大车（长途货运），收入也还可以……也考虑过在城里买房子，不过有点晚了，孩子还有两年就考大学了，他去上学了，我们还住在城里意思也不大，可能还会回到村里吧。我家孩子成绩好，估计上大学毕业后也不太可能回项城了，不像有些孩子不争气，父母得在城里买个房子，孩子结婚也用得上……"

这个案例中母亲为了照顾在城里上学的孩子，干脆到城里租房、陪读，并从事非正规就业（小商贩）获取一定收入补贴家用，从而实现了家庭暂时的城镇化。整个过程

---

① 本题可多选，因而各选项占比之和大于100%；由于商贩群体以城市居民为主，故未对其城镇化原因进行分析。

中，社会理性主导下的子女就学是促使家庭城镇化的核心动力，而非正规就业是支撑其城镇化的有效经济手段之一。

### 6.3.3 空间因素：较强空间依赖性与城市适应性

除了上述经济因素和家庭因素外，行业本身的特性也决定了非正规就业有更强的空间依赖性，因此其就业者往往有较强的城市适应性。某种意义上，小商贩、出租车等非正规部门正是由城市中人口、经济活动的高度聚集而产生的，因此这些非正规经济离不开城市空间。相较于正规就业，非正规就业更需要城市空间的支撑，从业者在城市中的活动更为丰富，接触的人也更多。正是这种对于城市空间的高度依赖性，直接导致非正规就业群体总体上较企业打工人员有更强的城镇化需求与意愿。

如前文所述，小商贩群体中大多数是住在城市中的，出租车司机更是主要在城市中运营，呈现出高度的流动性，建筑装修工日常活动空间也均主要集中在城市中。相比之下，在DY集团、FX等大企业打工的人员的日常活动更多是在厂区内部和城乡之间，与城市的联系较少。通过对比典型的企业就业人员和非正规就业人员日常的时空路径（图6-5），可以分析他们对城市空间的利用和依赖程度的差别。

**访谈案例6-6——装修工人王师傅**

图6-5上图反映的是家住川汇区李埠口村的装修工王师傅典型日常活动的时空路径图。王师傅今年36岁，早年曾在北京打工，开始在建筑工地，后来又去了装修公司，10多年在外务工，培养了他较强的装修、施工技能。2008年在妻子生下小儿子后回到周口本地，与表哥一起干装修。笔者追踪记录了他一天的工作活动。早上6:30起床，吃过早饭后，7:30左右骑摩托车送小儿子上学（儿子没有在村里、镇里读小学，而是到邻近的周口市开发区上小学）。送完儿子后，就顺路去七一路东段的工地，一上午都在工地劳动。中午步行到小饭店吃饭。午饭后开上小货车，先路过银行取钱，而后去火车站边的建材市场购买一些建材。下午3点多，拉着一车建材，先到另一处工地，卸下部分，并查看装修进度，约5点，回到七一路工地，卸下其余建材。晚上6点左右，骑摩托车回家，路过黄淮大市场，顺便买些肉。晚上7点前后到家吃饭。王师傅自己说："现在手上三个工地，每天的工作地点不固定，经常要在几个工地和建材市场之间跑，手下6个工人也会根据工种、进度不同在几个工地之间互换。"

王师傅的日常活动中，除了居住在村庄外，其他所有活动基本都是在城市进行的，如送孩子上学、到建材市场购买建材、银行取钱，乃至为家里购买副食等。王师傅自

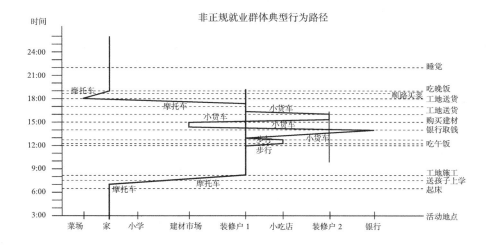

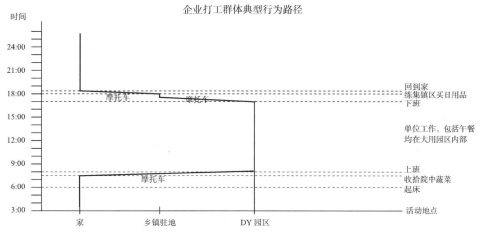

图6-5 非正规就业人员（上）和企业就业人员（下）一日活动时空路径图
数据来源：非正规就业群体访谈

己说，"现在买东西基本都在城里了，就连买菜、买肉都在城里的批发市场或是大超市了，毕竟比村里小店品种多，也不贵。周末也会带孩子来城里的超市逛逛，在商场的游乐场玩上半天。"可见他乃至全家除了是居住在近郊的农村中外，大部分生活都已经城市化了，和市民同样的享受城市的各种公共服务。

**访谈案例6-7——DY集团员工田先生**

图6-5反应的是商水县练集镇农民田先生一天的活动。田先生，男45岁，曾多年在东莞玩具厂打工，2010年返回本地，现在在周口DY集团工作。每天上午7点半从家里出来，8点前到厂，中午在厂内吃饭，下午5点下班后，直接骑电动车回家，回家的路上路过练集镇镇区，有需要的话会去镇上的超市买些日用品、银行存取钱等。他自己说："城里不熟，还是在镇上、村里觉得人更熟络。"

上述比较可见，非正规就业群体和企业就业人员日常对城市空间的利用方式、强度存在着明显的差异。因为大多数非正规就业群体日常的工作与生活都需要城市空间和功能的支撑，因而更深程度地嵌入了城市中，从而产生更强的城市适应性，并激发出更强的城镇化意愿。而企业打工人员在城市的活动往往局限在厂区内部，缺少与城市的联系，因而很多人的生活重心依然在乡村。

美国学者沃斯（Wirth，1938）最早提出"城市性"的概念，认为城市性本质上是一种生活方式。伊比拉赫姆（Ibrahim，1975）进一步将"城市性"表述为城市人的观点、行为模式及其创建并参与的组织网络的质的变迁。新型城镇化的核心是人的城镇化，而要实现人的城镇化，除了解决就业、生活、基本公共服务等问题外，更需要其参与者能够真正融入城市社会，适应城市的生活方式，即城市性的习得过程（郭强、黄华玲，2012）。梁鹤年（2014）从"城市人"理论出发，认为以人为本的城镇化的关键就是通过增加人与城市（包括人与环境）的接触机会，来提高人与所在城市的匹配程度。从这个视角分析，非正规就业者广泛深入地接触城市，显然更有助于他们习惯城市生活，获得必要的城市性，因而比企业打工群体更易于实现城镇化。

### 6.3.4 动力机制：社会理性、经济理性与空间需求共同促进农户城镇化

综合上述分析，经济因素、家庭因素和空间因素是促进非正规就业农户城镇化的三个重要方面。经济因素反映的是农户的经济理性；非正规就业能够提供较高收入，在资金和技术方面又具有较强的积累性，从而吸引家庭男性主要劳动力就业，在经济条件上能够支撑家庭完成本地城镇化。家庭因素反映的是农户的社会理性，农户希望子女接受更好的教育，实现劳动力价值的提升和家庭的持续发展，成为引导农户城镇化的动力。同时非正规就业本身对城市空间有较强的依赖性，因此就业者天然需要居住在城里，而长期与城市空间的接触又使得非正规就业人员的城市性较强，能够很好地适应城市生活。

因此综合来看，非正规就业之所以能够有效地支持、促进本地城镇化的发展，关键在于它可以较好地整合农户的社会理性、经济理性，使两者在本地城镇这一空间达到统一。由于非正规就业需要密切地依靠城市空间，搬到城镇定居可以节省他们的时间，增加其就业机会，因此他们有更为强烈的城镇化意愿。而非正规就业收入较高，相比之下农村土地和宅基地的经济价值则可以忽略。同时在家庭社会理性方面，子女教育也指向城市定居。因此对非正规就业家庭而言，实现城镇化可以同时满足其就业的空间需求、家庭经济理性和社会理性，是最优化的选择，形成三方面的合力（如图6-6）。

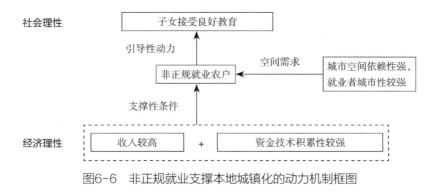

图6-6 非正规就业支撑本地城镇化的动力机制框图

## 6.4 模式总结：非正规就业支撑的城镇化模式

如前文分析，传统农区城镇中的非正规就业数量庞大，占全部非农就业岗位的70%以上。无论是较高的收入支撑上，还是由于对城市空间有着高度的依赖性，从而产生较强的城镇化需求上看，非正规就业都对促进传统农区的城镇化发展起着重要作用。

### 6.4.1 非正规就业支撑的本地城镇化模式

通过考察非正规就业者的生活轨迹，可以概括出非正规就业农户城镇化过程为"外出务工实现资本积累——返乡从事非正规就业——城镇购房——实现城镇化"。大量外出务工的农民，通过"干中学"实现资本和技术积累（吴炜，2016）。无法在打工地落户实现异地城镇化的农户，会选择返回周口，利用打工过程中学习的技术或积累的资金，从事出租车、小买卖等自雇佣式非正规就业。这些就业门类需要打工的积蓄作为前期投入，也需要一定的技术、能力和社会资源来支撑。非正规就业支撑的城镇化是农户

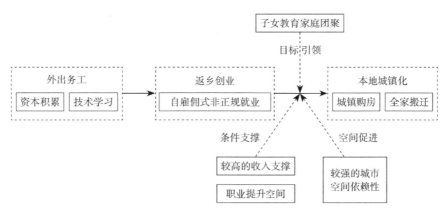

图6-7 非正规就业支撑的城镇化模式图

最大化利用自身劳动力价值和社会资本的一种方式。由于非正规就业普遍需要城市空间的支撑，行业本身又能提供较高的收入支撑，因此这些人会优先考虑在城镇购房，并逐步将全家转入城镇，实现从就业到生活的全面城镇化。

整个过程中，外出务工为农户返乡从事自雇佣式的非正规就业提供了必要的资金和能力支持；支持子女就学、改善家庭生活条件的社会理性是农户城镇化的重要目标；非正规就业能够提供较高的收入成为他们实现本地城镇化的重要支撑条件；非正规就业对城市空间的依赖成为促使他们进行本地城镇化的重要诱因。

### 6.4.2 农户非农就业组合支撑的本地城镇化模式

本章的研究证明了传统农区城镇非正规就业以中年男性为主，结合上一章分析的企业就业人员以女性为主的结论，可以发现两者之间存在内在关联，一些农户男性劳动力在城镇从事非正规就业，女性劳动力在企业打工，不同家庭成员的就业都集中在本地城镇。显然在家庭男性与女性劳动力都实现本地城镇就业的情况下，农户进行城镇化的意愿与条件都更为成熟，从而形成家庭非农就业组合支撑的本地城镇化模式。

因此，在产业转移和本地非正规经济蓬勃发展的背景下，过去男性外出务工，女性留守农村的异地不完全城镇化模式得以突破，形成了以农区本地城镇（主要是县城）为空间载体，女性在企业就业，男性从事非正规就业，不同家庭成员的非农就业都在本地城镇得以解决，进而促进了家庭完全城镇化的情况。显然这种家庭非农就业组合支撑的本地城镇化模式既实现了主要劳动力的充分就业，也有利于家庭团聚，是各种城镇化模式中最为稳定健康的，也是未来农区城镇化发展的方向所在。

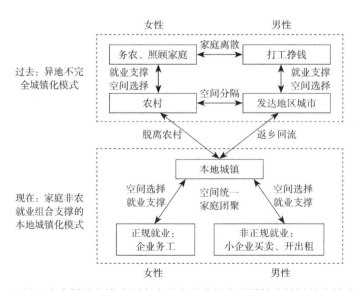

图6-8 异地不完全城镇化模式到家庭非农就业组合支撑的本地城镇化模式转变图

## 6.5 延伸讨论：重视非正规就业对农区城镇化的作用

农区城镇非正规就业普遍发展，有其产业基础薄弱，正规就业不足的原因，也有本地人口基数巨大、服务业需求旺盛等原因。但从农户的角度分析，就业者之所以选择非正规就业，是根据其自身能力素质、人脉资源、市场环境做出的主动选择，这符合新自由主义对非正规就业现象的解释，即非正规就业是劳动者在市场竞争条件下的自主选择，是追求自由、创造的企业家精神的体现（Snyder，2004）。结合上一章的研究，由于产业转移创造的企业就业岗位的发展性差、收入偏低，因而对优质劳动力缺乏吸引力，形成以女性为主的就业结构；而非正规就业则以中年男性为主，成为支撑家庭收入与城镇化的重要动力。这在一定程度上也符合新马克思主义的观点，即在经济全球化的背景下，资本与地方的结合，造成就业岗位质量下降，逼迫部分劳动者用脚投票，选择非正规就业（Biles，2009）。

虽然近年来非正规就业在城镇就业中的比重越来越高，对缓解就业压力、为居民提供多样的生活服务等起到了积极作用，在以周口为代表的传统农区，非正规就业已经成为最主要的就业形式，并且在事实上支撑着农户的本地城镇化，但对于非正规就业的政策支持与保障却明显不足。相关研究没有注意到传统农区非正规就业与大城市非正规就业的差异性（前文表6-7），惯性地认为与大城市非正规就业的问题类似，也伴随着居住的边缘化、生活"孤岛化"以及社会认同的"内卷化"等问题（王春光，2006），因而忽略了非正规就业对于传统农区本地城镇化的重要支撑作用。正是由于对非正规就业及其城镇化作用的忽视，致使大部分促进农区发展、城镇化的政策都是针对产业转移、企业发展的。而且农区城市通常以大城市为榜样，提出高标准规划、高档次建设；以改善市容市貌为由，限制小商贩的活动；以成规模、上档次为目标，对现有市场进行升级改造。其结果往往造成运营成本上升，遏制了非正规就业的发展。

因此，应充分认识到非正规就业对传统农区城镇化发展的重要意义，以及其存在的必然性。政策的制定必须针对传统农区的实际情况，农区城镇化的对象是大量教育程度、竞争力一般的农户，需要的是和他们的劳动技能相适应的就业岗位。因此，政府应及时调整相关政策，给非正规就业充分的空间支撑和政策支持，着力提高城市的包容性，探索低成本的城镇化发展路径。

## 6.6 本章小结

本章首先利用周口市历年的统计年鉴和2004年、2008年、2013年三次经济普查的数据，对城镇非正规就业的数量进行了估算。研究发现近年来正规就业的比例虽然有小幅上升，但非正规就业占全部城镇就业的比重一直在70%以上，是传统农区城镇非农就业的绝对主体。

结合我国非正规就业的行业分布的一般规律和周口市自身的特点，研究选取小商贩、出租车司机和建筑装修工群体作为代表，通过深度访谈，了解他们的生活方式、主要特征和城镇化意愿。研究发现虽然不同行业的从业人员有一定差别，但总体上非正规就业群体以中年男性为主、收入较高、城镇化意愿和能力较强。相较于在企业打工，开出租、经营小买卖、搞装修等非正规就业具有更强的技术、资金积累性，有利于个人长远的发展，因此更能吸引男性就业。由于非正规就业本身需要城市空间支撑，因此非正规就业群体有较强的城市依赖性，这也使他们更容易获得城市性，城镇化意愿也更强。同时，非正规就业的收入较高，普遍高于本地企业和城镇居民人均可支配收入，因此他们有更强的经济实力进行城镇化。

本章进一步概括出非正规就业支撑城镇化的路径为"外出务工实现资本积累——返乡从事非正规就业——城镇购房——实现城镇化"。整个过程中，外出务工为劳动力从事自雇佣式的非正规就业提供了必要的资金和能力支持；支持子女在城镇就学、改善生活条件的家庭社会理性是农户城镇化的引导性动力；非正规就业能够提供较高的收入成为他们实现本地城镇化的重要支撑条件；而非正规就业对城市空间的依赖性成为他们进行本地城镇化的重要诱因。结合上一章企业就业群体主要为中年女性的研究结论，考虑到家庭劳动力的组合关系，男性劳动力在城镇从事非正规就业，女性在企业打工，不同家庭成员的就业都集中在本地城镇，形成了家庭非农就业组合支撑的本地城镇化模式，从而明显促进家庭的城镇化。最后从政策制定的角度，提出传统农区要重视非正规就业对城镇化发展的支撑作用，结合地方实际探索多元、包容的城镇化路径。

# 第 7 章
## 农业就业农户城镇化研究

传统农区最主要的特征就是农业占据主导,农业收入依然是一般农户重要的收入来源之一;这种情况下农户的生活方式明显地受到农业现代化进程与农业生产方式的影响。根据农户从事农业的类型、投入劳动力的情况,可以分为核心农户、留守农户与兼业农户等主要类型。其中兼业农户与前三章讨论的外出务工、本地企业就业和非正规就业农户存在着一定的互构关系,即上述三种非农就业农户也都可能是兼业农户,他们并未实现完全城镇化,其家庭的部分成员依旧居住在农村,从事农业生产。本章将重点研究农业现代化进程如何影响农业就业农户的生活方式与城镇化意愿,尤其是对兼业农户中依旧留在农村的家庭成员的影响,与前几章从非农就业角度的研究相互印证,从而更全面地理解农户城镇化行为与动力。

## 7.1 宏观环境：传统农区的农业现代化进程

国家从2004年开始陆续出台了多个一号文件，支持农业现代化发展、农民增收和农村建设。免除农业税、降低农民负担、设立粮食最低收购价、实行粮食直补等政策，极大地调动了农民种粮的积极性，2004～2015年周口的粮食产量实现十二连增。同时国家大力投资农田水利建设、开展基本农田整治，农业生产条件得到明显改善。随着农产品交易流通体系的完善，各种农产品交易市场充分发展，在市场价格机制的引导和供给侧改革政策下，农业种植结构逐步优化。种粮大户、家庭农场、合作社等新型农业经营主体明显增加，土地流转规模也快速扩张。

### 7.1.1 农业生产条件不断改善

作为粮食主产区，得益于国家政策和资金的大力支持，周口的农业生产条件不断改善（表7-1）。农业方面的固定资产投资持续增加，从2008年的11.98亿元增长到2016年的176.35亿元，重点建设"两区一体系"，即粮食生产核心示范区、现代农业示范区和农业服务体系。通过高标准粮田建设、农业科技推广、农业科技服务等措施，改善农业生产条件，提高粮食产量。2015年周口市有效灌溉农田超过920万亩，其中旱涝保收田

2003～2015年周口市农业生产条件一览表　　　　表7-1

| 年份 | 农用机械总动力（万千瓦） | 机耕率（%） | 机播率（%） | 机收率（%） | 化肥施用折纯量（万吨） | 农村用电量（亿千瓦小时） | 农药施用实物量（万吨） | 农用塑料薄膜用量（万吨） |
|---|---|---|---|---|---|---|---|---|
| 2003 | 793.9 | 82.98 | 41.43 | 36.40 | 57.70 | 7.9 | 1.97 | 1.77 |
| 2004 | 836 | 83.97 | 43.01 | 37.33 | 61.19 | 8.47 | 1.77 | 1.87 |
| 2005 | 873.8 | 85 | 45.93 | 38.59 | 62.19 | 8.52 | 1.83 | 1.95 |
| 2006 | 908.9 | 86 | 46.11 | 39.94 | 62.88 | 9.77 | 1.92 | 2.05 |
| 2007 | 933.9 | 97.83 | 57.31 | 47.09 | 66.11 | 10.88 | 1.94 | 2.18 |
| 2008 | 976.5 | — | — | — | 68.4 | 11.57 | 1.98 | 2.08 |
| 2009 | 1024.9 | 99.58 | 61.28 | 47.26 | 71.25 | 12.17 | 1.86 | 1.84 |
| 2010 | 1064.16 | 100 | 67.05 | 47.59 | 74.13 | 13.2 | 1.89 | 1.85 |
| 2011 | 1094.24 | 100 | 71.1 | 60.62 | 72.96 | 14.1 | 1.92 | 1.92 |
| 2012 | 1119.66 | 100 | 74.3 | 67.1 | 73.34 | 14.57 | 1.87 | 1.88 |
| 2013 | 1143.72 | 100 | 74.52 | 67.15 | 75.25 | 15.3 | 1.92 | 1.92 |
| 2014 | 1043.2 | 100 | 74.89 | 65.51 | 80.05 | 15.7 | 1.80 | 1.97 |
| 2015 | 1197.94 | 100 | — | — | 79.84 | 17.0 | 1.85 | 1.96 |

数据来源：周口市统计年鉴（2004～2016）

达到670万亩。周口市的农用机械总动力从2000年的660.6万千瓦增长到2015年的1197.94万千瓦，增长近1倍，农业机械化水平显著提升。相应的周口的机耕率自2010年后就稳定在100%，机械播种率从2003年的41.43%增加到2014年的74.89%；机收率从2003年的36.40%提高到2014年的65.51%。正是机械化生产的普及使得种植小麦、玉米等作物的劳动强度大大降低，从而依靠老人、妇女等弱质劳动力就可以完成粮食生产。

同时，化肥、农药、农用塑料薄膜使用的数量都在显著增加，其中化肥施用量增长最快，从2003年的57.70万吨，增加到2015年的79.84万吨。从每公顷化肥施用量看，2008年全国平均为400千克/公顷，而周口为828千克/公顷，远高于国际化肥安全施用225千克/公顷的上限。有研究表明目前农药、化肥大量施用对于粮食增产的边际效益在明显降低（张利庠等，2008），并造成农业面源污染问题日益突出。

### 7.1.2 农业种植结构持续优化

周口市农业种植结构的调整是缓慢却明显的，体现在各项作物的种植面积和比例上，可以概括为"两增一减"，即粮食作物种植面积增加和蔬菜水果种植面积增加，而棉花、薯类等作物面积减小明显（图7-1）。以小麦、玉米为主体的，低附加值、低用工量的粮食作物的播种面积不断增加，从2003年的占总播种面积的48.81%，稳步增加到2015年的63.23%；同时高附加值、高用工量的蔬菜、瓜果的种植面积从2003年占总播种面积的14.15%，逐步增加到2015年的18.56%。而用工量和附加值介于两者之间的棉花、油料、小杂粮等作物的播种面积则持续减小，其中棉花面积的缩减最为突出，从2003年的16.96%减少到2015年的1.27%。

粮食作物面积的稳步上升主要有两方面的原因，其一是随着农村劳动力大量外流，

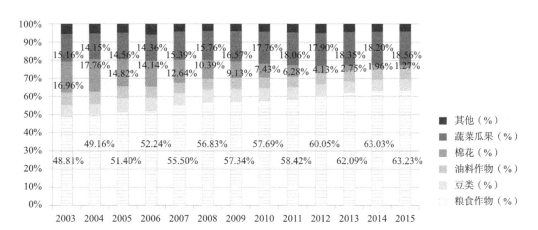

图7-1 周口市历年农业种植面积占比变化图

数据来源：周口市统计年鉴（2004~2016）

农业劳动力老龄化问题突出，老年人体力、精力有限，只能在机械化的支持下，从事用工量少的粮食生产；其二是粮食直补、最低收购价等政策的实施，使农户更愿意从事投入少、风险小的粮食生产。棉花、小杂粮等作物则由于用工量大、收益低、价格不稳定等原因而逐渐为农户放弃。

蔬菜水果种植面积的提升，主要得益于农业供给侧改革政策，以及社会消费水平升级带来的市场需求增加。从宏观背景来看，随着收入水平提升，我国居民食品消费结构正在快速升级转变，从传统的8∶1∶1转化为当下的5∶2∶3，即一半左右的粮食、20%的禽蛋肉食和30%水果蔬菜，而这种转换的终点可能是4∶3∶3（黄宗智，2010）。显然食品消费的升级已经影响到了传统农区的农业种植结构，导则蔬菜、水果的种植面积持续增加，从事蔬菜、瓜果种植的农户增多。而蔬菜瓜果的种植是高投入、高收益的劳动力与资本双密集型的农业，这些农户以农业收入为主，不需要外出打工，属于国家提倡的家庭农场模式[①]。

同时本地农业合作社和专业市场的发展也为特色农业种植提供了支持。周口市定位为豫东南商贸物流中心，其中农产品的商贸物流是发展重点。近年来，周口市大力建设农产品流通设施，初步形成了市、县、乡镇多级市场组成的农产品流通体系[②]，市场交易活跃，基本上解决了农产"买难"和"卖难"问题，使周口的农产品得以充分融入全国市场。在市场价格机制的带动下，部分农户不再种植粮食，转而种植蔬菜水果等高附加值的作物，推动农业种植结构的优化。可以预见，随着居民消费结构继续升级和农业供给侧改革的深入，在合作社、专业市场不断完善发展的基础上，农业种植结构也必将进一步优化，粮食作物的种植面积会有所减少；同时从事蔬菜、水果种植的家庭农场数量会持续增加，成为农业发展的重要方向。

### 7.1.3 土地流转市场初步形成

近年来随着农业现代化和城镇化进程的推进，周口市的农村土地流转总量快速增加。2010年周口市土地流转总量为89.9万亩，占耕地总量的比例约为8.87%，而2015年的流转总量增加到285万亩，占耕地总量的28.11%（图7-2）。

---

① 2013年中央一号文件首次使用家庭农场的概念，是指以农民家庭成员为主要劳动力，以农业经营收入为主要来源，利用家庭承包土地或流转土地，从事规模化、集约化、商品化农业生产的新型农业经营主体。
② 2010年建成的周口黄淮大市场为全国集散地农产品批发市场和农业部全国农产品价格监测点。市场总占地面积800亩，总建筑面积50万平方米，包含蔬菜、水果、水产、肉食、蛋奶、干鲜调味品、米面粮油、副食等八大交易区，并配套有检验检测中心、物流配送中心、电子交易中心等农业服务设施。

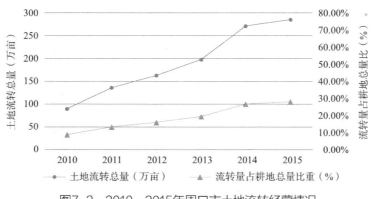

图7-2　2010~2015年周口市土地流转经营情况
数据来源：周口市农业局

随着土地流转规模的扩大，尤其是农业企业的进入，农村土地流转已经从最初的无偿交给亲戚朋友代种，象征性收取一定土地流转费用的阶段，发展到目前初步形成了土地流转市场和相对均衡的市场价格。土地虽然优先在亲戚朋友间进行流转，但大多数也都是按照市场价格进行流转的。现实中，土地的流转价格与流转后的用途直接相关，所种植作物的经济收益越高则流转价格也越高。笔者在周口的实地调查发现，农地流转种植草莓的价格一般为2000元/亩，大棚蔬菜的价格可达到1200~1400元/亩，种植茄子、辣椒等一般蔬菜的价格为700~800元/亩，粮食种植的流转价格400~500元/亩。对此村民的理解是"你种植收入高，那我包给你的价格自然也应该高些"。由于不同用途有不同的流转价格，因此除合作社、龙头企业外，普通农户间流转的土地大多数都只种粮食。特色种植的核心农户一般会在自家的土地上兴建大棚，种植高收益的作物，而流转来的土地还是以粮食为主，作为收入的一种补充，这在客观上减少了作物的非粮化，有利于国家粮食安全。

客观地分析，当下的土地流转价格相对于种植粮食的收益确实是比较高的。造成土地流转价格较高有多方面原因。其一是大量资本下乡建设现代农业园的热潮，推高了土地价格；其二是农户出于对土地的眷恋和安全心理考虑，对土地流转的收益要求也较高。从经济学视角分析，土地流转市场的形成，有助于进一步促进土地流转，实现农业实际经营规模的扩大，进而推动部分农户离农，进行城镇化。

## 7.2 微观主体：农户分化与差异化的城镇化意愿

### 7.2.1 农业劳动力基本特征

**（1）年龄偏大、教育水平较低**

受访者平均年龄为50.36岁，考虑到家里一般会派年轻人来答题，因此农村实际居住、就业人口的年龄可能会更高。受访者37.13%仅有小学及以下学历，50.90%为初中学历；教育水平明显低于外出务工和本地企业就业员工。

**（2）老人是最主要的农业劳动力，妇女和中年男性也占一定比例**

问卷统计显示，农户投入到农业的劳动力以55岁以上的老人为主，占比高达45.2%；其次为中年妇女，约为28.7%；而中年男性劳力也占到21.9%（图7-3），主要是一些从事特色种植的农户和部分农忙时返乡帮忙的打工群体。

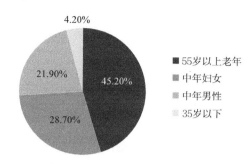

图7-3　农户实际投入农业生产的劳动力情况
数据来源：农户抽样调查

### 7.2.2　农业生产经营方式的转变

农户根据自身情况选择种植粮食作物或特色蔬果，形成了不同的农户类型。笔者通过考察农业生产方式的变化，总结出传统农区农业现代化发展的总体趋势，为后文讨论农户生活方式与城镇化模式提供依据。

**（1）机械化支持下家庭弱质劳动力从事粮食种植**

作为国家粮食主产区，小麦、玉米等粮食作物占周口种植面积的绝大部分。小农户是粮食种植的主体，典型的种植模式是小麦和玉米两季轮种。粮食种植的收益是很低的，但之所以近年来粮食种植面积、比例在传统农区持续增加，主要是因为在较高的农业机械化水平下，粮食生产只需要利用老年人、妇女等弱质劳动力就能够完成，这使劳动力价值和土地价值都得到了较好的发挥。

周口地区种植冬小麦，每年玉米收割后在10月上旬完成小麦播种，其中耕地、施底肥和播种等耗费体力的主要环节全部是机械化的。而后在入冬前需要追肥一次，如果雨水少还须浇水一次，以使冬小麦在入冬前长出地面"一指"长，确保顺利越冬。其中追肥、浇水的过程是需要人工完成的。次年春天，冬小麦返青后需要除草、打药防虫，由于机械不能准确区分杂草与小麦，因此这些过程由人工完成。此后的4～5月份的生长过程中，需要根据降雨情况，进行2次左右的浇灌或排涝。6月初小麦逐渐成熟收割，以前这是最耗费人力的，现在已经全部实现机械化了。调研发现农民工因为收麦子而返乡帮忙的情况已基本不存在了。

**访谈案例7-1**

> 某乡长说:"现在农民谁还自己割麦呢,要是没有收割机,就是等着麦子烂在地里也没人……一来是农村确实没人啊,总不能让老头、老太太去收吧,二来他们也知道我们(干部)不敢让麦子坏在地里的,上面要求颗粒归仓,哪个乡、哪个村完不成,领导都要受处分的,所以每年到这个时候我们这些干部就连续几周在田里,帮农民拦截收割机,商谈价格,软硬兼施,反正收不完就不让过呗。"

其实六月份也是农民最忙的季节,收割了麦子,马上就要种下玉米。玉米的生产过程与小麦类似,耕地、施底肥、播种都是借助机械一次性完成的,而追肥、浇水、除草、打药等田间管理则是靠人工,最后是机械收割。

从上面对粮食种植过程的描述可以发现,粮食生产中机械的利用主要在播种和收割两个阶段,而在作物生长过程中的浇水、除草、追肥等田间管理工作还是依靠人工的。而耕地、播种、收割三个环节正是传统农业生产中使用劳动力最多、劳动强度也最大的环节,并且都有严格的时令限制,而其他的除草、追肥、浇水等环节劳动强度不大,靠中老年、妇女等弱质劳动力就可以完成。并且除草、追肥等劳动过程比较琐碎,较难实现机械化,毕竟庄稼已经长在地里了,处理不好很容易伤到庄稼,这也造成这些环节的机械化受到技术难度没有发展起来。

由于机耕、机播和机收的普及,全年种植小麦和玉米的亩均用工量[①]大约为每亩20个。对于种植小麦、玉米两季粮食作物的农户而言,以户均6亩的承包土地计算[②],一年中播种、田间管理、收割全部用工量也仅为120个,这尚不足以解决一个劳动力的就业。从收益来看,按照小麦、玉米平均亩产1000斤,小麦的收购价1.05元/斤,玉米的收购价0.8元/斤计算,每亩地每年的收入在1850元左右。即便在不考虑农户人力成本的情况下,种粮成本也在800~900元/亩。因此每亩地种植粮食的年收益在800~1000元左右。用农民自己的话说就是"种一季麦子、一季玉米,落下个麦子的钱"。按照户均6亩承包地统计,平均每户种粮年收入仅为6000元左右,这远不足以解决农户的基本生活消费支出。可见在实际耕种土地面积较小的情况下,由于粮食种植效益较低、用工量也很少,因此农户必须通过打工等非农就业获取其他收入,以维持家庭生活。

---

① 农作物的亩均用工量,指一年内完成某种农作物生产需要在土地上投入的人力工时。由于农业生产的季节性,需要投入的劳动力也是不连续的,可分为播种、管护、收割(采摘)等不同阶段。亩均用工量与农业类型、农业机械化程度、规模化程度密切相关;可以在整体上反映某类农作物的劳动强度。

② 2015年周口市户籍农村人口813.63万,194.28万户,按照当年全市耕地保有量1154.32万亩计算,户均耕地面积约为6亩。

事实上，在农村从事粮食种植的主要是留守老人和妇女，家庭的青壮年劳动力大多外出务工，这也是造成农村空心化的主要原因。理论上，农业现代化能够大幅提升农业劳动生产率，减少农业劳动力，进而推动城镇化发展。而我国当下的现实情况却是农户出于经济理性考虑，以老人和妇女等弱质劳动力为主的农业就业人口和较高的农业机械化水平相结合，使部分家庭成员继续在农村生活，造成农业现代化对城镇化的推动作用较弱。

（2）劳动力、资本双密集的特色农业

从前文关于周口市农业种植结构的分析可以发现，周口农业现代化的一个主要特征就是蔬菜、瓜果的种植面积、比例持续上升，形成了具有一定规模的高劳动强度、高附加值的特色农业。

受气候条件限制，为了延长种植时间，增加反季节蔬果供应量，农户们普遍采用大棚种植。大棚种植的蔬菜包括西红柿、黄瓜、菠菜、芦笋等价格较高的菜品，亩均年收入可达2万~3万元。大棚种植蔬菜非常辛苦，常年都需要施肥、排水、疏花、摘果等各种管理，用工量高达每亩120~140个。占地3亩左右的蔬菜大棚通常需要一个农民投入全部劳动时间。对从事大棚种植的农户，按照户均6亩承包地建设2个大棚计算，全年农业生产经营需要的用工量超过750，需要2~3个优质劳力全年工作。相应地这个农户每年靠大棚种植的收入约为12万元，劳均纯收入也超过4万元。与周口市外出务工的人均年3.5万元的年收入相比，也算比较高了。

因此，对于大棚种植农户而言，外出务工显得没有太大吸引力。在有特色种植基础和传统的村庄，20多岁的年轻人出于"出去闯闯""见见世面"的心态，大部分会选择外出务工，而在30多岁结婚生子后，一部分人会选择回来种植大棚，村庄空心化情形明显低于粮食种植的村庄。

（3）盈亏边缘的种粮大户

种粮大户是最近几年才逐步在周口发展起来的。根据周口市农业局的统计，按照经营土地规模超过50亩认定，2015年全市有种粮大户3485家，仅占农户总数的0.16%；种粮大户经营土地99.34万亩，平均每户经营土地面积为285亩。

虽然政策鼓励土地流转和种粮大户的发展，但是种粮大户的数量、经营规模并没有显著的增长。调查显示土地流转困难、亩均收益低、外部风险大等多重因素均制约着种粮大户的发展。首先粮食价格低，造成种粮大户亩均收入低，从而不得不通过大规模流转土地，以达到规模效益。但是在一定时期、一定区域内，可流转土地的总量是稳定的，本质上是由城镇化水平和农民非农就业程度决定的，需求多了就必然会推高土地流转价格。事实上，近年来大量资本下乡已经大幅抬高了土地流转的价格，使真正想种地的农民难以流转到土地。

其次，目前的农业机械化主要体现在播种、收割等环节，而在粮食生长过程中仍需要人工除草、追肥、打药，种粮大户需要雇佣农业劳动力完成这些工作①，产生人力投入的增加和监管费用，从而增加其成本。因此在国内目前的机械化水平下，粮食种植中并不存在简单的规模越大亩均成本就越低的情况（蔡海龙，2017）。如前文分析，在农户自家耕种且不计算劳动投入的情况下，每亩地的种粮成本在800~900元，平均收入在1000元左右。种粮大户的亩均生产成本还要包括人工费、土地流转费和农机购置、折旧等费用，会明显高于小农户。其中土地流转费用一般在400~500元/亩，会比农民私下流转略高。计入这些费用后，种粮大户的每亩平均收益会下降到仅有300~400元之间。为此种粮大户要想达到劳动力的平均机会成本，按照每户2个劳动力，年收入8万元计算，需要经营的土地面积在200亩左右。

**访谈案例7-2**

梁先生，48岁，周口市西华县红花镇农民，是本地的种粮大户。自己曾当过村主任，在村内有一定影响力。他流转了330亩土地，其中约有50亩是以400元/亩的价格从本村农民手中流转的，其余近300亩是从黄泛区农场流转的，价格为200元/亩。他解释说："从农民手里流转土地太麻烦，要挨家挨户的商量，给钱少了人家不愿意，可都是一个村的，不同家的价钱差太多也不行，还有些今年给你了，明年又要回去……所以后来有朋友介绍就去国有农场包地了，200元/亩，一包10年。虽然远点也愿意，今后可以逐步把村里的地退掉，多从农场包些。"

访谈中他给笔者算了个账，300多亩地在追肥、除草时需要临时雇佣30个工人，干一周左右，平时的田间管理也要5~8个人左右，按照每个劳动力每天50元报酬计算。全年每亩地需要150~200元的人工费用。农用机械是我自己买的，享受了国家的农机补贴，我的机械也会帮周边的村民收割，能挣回一些钱，大概和折旧费用相抵吧。不过还得烧油啊，每亩地也需要50多元吧。每亩地小麦、玉米的种子需要100多元。粮食产量和一般农户差不多，900多斤小麦，1000斤玉米的样子，但是去年（2015年）粮食价格低，玉米收购每斤才0.76元。所以去年每亩地的收入也就是350元吧。有100亩地是和省农科院合作种的麦种，每亩的收入可以达到500元左右。他说："你算吧，这样忙活一年也才能挣10万出头吧……种粮大户不好干，规模大了你的风险也大了，流转了土地就

---

① 从粮食生产过程来看，种粮大户的种植方式与小农户的生产方式差别并不大，在生产组织、技术利用上没有本质区别。小农户普遍付费租用机械完成机耕、机收；而种粮大户则需要雇佣劳动力完成追肥、除草、打药等环节。也就是说两者都是现代机械与劳动力的结合，只不过对于种粮大户而言，机械设备是自己的，而劳动力是雇佣的，对于小农户而言，劳动力是自己的，而机械设备是租来的。虽然土地经营规模的扩大可以更好地发挥机械效率，但是在粮食生长过程中仍需要人工除草、追肥，也会增加成本。

得给人家钱啊，还有平时的工钱都得现结。把全部的时间、精力都投进去了，如果赶上大旱、大涝，或者像去年粮价很低，弄不好就挣不到钱呢。"

事实上，种粮大户的亩产并不会显著高出小农户，农业生产中的监督问题①处理不好，往往还会造成一定程度的单产降低。相关研究（乔颖丽、岳玉平，2013）对我国北方15个地区种粮大户的调查显示，在种植面积超过100亩时，粮食单产数量是随着种植规模的增加而降低的。而为了应对粮食收益微薄的问题，一些种粮大户会和农业科技部门合作种植种麦。种麦的种植与一般小麦类似，也不需要太多的人工，产量基本相当，每斤麦种的收购价格为普通小麦的1.3~1.5倍，可以保证利润比一般的小麦种植增加每亩20%左右的收入。而农业部门也愿意同具有一定规模的种粮大户合作，这可以减少他们在收购麦种、技术指导上的成本。但即便如此种粮大户的亩均收益也是较低的，并且存在着气候、市场等不确定因素。

国内较为成功的粮食规模种植的典型案例当属上海松江的家庭农场了，相关资料显示2008~2012年，上海市、松江区两级政府每年给每亩土地的补贴平均在400元以上（不包含国家补贴），各级财政补贴占了农户利润的60%~70%。可见由于粮食生产天然的弱质性，需要相当的外部支持才能实现规模经营，松江家庭农场正是依靠上海市强大的财政转移支付能力维持的，显然这种模式不适用于传统农区。基于以上对于种粮大户经营方式的描述与分析，可以发现短期内由于大规模土地流转困难，同时种植粮食单位面积收益也较低，种粮大户很难在传统农区大规模、高比例地出现。未来一段时间内粮食生产的主体还是分散的小农家庭，同时资本、劳动力双密集型的特色种植农户通常也会种植粮食，形成小规模的家庭农场。

（4）不同农业生产经营方式比较

为了便于比较，这里将上述三种农业生产模式的投入、收益整理为表7-2。粮食价格决定了种粮的亩均收益仅为每亩800~1000元，以户均6亩耕地计，年收入不超过6000元，远不足以支撑农户的基本生活。且在粮食生产机械化的条件下，种粮用工量很少，造成大量青壮年劳动力外出打工，以粮食种植为主的村庄空心化非常严重。而大棚蔬果种植是高投入、高收益的农业生产方式，每亩收益可超过20000元，也需要家庭全部劳动力才能完成。考虑雇工成本，种粮大户的亩均收益仅有400~600元，在土地经营面积足够大的情况下，种粮大户的总收益还是较高的。

---

① 由于农业生产天然具有地域空间上的分散性和时间上的季节性，导致劳动监督非常困难，监督的准确程度很低，监督成本高昂，这会使雇主难以对雇用的农业工人的劳动强度、结果进行准确的监控与评价，生产效率偏低。

表 7-2 不同农业生产方式比较

| 农业生产方式 | 土地面积[①]（亩） | 亩均收益（元） | 农户年收入（元） | 亩均用工量（个） | 劳动力就业情况 |
|---|---|---|---|---|---|
| 蔬果大棚 | 6 | 20000~25000 | 130000 | 120 | 全部家庭劳动力 |
| 大田粮食 | 6 | 800~1000 | 5500 | 20 | 部分务农，部分打工 |
| 种粮大户 | 285 | 300~500 | 114000 | 15 | 全部家庭劳动力+临时性雇工 |

数据来源：笔者调查整理

### 7.2.3 农户的行为逻辑：充分利用家庭劳动力与土地资源

通过上述分析，可以发现农户农业生产的逻辑既不是黄宗智（2000）总结的追求土地生产效率的最大化，在土地资源有限的条件下，不断增加资本和劳动力的投入，追求农作物亩产的增加，以至于农业的边际报酬递减，产生内卷化；也不是类似于美国的大农场，通过规模化经营实现劳动效率的最大化，提高经营者收益。在工业化、城镇化的背景下，农户会优先安排家庭优质劳动力从事非农就业，留在农业的劳动力也要实现土地资源的最优组合。

**（1）机会成本决定家庭主要劳动力是否务农**

机会成本指为了得到某种东西而所要放弃另一些东西的最大价值，也可以理解为生产者把相同的生产要素投入到其他行业当中去可以获得的最高收益。随着劳动力在城乡间的自由流动，劳动力务农面临着越来越高的机会成本，因为将同样的劳动力投入非农产业，可以获得更高的工资，这也造成大量青壮年劳动力离开农业和农村。根据乔颖丽（2016）的测算，2004年采矿业与粮食种植业平均净利润的比值为64，即1个劳动力一年种植64亩粮食才相当于从事采矿业的工资，而这一比值在2011年时扩大为128。

机会成本是由市场确定的，人力资本水平高的劳动力，如高学历的年轻人，其机会成本也就高。由于不同年龄段、不同性别劳动力的机会成本有一定的差别，形成了农区劳动力分年龄段、分性别流动就业的特征。对男性劳动力而言，一般30岁左右的青壮年劳动力，大部分会选择在城市打工；40岁左右的中年劳动力，考虑子女教育与家庭照顾需求，经过前期在大城市的打拼积累一定的资本和技术，会选择返回本地经营小生意或开出租车等非正规就业；50岁左右的劳动力开始逐步返回农村，大部分种植粮食，并在周边城镇打零工，小部分从事蔬果等特色农业种植；60岁左右的人多数在家种植粮食作

---

[①] 大棚种植和粮食种植的土地规模为周口市农村户均耕地规模，种粮大户的土地规模为农业局统计的2015年周口市种粮大户的平均土地规模。

物，其生活重心由在外劳动挣更多的钱，转向通过农业种植减少家庭支出，并支持子女在外发展。女性年轻时会随丈夫一起外出务工，在有了子女需要照顾的情况下，多数会返回本地一边照顾家庭，一边在企业打工。

（2）实现农业劳动力与土地资源的最优组合

在劳动力大量外流的背景下，农户的农业经营逻辑是实现土地与劳动力的最优组合。对于缺少劳动力的留守农户，选择种植小麦、玉米等节省劳动力的"懒庄稼"是最优选择，使土地与留守的弱质劳动力结合。对于以家庭主要劳动力投入农业生产的核心农户，为了实现劳动力价值，即务农也能获得与打工相当的收入，以支持家庭生活，他们会选择蔬菜、瓜果等高投入、高产出的特色农业。还有一种特殊情况是，一些50多岁，身体较好，尚具有一定劳动能力者，但是已经较难在城镇谋求合适的就业岗位，从事大棚种植又力有不济，种植粮食作物又过于清闲，且收入不足。很多情况下这些农户会选择粮食作物与辣椒、西瓜等作物的套种，这样劳动强度比大棚种植要小得多，也可以使亩均收益提高到4000~5000元。

农户劳动力与土地的不同组合方式　　　　表7-3

| 农业劳动力投入 | 土地种植经营方式 | 收益 |
| --- | --- | --- |
| 无劳动力 | 土地流转 | 土地流转收入 |
| 老人、妇女等弱质劳动力 | 小麦、玉米等大田作物 | 低收益 |
| 家庭主要劳动力部分务农 | 小麦、西瓜、辣椒套种 | 中等收益 |
| 家庭主要劳动力全务农 | 大棚蔬菜、瓜果种植 | 高收益 |

数据来源：笔者调查整理

事实上很多核心农户在有条件流转更多土地的情况下，也不会贸然扩大特色农业种植面积，而是选择在流转来的土地上种植粮食作物。这种选择受到三方面因素的制约，首先家庭劳动力只能维持3~5亩地的蔬菜、瓜果种植，扩大规模就意味着要雇佣劳动力；其次，扩大规模需要较多资金建设大棚、灌溉等设施，在流转来的土地上进行投资具有较强的不确定性；最后，土地流转费用需要参考本地市场价格，从事特色农业的流转费用大幅高于种粮食。总之，在劳动力可以自由流动的背景下，传统农区小农户会通过调整种植类型、土地流转等方式，实现家庭中务农劳动力与土地资源的最优组合。

### 7.2.4 农户类型分化

随着城镇化进程和农业生产方式的转变，农户发生了明显分化。根据农户收入构成、家庭劳动力的就业情况、生活居住情况，可以将传统农区的农户划分为核心农户、兼业农户、留守农户、居住农户和迁移农户5类。

（1）核心农户

核心农户的主要就业形式和收入来源都是农业，在人均耕地很少的情况下，他们通过土地流转适度扩大土地经营面积，靠种养结合、特色种植来提高农业收益。核心农户的共同特点是，主力劳动人员年龄大多在40~60岁，很多在村、组或农村合作社内负责一定的事务，也是村里公共事务的主要参与者，大部分乡村干部家庭都属于这一类，是所谓的"新中农"（贺雪峰，2012），对于农业现代化发展和村庄建设起到关键性作用。

**访谈案例7-3**

商水县朱集村村民蔡先生，现年52岁，全家5口人，自己、妻子和三个孩子。大女儿大学毕业在上海工作；二儿子大学毕业在苏州三星工厂工作；三女儿在四川师范大学外语专业就读。自家有3.4亩耕地，以葡萄种植和养猪为主要收入来源。自家2亩位于村西的葡萄集中种植区的土地用来种葡萄，另外1.4亩地在村庄另外一侧，种植小麦和玉米。

葡萄种植是主要收入来源，老蔡说："1亩地葡萄相当于10亩地麦子。"葡萄亩产可达2500~3000斤左右，每斤收购价格在3~4元左右，则1亩地葡萄的毛收入在10000元左右。葡萄地里还可以套种大蒜和豆子。套种大蒜在8月底种下蒜子，第二年3月底4月初，可以出蒜，1亩地套种大蒜的产量可以达到3000斤。老蔡说今年（2015年）蒜价比较高，超过3元/斤，因此大蒜一项每亩地毛收入又可达1万元。蒜收了以后葡萄差不多就发芽、开始生长了。这时还可以在葡萄陇之间种下豆子，豆子在6月底长成，4~6月间葡萄叶子还没有很密实，不会特别影响豆子的采光。不过由于豆子散播在葡萄陇之间，所以比较稀疏，一亩地豆子的产量仅为200~300斤。

这样算下来，葡萄大蒜和豆子套种，1亩地的年毛收入2万元左右。投入成本大约为2000元。其中葡萄架与葡萄苗是一次性投入约合每亩地5000元，按照10年计算，每亩地每年投入在500元。每年地膜、化肥、农药、葡萄结果套袋、蒜种等是主要投入，每亩折合3000多元。据此计算1亩地实际收入在17000元左右。则本家两亩地实际收入为34000元。另外还有1.4亩地种植麦子和玉米，收入可达1000元左右。

此外老蔡家还养猪，老母猪7~8头，自繁自养，每年可出栏140头，目前猪价8元/斤，一头猪可挣500~600元。则养猪一项收入在7万~8万元。合计，老蔡一家两个50多岁的劳动力，完全在农村就业生活，也不流转土地的情况下，好的年景每年纯收入超过10万，比很多外出务工人员的收入还要高。

### (2) 兼业农户

居住在农村，以在附近城镇打工就业为主要收入来源，同时在自家的土地上种植投入时间精力很少的玉米、小麦等粮食作物。这部分农户年龄跨度较大，可以从30岁至60岁。从家庭情况看，兼业农户有核心家庭，也有老人丧失劳动能力或自理能力的三代主干家庭，由于老人、孩子等原因，家庭主要劳动力在不能长距离外出务工的情况下，选择居住在农村而在本地城镇打工获得非农收入。不同于核心农户，他们虽然也从事农业、住在村庄，但其主要收入来源是城镇打工收入。有些情况是丈夫在城里务工，妻子在家务农；也有的是家里主要劳动力均在城里打工，利用零散时间从事农业生产。受交通距离和时间成本的制约，城市近郊地区兼业农户的比例较高，而远郊地区则相对很少。

**访谈案例7-4**

川汇区李埠口乡居民李先生，33岁出租车司机。自己在周口开出租车，妻子在周口DY集团打工。两个孩子，儿子9岁，在周口市区上小学，女儿5岁在李埠口镇上幼儿园。李先生和妻子都曾经在厦门打工，他开出租车，妻子在服装厂。2009年妻子生下小女儿后，自己也从厦门返回本地，利用打工积蓄购买出租车1辆。现在自己跑出租月收入在3000~4000元，妻子在DY上班，月收入1600元。算下来，家庭年收入在5万元左右。

李埠口乡属于周口近郊区，交通便利。李先生说他每天早上开车到城里，先把儿子送到小学，再把老婆送到厂里。下午如果没有特殊的活跑到外地的话，就接上老婆、孩子一起回家，在家吃饭，晚上可能再出去跑两趟活。如果自己赶不过来，老婆就带儿子坐公交回家。

家里有承包地2.7亩，种植玉米和小麦，需要干活的时候，或是妻子请半天的假，或者自己少跑会儿出租，农活就干完了。李师傅并没有土地流转的意愿。他说："种这两亩地，虽然落不下啥钱，也不耽误啥事，就种着呗。"宅基地220平方米，2层小楼是2012年翻建的，院子里种了黄瓜、茄子等青菜，养着几只鸡。

### (3) 留守农户

儿女长期在外打工，家里以尚能劳动的老人为主，这部分农户的年龄偏大，在55~75岁。由于老人的劳动能力有限，只能种植用工量少的小麦和玉米。农业收入比较低，同时也没有什么非农收入，靠外出打工子女给家里贴补家用。

**访谈案例7-5**

西华县邝楼村于老汉，58岁，老婆55岁，养育2女1儿，两个女儿都出嫁了。自己和儿子一起过，全家6口人，老两口、儿子、儿媳、孙子、孙女。儿子、儿媳带着孙子在天津包地，每年3月份出去，10月底回来。据老汉说去年（2014年）包地的收入不错，挣了10多万元，但是今年不行，由于干旱粮食减产，同时今年粮价又偏低，所以赔了3万多。平时就是老两口带着6岁的孙女在家。家里有6.5亩地，种植小麦和玉米，院子里养了10多只鸡，种了各种蔬菜。过年时儿子一次给了5000元，算是带孙女的钱。女儿女婿过来会带些菜、肉。于老汉说："日子还算够过，除了买些肉，给孙女买些东西外，在农村生活也花不了太多钱。就是怕生病啊。"老汉盼着儿子在外能多挣点钱，也希望本村能像邻村一样发展大棚蔬菜种植，这样儿子也许就不用出去包地了。

留守农户的比例受村庄区位影响明显。在离城市较远、交通不便，且本地特色种植、乡镇经济都不发达的地区，年轻农民只能远距离到城市打工，从而造成农村留守农户比例较高。

### （4）居住农户

农村中有少量农户已经在城市有了稳定的就业和非农收入，不再从事农业生产，但仍然居住在农村自家的宅基地和住房中。通常只在城市近郊、交通便利地区的村庄存在这种情况。这部分农户或者是因为城市住房价太贵而居住在乡村，或者是因喜欢自带院子的居住环境，而选择居住在农村。

**访谈案例7-6**

商水县练集镇朱集村人刘先生，32岁，退伍军人。退伍后安排在县国土局做司机，月收入在2000元左右。其妻子在县城某幼儿园当老师，月收入2000元。女儿4岁，在县城上幼儿园。2012年在村里新建的新农村社区购买住宅一套，建筑面积248平方米，上下2层小楼，带有10平方米小院，并没有在商水县城购房。自己购买有1辆吉利汽车，每天往返村子和商水县城，交通时间约20分钟。刘先生名下有1亩多耕地，连同父母的地都给哥哥种着。问及哥哥是否要支付流转费用时，他说："都是亲兄弟，父母也跟着哥哥过呢，咋能要钱呢。"

### （5）迁移农户

指全家已经迁移进城，在农村的耕地也流转了，住房长期空置的农户。这些农户无论在生产上还是生活上基本都脱离了农村，与农村的关系仅为亲情关系和财产关系。财产关系是指自己名下的承包地和宅基地。农民的"身份红利"使得很多已经在城镇落户的村民仍不愿意放弃乡村的耕地和宅基地，成为城镇化中留在乡村的尾巴。亲情关系指这些人在农村还有较为密切的亲属关系，逢年过节或村里亲戚家有重要红白喜事时会返回村庄。

### 7.2.5 城镇化意愿总体不强，兼业农户城镇化意愿略高

在农户普遍兼业的情况下，受区位、主要劳动力就业方式、作物种植类型等因素的影响，农户产生了明显的分化，很难对其城镇化意愿和影响因素进行整体性分析。因此本节将以农户分类为基础，分别研究核心农户、留守农户和兼业农户的城镇化意愿与影响因素，分类讨论的好处是可以通过相互比较找出影响各类农户的主要因素。

（1）城镇化意愿总体不强

现状在农村生活农户的城镇化意愿总体上并不强烈（图7-4），平均有71.91%的农户选择继续居住在农村，选择进入县城的占18.65%，选择进入建制镇的为6.29%，选择进入周口市区的占2.47%，选择进入周口以外城镇的占0.68%。

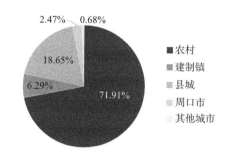

图7-4 农业就业农户城镇化空间选择分布图
数据来源：农户抽样调查

（2）不同类型农户差异明显，兼业农户城镇化意愿略强

不同类型农户的城镇化意愿和居住地点选择差异明显（表7-4）。对留守农户而言，超过90%选择继续居住农村，3.41%左右选择到小城镇居住，到县城及以上城镇迁移的意愿仅为6.34%，且多为考虑年龄大了需要随子女搬迁进城的情况。核心农户中选择继续居住在农村的比例也很高达到了72.04%，其次是选择搬迁到县城的比例约为17.20%，再次为搬迁到小城镇的比例约为7.53%。兼业农户的选择相对分散，选择继续留在农村的占比最高为46.26%，其次是选择搬进县城的占38.78%，选择进入小城镇的占9.52%，选择进入地级市以上的比例约为5.44%。

不同类型农户居住空间选择　　　　　　　　表7-4

| | 其他城市 | | 周口市区 | | 县城 | | 小城镇 | | 农村 | | 总量 |
|---|---|---|---|---|---|---|---|---|---|---|---|
| | 户数 | 比例 | 户数 | 比例 | 户数 | 比例 | 户数 | 比例 | 户数 | 比例 | |
| 核心农户 | 1 | 1.08% | 2 | 2.15% | 16 | 17.20% | 7 | 7.53% | 67 | 72.04% | 93 |
| 兼业农行 | 2 | 1.36% | 6 | 4.08% | 57 | 38.78% | 14 | 9.52% | 68 | 46.26% | 147 |
| 留守农户 | 0 | 0.00% | 3 | 1.46% | 10 | 4.88% | 7 | 3.41% | 185 | 90.25% | 205 |
| 合计 | 3 | 0.67% | 11 | 2.47% | 83 | 18.66% | 28 | 6.29% | 320 | 71.91% | 445 |

数据来源：农户抽样调查

无论哪类农户选择进入小城镇居住的比例都不高，比例最高的兼业农户也只有9.52%。这反映出传统农区小城镇发展面临的实际困难。从生活成本上看，居住在小城镇没有了农村的院落，难以享受到低成本优势；从服务设施情况看，在平原地区随着交通条件的改善和摩托车、小汽车等现代化交通工具的普及，农民从乡村到县城乃至中心城市获取更高等级公共服务的时间成本和交通成本均大幅降低，因此更愿意到上一级城镇获取更优质的服务。因此小城镇的发展动力不足，不能成为农民乡城迁移中的一个层级，农民普遍地会跨越小城镇这一级，而直接进入城市就业居住。

整体来看选择居住在乡村的农户比例还是很高的，平均有70%的农户会选择继续居住在农村，对留守农户而言这一比例超过90%，对核心农户而言也超过70%。当然这两种类型的农户均以农业为主要收入，因此大比例选择居住在农村是可以理解的。而对于已经部分在城市就业的兼业农户也有46.26%的农户选择继续居住在农村，高于搬迁到县城的比例（38.78%）更说明农村低成本生活方式，难以割舍、变现的宅基地和住房都对农户城镇化行为有明显影响。

## 7.3 核心农户、留守农户的城镇化选择与影响因素

如前文所述，不同类型农户的城镇化意愿差别明显。留守农户和核心农户的城镇化意愿很低，而兼业农户的城镇化意愿略强。为了进一步分析不同类型农户城镇化意愿差别的原因，问卷中设计了"什么原因使您做出上述选择"，对应选项为"A 方便农业生产""B 方便打工、就业""C 方便子女上学""D 喜欢居住环境""E 农村生活便宜"和"F 其他原因"。笔者筛选出选择继续居住在农村的问卷，与农户类型进行交叉分析，发现虽然大部分核心农户和留守农户都选择继续居住在农村，但其选择原因存在明显差异（图7-5）。

核心农户选择继续居住在乡村的首要原因是方便农业生产，占比为42.46%，其次

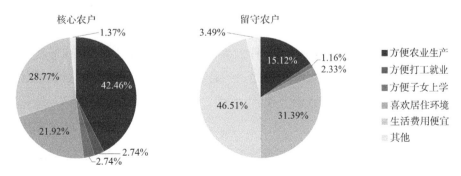

图7-5 不同类型农户选择继续居住在乡村的原因比较图
数据来源：农户抽样调查

为生活费用便宜，占28.77%，再次为喜欢居住环境，占21.92%。留守农户选择继续居住在农村的首要原因是生活费用便宜，占46.51%，其次是喜欢居住环境，占31.39%，而方便农业生产仅占15.12%。从中可以发现，对核心农户而言，农村首先是其就业、生产的空间，因此方便农业生产成为首要因素；而对留守农户而言，农村首先是其生活空间，因此生活费用便宜、喜欢居住环境成为重要因素。

### 7.3.1 生产便利性是核心农户的首选考虑因素

显然对于核心农户而言，由于其主要劳动力从事农业生产，且以农业为主要收入，因此出于生产便利性考虑，他们需要居住在村庄，以距离承包地和农业设施更近。以高用工量、高收入的大棚蔬菜种植农户为例，农业劳作强度大、时间长。一般蔬菜需要在清晨运送到市场，因而需要农户凌晨就到大棚进行采摘；另一方面，出于安全考虑，在瓜果成熟季节需要日夜看护大棚以防被偷，因此农户的居住空间需要紧邻土地和大棚。因此农业生产的便利性是核心农户定居、选择住房位置的主要考虑因素。

**访谈案例7-7**

西华县皮营乡村民周先生，42岁，大专毕业，曾经在苏州打工，2001年结婚，2003年有孩子后就回到村里。牵头组织成立了西红柿合作社。自己家里有6.3亩耕地，自建了三个大棚种植西红柿，主要由自己和父亲经营。平均每亩的年收入约2万元，扣除建设大棚的费用，三个大棚的年收入能达到8万元左右。

现在家里六口人，父亲、母亲、自己、妻子、两个孩子。大女儿12岁，小儿子9岁，都在县城上小学。妻子在西华县城做幼儿园老师，工作稳定，月收入在2000元左右。母亲做家务、养鸡等，也会到大棚帮忙。家里房子是结婚时建的，前年又在县城购买了一套90平方米的住房，平时妻子带着两个孩子住在县城里面。周先生自己在村里种大棚，平时都是住在村里。笔者问他一家人分在两处住是否方便时，他解释说："也还好吧，主要是种大棚就只能住在村里，80%的时间都得在棚里干活，还要半夜起来摘西红柿。在县城购房主要是让孩子上学方便，县城的教育水平肯定比村里还是好些的。家里有车，开车不用半小时就可以到县城了，平时去县城的机会比较多。周末就把老婆、孩子们接回村里一起住。"

周先生的案例具有典型性，可以反映出其一，种植蔬菜大棚的农户，即便他们已经有经济条件搬入城镇，但出于农业劳动的需求，必须就近居住在村里；其二，农户可以借助小汽车等现代交通工具，采用城乡两栖的方式解决在农村居住导致的教育水平低、生活条件差等问题。所以,核心农户未来的生活居住空间依然在农村,但其子代则可能会因教育、就业等因素进行城镇化。

### 7.3.2 基于"差序格局"的土地流转影响农业经营规模

在社会保障体系不完善的背景下,大多数农户依旧将土地视为其最后的生存保障,是城镇化失败时的退路(黄锟,2011)。因此农民土地流转出去的目标除了获得租金收入外,还要确保随时可以收回土地自己耕种,因此在亲人间流转无疑是最好的选择。事实上,村庄的社会结构和家庭(家族)结构,成为影响土地流转与经营规模的深层次原因,形成按照"差序格局"流转的基本规律。

农民外出打工,其土地对外流转的大致顺序为亲兄弟、表兄弟、同学、朋友,这一顺序基本符合费孝通先生在《乡土中国》中总结的"差序格局"。目前40~50岁的村民一般有2~3个同胞兄弟、姐妹,其中女儿出嫁后,土地自然留给父母。最为常见的情况是赡养父母的儿子在家中种地,另外的孩子在外打工谋生。因此从本家亲兄弟中可流转的土地总量不超过20亩。按照自己一辈平均有3个亲兄弟,父亲一辈平均有3个兄弟在本村计算,一般村内具有亲属关系的农户在6~9户。以人均耕地1亩略多计算,平均一个核心家庭的耕地拥有量在4~5亩。因此,家庭(家族)结构也就限定了,农户在亲友间可流转的土地流转规模通常在30~50亩。

可以预测,在没有外来资本介入的情况下,只有少数掌握特殊人脉、社会资源的村庄精英群体才有可能流转到较多的土地,成为种粮大户。而大部分从事特色种植的家庭农场,则可以按照差序格局和亲友关系,逐步扩大自己的实际经营面积,达到30亩左右的规模。因此在城镇化的大背景下,随着农户城镇迁移增加、生育数量减少和土地承包权的继承,在农村经过1~2代人的时间,核心农户实际经营的土地数量会逐步增加,达到户均30~50亩的耕种规模。而在特色种养的家庭农场模式下,这一种植规模足以实现农业劳动收入与机会成本的均衡,从而使劳动力流动达到相对稳定的状态。同时受劳动力数量限制和不同用途土地流转价格不同的制约,流转的土地仍以粮食种植为主,这也与国家对粮食主产区保证粮食生产的要求相符合。

### 7.3.3 核心农户:适度规模经营,成为农村的中坚力量

随着居民消费结构升级和农业供给侧改革的深入,以蔬菜、水果种植为代表的,高投入、高收益的特色农业会继续发展壮大,从事这些特色农业种植的核心农户也会有所增加。随着城镇化的推进,农村常住人口的持续减少,核心农户还可以通过土地流转,

扩大经营规模。虽然农村有劳动能力的老年人依旧种植粮食，但随着土地流转市场的建立，一些老人选择只种植2亩左右的粮食，保证家庭口粮所需，而将其他承包地流转出去，直接换取现金收益。从调研来看，通过"差序格局"从亲朋手中转租土地是常见的情况，因此核心农户平均达到30～50亩的适度规模经营是完全可能的。这正是国家提倡的以家庭成员为主要劳动力、以农业收入为主的规模化、商品化经营的家庭农场模式。

如前文分析，由于需要长时间、高强度地投入农业经营管理，因此出于生产便利性考虑，核心农户会继续生活在农村。核心农户的经济关系、社会关系都在农村，是实实在在生活在农村的群体，因此会对农业现代化生产服务设施、村庄人居环境等产生实际的需要。他们未来也必将成为农业生产、农技推广的"带头人"，村组干部的候选人，农村事务管理的中坚力量，是所谓的"新中农"（贺雪峰，2012）。

### 7.3.4 农村低成本生活是吸引留守农户的主要原因

留守农户选择居住在农村的首要原因是农村生活的低成本优势。农村生活的低成本首先来源于住房，农村的宅基地可以无偿或低价获得，在自家的宅基地上盖房子，一般在10多万元即可，即便是档次高些、面积大些住房也超不过20万元，远低于在城镇购房的成本。此外宅基地带有院落，乡村生活的低成本性很大程度上源自于其院落，农民一般会在自家地里种植少量蔬菜满足日常需求，同时利用谷物在院里养鸡保证鸡蛋供给。每户院子虽然不大，却能基本解决一家人的菜、蛋、禽等需求。有条件的农户也会在院子里养猪，年底时杀猪卖肉，除满足自家过春节消费外，还能换取一些零用钱。

对于留守农户而言，只有生活在乡村才能维持家庭的稳定，并通过种植粮食、蔬菜、养殖家禽等劳动实现老年人的价值，农村的生活方式和居住环境是他们维持家庭经济的重要因素。因此他们很难离开村庄，实现城镇化，同时对于迁村并点、建设新型农村社区也是不支持的，因为居住空间或居住模式的变化都会带来巨大的成本支出，并破坏庭院式的家庭经济。易小燕等（2013）的研究发现，集中居住政策试点区域家庭支出以及其中的食品支出、居住支出分别上升41.2%、50.9%和119.1%；其原因在于，集中居住后部分自产自足的产品不得不通过购买获得，消费项目升级和内容增加，而收入却没有明显增长。政府大力推进的土地增减挂钩的关注点在建设用地没有增加，农村耕地有没有减少，却较少考察实施过程中农民承担的资金成本。

从农户生活的角度看，小农粮食生产虽然不能实现高的收益，却能满足基本的生活保障，同时农村独门独院的宅基地住房，使农民可以在自家院中种植蔬菜，养殖家禽，从而满足解决菜、禽、蛋等副食供应。因而小农生产模式与宅基地住房方式相结合，共同形成农村的低成本生活模式，这就更使得部分农民愿意生活在乡村而不愿进城。

### 7.3.5 留守农户：维持粮食生产和低成本的农村生活

在城乡二元经济制度、农村土地制度等基本经济制度不变的情况下，大部分留守农户将依旧留在农村生活，并且维持低投入、低收益的粮食种植。这种小农的生活方式，既符合农户的家庭理性，可以充分发挥老年人的劳动力价值，去维持低成本生活状态，有利于正规家庭的发展，也适应现行政策、市场等外部环境，因此将长期存在。客观上对保证粮食种植规模与国家粮食安全是有利的。

首先我国在户籍、社会福利、土地等方面的城乡二元分割和较高的城镇化成本，使得农村青壮年轻劳动力进城务工具有阶段性。对大部分从事初级劳动的农民工而言，城市只需要他们的劳动力而不承担起社会保障功能，因而大部分年老体衰的农民工在城市找不到就业岗位后，只能返回农村。从农户家庭的角度看就形成了家庭内部的代际分工现象，即农民年轻时在城里打工挣钱，年老了回到农村务农，照看孙辈，支持儿子继续外出打工。代际分工与城乡二元经济制度耦合保证了劳动力再生产和社会稳定。

其次从农业生产过程看，由于粮食种植已基本实现了机械化播种和收割，使劳动强度大大减轻，适合由老年劳动力完成。同时由于农民基本的社会养老金水平很低，因此50、60岁的农民依然有着强烈的通过劳动来换取收入的需求，而这一年龄段的农民很难在城镇里找到工作。如调研中一个60来岁的老汉说到"我这个年纪不种地还能干啥呢？城里小区的保安都只要年轻人了"。所以被城市就业市场排斥的老年劳动力，可以通过粮食作物的种植获得基本生活保障，实现劳动力价值。因此机械化支撑下的粮食生产与农村老年劳动力资源的耦合，最大化了老年劳动力的价值，也确保了国家粮食安全，使得以小农户为基础的粮食生产模式将继续普遍存在。

再次，从农户生活的角度看，小农粮食生产虽然不能实现高的收益，却能满足基本的生活保障，同时农村独门独院的宅基地住房，使农民可以在自家院中种植蔬菜，养殖家禽，从而满足解决菜、禽、蛋等副食供应。因而小农生产模式与宅基地住房方式相结合，共同形成农村的低成本生活模式。这就更使得留守农户愿意生活在乡村而不愿进城。

综上所述，城乡二元经济制度与家庭代际分工相耦合形成劳动力根据年龄段在城乡间流动，机械化支撑下的粮食种植与农村弱质劳动力就业相耦合形成小农为基础的粮食生产体系，以及小农生产方式与农村宅基地住房方式相耦合保证农村生活的低成本特性。三项因素互为支撑，使传统农区以家庭为基础的小农生产、生活模式得以持续发展（图7-6），小农户依然是农业生产尤其是粮食种植的主体。

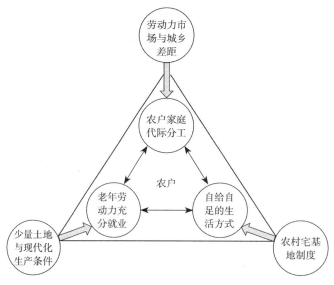

图7-6　留守农户的行为逻辑与外部制度、市场环境关联图

## 7.4 兼业农户的城镇化选择：兼论农业现代化对城镇化的影响

由于粮食种植收益很低，兼业农户并不指望依靠农业增加收入，其主要作用是减少家庭的食品消费支出。总体来看，随着农区经济发展，农户就业的非农化水平还会提升，表现在农户收入构成上，就是非农收入占农户总收入的比重还会继续上升。但即使在经济条件允许的情况下，依然会有相当比例的农户选择居住在乡村，兼业农户将长期存在。其实在东亚小农经济模式下，农业就业人口的减少并不能带来同比例幅度的农场数量和农村人口的减少是普遍现象，这已经为日本、韩国等东亚国家和我国台湾等地区所证明[①]。

### 7.4.1 兼业农户逐步转化为核心农户或实现城镇化

在城镇化和农业现代化的共同推动下，兼业农户也会发生分化。在市场引导和农业供给侧改革政策的支持下，未来以蔬菜、水果种植为代表的高投入、高收益的特色农业将持续发展，种植规模和产值将进一步提升。由于这些特色农业附加值较高，因此能够

---

① 根据 D. 盖尔. 约翰逊对东亚地区的农业现代化发展历程的研究，日本 1950～1985 年间农业就业下降了 70%，但是农场的数量只下降了 29%；韩国 1975～1997 年农业就业下降了 53%，而农场数量减少了不到 18%；中国台湾，1966～1997 年间农业就业下降了 49%，而农场数量只减少了 8%。参见：D. 盖尔. 约翰逊. 经济发展中的农业、农村、农民问题[M]. 林毅夫，赵耀辉编译，北京：商务印书馆：101-117.

支付的土地流转租金也较高。事实上目前农区土地流转的价格是较高的，流转出去种粮的价格在每亩300~400元左右，种植蔬菜则可能达1000~1200元，而小农户正常种植一季小麦和一季玉米，在不计算自身劳动力投入的情况下，亩均收益在800~1000元左右。可见如果农户将土地流转给从事特色种植的合作社或家庭农场，其土地流转收入已经接近或超过粮食种植收益了。而当土地流转收入等于或高于种粮收益时，部分兼业农户会自愿放弃粮食种植，选择将土地流转出去，变农业经营收入为土地租金收入。这可以使兼业农户在不减少农业收入的情况下，完全脱离土地和农业，从而将更多的精力投入城市非农就业，从而间接地推动城镇化发展。因此部分因子女教育而有较为明确城镇化意愿的农户，会放弃粮食种植变农业经营收入为土地租金收入，进而实现城镇化。

同样，部分没有城镇化意愿的兼业农户，受农产品市场的引导，从事蔬菜、水果等特色农业种植，从而转变为核心农户。总体来看，兼业农户逐步分化的过程，也是城镇化持续推进，农业生产专业化、现代化的过程。

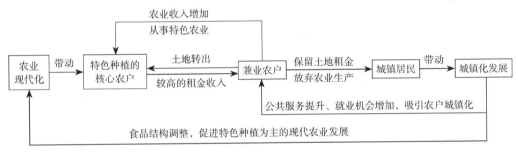

图7-7　农业现代化、城镇化背景下兼业农户分化路径图

## 7.4.2　教育和公共服务是吸引兼业农户城镇化的主要因素

对于城镇化意愿略高的兼业农户选择进入城市的原因进行分析，可以发现"让子女接受更好的教育"占比63.7%，其次是享受更好的公共服务，占比38.7%，再次才是"更多就业机会"占比23.4%（图7-8）。可见社会理性主导下的子女教育、家庭福利改善是吸引兼业农户城镇化的主要因素。

在教育问题上，农民对教育质量的要求已高于距离便利的要求。问卷调查显示，现状村户距离最近的幼儿园和小学的平均距离为0.97公里和0.71公里，而农户可以接受的距离均分别为1.15公里和1.24公里（图7-9）。也就是说在保障更好的教学质量的前提下，可以适当增加幼儿园、小学等教育设施的服务半径。

现实中，农户到县城购房的很大比例是为了将来子女能够到县城读书。也有受经济条件限制买不起房子的，就通过租房、寄宿等多种方式，让子女到城镇读书。由于初中和小学并不设宿舍，这种需求就在城中催生了中小学生住宿服务市场。这种市场化服务

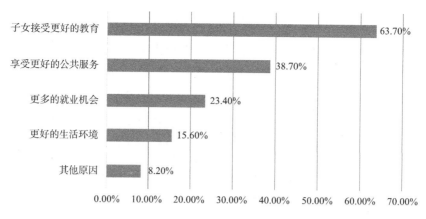

图7-8 农户选择进城的原因分析
数据来源：农户抽样调查

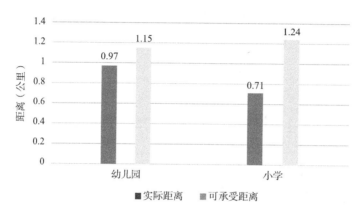

图7-9 农村幼儿园、小学实际距离与农户可承受距离比较图
数据来源：农户抽样调查

分为两类，一种是有专人组织在靠近学校的区域，购买或租赁房屋，而后改造成宿舍，并提供伙食服务；一般住宿条件为4人一个房间，平均每月每名学生收取500元，作为住宿费和伙食费。另一种情况是一些中小学老师，在自己家开设住宿铺位，平均每名学生每学期收费3000元。相较于第一种，老师提供的住宿服务更受家长的欢迎，因为家长们相信老师会更关心住在自己家里的孩子。

**访谈案例7-8**

项城市某小学王老师，41岁，毕业于周口师范学院。"班里有54个孩子，其中22个家不是县城的，剩下32个也有几个是孩子来上学后家长才在县城里买房子住过来的。这22个学生中有5个是住在我家里的，还有3个住在学校另一个老师家里。其余的10多个是住在外面集体宿舍的。"

"我家里就在学校东侧，步行也不过十几分钟。家里住房有260平方米，带个小院子,是原来村里的宅基地。正房3层,我和丈夫住3层,一个女生也住在3层的小屋里。二层的2个房间,是四个男生住,一层是厨房客厅。"5个孩子1天三顿饭是很大的工作量,王老师以每月600元的劳务费请邻居家专门准备伙食。这种住宿服务很受家长欢迎,解决了没有条件在城镇购房农户的子女接受较高水平教育的问题。对老师也是可观的一笔收入,王老师一家两口每月工资收入约4000元,而5个学生每学期的住宿费用是1.5万元,按照每学期4.5个月计算,相当于每月收入3300元。

总之,优质的公共服务,尤其是教育资源成为吸引农户城镇化的重要动力,这一点与前文分析非农就业农户城镇化影响因素的研究结论是高度吻合并互相印证的。

### 7.4.3 兼业农户城镇化的综合性动力机制

如前文所述,兼业农户的城镇化意愿略强,选择进入县城的占38.78%。兼业农户城镇化的动力来自三个方面。第一,从农户的社会理性看,让子女接受良好的教育,享受城镇更好的公共服务,改善家庭生活水平是吸引兼业农户城镇化的主要原因。第二,农业现代化水平的提升,土地流转收入的提高,也促使部分兼业农户放弃农业生产,变农业种植收入为土地租金收入,进而实现完全的城镇化。第三,动力主要是来自家庭非农就业的支撑,如前面三章所分析在非农就业能够获得稳定收入,提供足够经济支撑的情况下,农户进行城镇化的可能性将明显增加,同时农户进行城镇化也将更有利于其从事非农就业。

总之,兼业农户在子女教育等社会理性的引导下,在土地流转获得更高租金收入的推动下,有意愿也有条件进行城镇化,从而形成促使其城镇化的综合动力机制。可见,现代农业发展带动土地流转,提高了土地租金,这促使部分原来从事粮食种植的弱质劳动力脱离农业,间接地推动了农户的城镇化。从这个意义上看,农业现代化能够促进城镇化的进程。

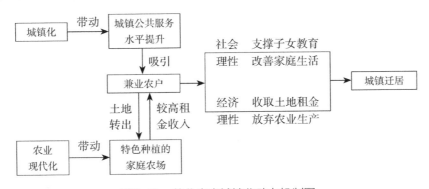

图7-10 兼业农户城镇化动力机制图

## 7.5 延伸讨论：城镇化背景下农业、农村发展趋势判断

### 7.5.1 农户仍将是主要的农业经营单位和粮食生产主体

虽然在现代农业发展过程中出现了资本下乡现象和龙头企业、合作社等新型农业经营单位，但是小农户依然是农业生产经营的主体，这是由农业生产的特性和我国人多地少的基本国情决定的（陈锡文，2008）[①]。家庭是最适宜的农业生产组织方式，家庭内部可以合理解决劳动分工、代际组合、农业劳动监督等问题。

随着农业生产机械化水平不断提升，粮食种植已经不需要大量的人力投入。这种情况下，老年人在家从事粮食种植，既能发挥其劳动力价值，也能充分利用家庭的耕地资源，还可以减少食品消费的支出，对农户而言是合理的安排。对国家而言，小农户优先选择种植小麦、玉米等粮食作物，避免了耕地的非粮化，有利于保障国家粮食安全。因此在农业现代化技术支撑下，考虑农户家庭结构与农村庞大的人口基数的现实，未来小农户仍将是传统农区最基本农业经营单位和粮食生产主体。

### 7.5.2 农村老龄化、空心化问题将进一步凸显

目前我国整体已经进入老龄化社会，而农村的老龄化问题更为突出[②]。从人口流动和农户劳动力资源优化配置逻辑来看，未来农村常住人口的老龄化和以老年人为主的农业尤其是粮食生产是大势所趋，各种政策干预只能减缓问题的严重性，而不能改变这种趋势。这一问题在韩国、日本等东亚小农国家同样也十分突出。

具体到传统农区，随着青壮年劳动力的外流，人口老龄化的趋势非常明显。根据第六次全国人口普查，2010年周口市常住人口为895.32万，其中60～65岁的老年人占比

---

① 陈锡文撰文指出"纵观古今中外的农业，家庭经营实际上是一种历史性的现象，也是一种普遍性的现象。这就不难看出，农业实行家庭经营，实际上还与农业这个产业自身的特殊性规律有关。……这就决定了农业的经营组织形式必须有其自身的特点。第一，经营决策者同时也是直接生产者。……第二，农业生产者应当对生产周期的全过程负责。第三农业生产者应当能自主地安排自己的剩余劳动时间。……既然农业实行家庭经营是由农业自身特有规律决定的，因此，只要农业生产自身规律不改变，实行家庭经营也就没有理由要改变，这一点已经在不同生产力水平、不同社会行政的国家中得到了证明。"因此"不是家庭选择了农业，而是农业选择了家庭，世界各国概莫能外"。参见：陈锡文. 改革论文集 [M]. 北京：中国发展出版社，2008：77.
② 根据"我国农村老龄问题研究"课题组的报告，截至2009年底我国60岁以上老年人口有1.67亿人，其中1.05亿人是农村老年人，农村老年人口是城市的1.69倍；城市老年人口比重为7.97%，而农村老年人口比重已超过18.3%。

4.59%，数量为41.10万人。而到2015年周口市常住人口为880.92万人，60~65岁的老年人增加到54.18万，占比6.15%。假定城市老年人口比例与农村老年人口比例相同，按照周口市2010年和2015年城镇化率分别为29.93%和37.85%计算，这两个年份农村老年人口数量分别为28.88万和33.67万。事实上农村老年人口的比重明显高于城市，因此实际的数字应该比估算的还要多。

可见虽然从2010年到2015年周口市常住人口尤其是乡村人口数量在持续减少，但是其中老年人口的比重和绝对数量却是在持续增加的。未来随着人口老龄化的普遍发展，以及农村青壮年劳动力的外流，农村老龄化的问题还将进一步凸显。相应地，由于粮食种植是农村老年人获得收入、降低生活成本、体现社会价值的重要需求，因此在具有劳动能力的情况下，老年人一般不会主导放弃粮食种植，这会使粮食种植规模在相当长一段时间内保持稳定。应对农村老龄化的趋势，规划应该进一步加强乡村医疗、养老等设施的配套建设，提高服务质量，使农民老有所养、老有所依。同时提高农田水利灌溉、农业社会化服务的水平，使农村老年人能够更为简便地完成农业生产，不仅对农户，对于保证国家粮食安全也有重要意义。

总之，考虑到农区的实际情况，即便在城镇化快速发展的背景下，大量留守农户、核心农户仍将居住在乡村，同时还会有大量农户选择居住在农村、就业在城镇的弹性城镇化模式，因此农村依旧是重要的生活聚居地，尤其是老年人的生活空间。同时乡村还承担着国家粮食安全的重任，也是"承载乡愁"、延续乡土文化的重要空间载体。这要求在相关规划和政策的制定中，不能简单模仿发达国家、地区的发展模式，盲目制定过高的城镇化率指标。同时应建立符合实际、紧密联系、分工合理的城乡关系；重视农村在承担居住功能、维持国家粮食安全等方面的重要作用，采用切实可行的方法，逐步改善农村的生产、生活条件。

## 7.6 本章小结

本章重点研究现状生活在农村、还在从事农业生产的农户的城镇化意愿、影响因素与可能的模式。首先回顾了周口近年来农业现代化的进程，在国家支农、惠农政策的支持下，农业生产条件不断改善，土地流转市场初步形成。同时农业种植结构不断优化，粮食作物和蔬菜水果的种植面积持续增加，压缩了棉花、薯类、豆类等小杂粮的播种面积。农业种植结构变化反映的是农户的经济理性，在农业收益较低、劳动力市场普遍存在的情况下，农户会优先安排家庭优质劳动力到城镇进行非农就业，以获取更高的收入；而安排家庭弱质劳动力从事用工量较少的粮食种植，实现劳动力价值与土地价值的优化组合。

不同的种植类型、不同的劳动力投入，形成核心农户、留守农户、兼业农户等不同类型。受农产品市场引导，部分农户发展高投入、高收益的蔬菜瓜果特色种植，成为以农业收入为主的核心农户。以老年人为主的留守农户在机械化生产条件下种植粮食作物。还有大量农户则是采取城乡兼业的方式，同时占有农业收入和务工收入。调查显示农户城镇化意愿总体不强，约有71.91%的农户选择继续居住在农村；但不同类型农户的城镇化意愿差别明显。留守农户超过90%、核心农户超过70%选择继续生活在农村不进行城镇化。而兼业农户的本地城镇化意愿略高，为了子女接受更好的教育则是吸引农户城镇化的主要因素。进一步研究发现，对核心农户而言考虑农业生产的便利性，是他们继续生活在农村的主要原因；农村低成本生活则是吸引留守农户的主要原因。而随着土地流转费用的提高，兼业农户则会逐步分化，部分兼业农户会流转出土地，变农业经营收入为土地租金收入，从而退出农业生产，间接促进城镇化进程。

以农户家庭劳动力配置逻辑为基础，结合城镇化和农业现代化的总体进程，可以推断在传统农区农村老龄化、空心化问题将进一步凸显。未来以老年人为主要劳动力的小农粮食生产体系将继续广泛存在，但其数量、比例会随着代际更迭而逐步减少。同时，在农业供给侧改革政策的引导下，从事蔬菜、水果种植的核心农户会有所提高，在"差序格局"的影响下，逐渐从亲朋手中流转入土地，达到30～50亩的适度规模经营，成为农村"新中农阶层"。

# 第8章

## 农户城镇化模式与动力机制

## 8.1 农户城镇化的典型模式

综合前文对不同就业方式农户城镇化特征、影响因素的分析,可将传统农区现实存在的农户城镇化过程、路径总结为六种典型的模式(表8-1),即:少数拥有高素质劳动力农户的异地城镇化模式、主要劳动力异地打工支撑家庭本地城镇化模式、非正规就业支撑的本地城镇化模式、非农就业组合支撑的本地城镇化模式、公共服务引导的本地城镇化模式和弹性城镇化模式。之所以形成如此多样的城镇化模式,其实是农户在城镇化过程中,根据自身情况,权衡经济理性与社会理性,对经济收益、家庭福利、成本风险等要素采取不同的优先级的结果。因此与本书的理论框架相呼应,从农户双重理性的角度来分析,这六种城镇化模式可以进一步归纳为经济理性优先、社会理性优先与两者均衡三种类型。

多种农户城镇化模式一览表　　　　表8-1

| 城镇化模式 | 农户理性 | 行为逻辑 | 适用农户 |
| --- | --- | --- | --- |
| 异地城镇化 | 经济理性优先 | 实现劳动力价值最大化,追求高收入 | 劳动力素质高,年轻,家庭负担较少 |
| 弹性城镇化 | 经济理性优先 | 规避风险、不放弃农村资源 | 劳动力素质一般,年龄较大 |
| 非农就业组合支撑的本地城镇化 | 经济理性与社会理性均衡 | 劳动力价值充分实现,家庭团聚 | 劳动力素质一般,中年为主 |
| 非正规就业支撑的本地城镇化 | 经济理性与社会理性均衡 | 利用社会资本,劳动力价值充分实现,家庭团聚 | 劳动力素质较高,拥有一定社会资本 |
| 公共服务引导的本地城镇化 | 社会理性优先 | 支持子代教育,改善家庭福利 | 家庭经济实力较好,关注未成年子女教育 |

### 8.1.1 经济理性优先:异地城镇化与弹性城镇化模式

(1)少数拥有高素质劳动力农户的异地城镇化模式

在家庭部分劳动力素质较高的情况下,为了充分发挥这部分劳动力的价值,农户会通过内部分工支持其到发达地区的城市就业,从而获得更高的收入。随着就业的稳定、收入的提高,他们可以在外独立组建家庭,或是带动全家迁居,从而形成异地城镇化模式。调查显示,目前周口外出务工农户中已经实现异地城镇化的约有7.44%,随着国家大力推进农民工市民化,少数教育水平较高、劳动技能较强,能够获得较高收入,有经济实力在输入地获得稳定住房的农户,未来实现异地城镇化的可能性明显提升。当然这种模式只适用于少数拥有较高素质劳动力的农户。

就农区人多地少的情况而言,推动部分农户异地城镇化,无疑有助于缓解人地矛盾,也有利于农业现代化发展。但是也必须看到,有能力进行异地城镇化的主要是农村的精英,某种意义上也是一种人才的流失。

(2) 弹性城镇化模式

与上述异地城镇化情况相反,在农户家庭的劳动力素质普遍不高,家庭经济能力较弱的情况下,经济理性也会发挥主导作用,这时家庭优先考虑的是降低城镇化过程中的成本和风险,从而选择城乡兼顾的弹性城镇化模式。弹性城镇化模式是通过家庭内部分工和城乡间的通勤联系,实现在农村居住,在城镇就业。农户调查反映出,现状农村中平均有近30%的农户是城乡兼业的,他们一方面不放弃农业生产,享受农村低成本的生活方式,一方面也通过在本地城镇的非农就业,获取更高的收入。外出务工人员的调查显示,返乡后从事农业生产的仅有18.8%,而希望居住在农村的却有53.9%,其间约35%的差额就是居住在农村、就业在城镇的弹性城镇化。第五章关于本地企业员工的logistic回归分析表明,农户宅基地距离城市越近则其城镇化意愿弱;因为在城市近郊更方便采取弹性城镇化模式。可见无论是现状还是未来的预期,弹性城镇化模式都占有重要地位。

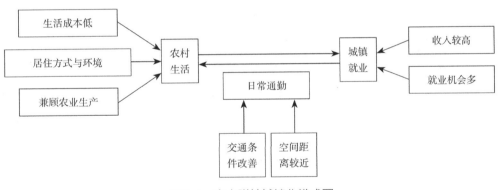

图8-1 农户弹性城镇化模式图

形成弹性城镇化模式的原因是多方面的。首先,农户内部的家庭分工以及老年劳动力充分就业、实现自身价值的需求,都要求他们继续居住在农村。其次,方便的城乡联系使很多农户尤其是城市近郊和交通干线周边的农户,不用搬迁进城也能享受到城市的就业和公共服务,因此也降低了他们城镇化的意愿。最后,现行的农村宅基地制度、承包地制度,造成农户在农村的土地、房屋等重要资产不能流通、变现,这使部分农户因担心利益受损,而不愿意完全脱离农村,因而采取弹性城镇化模式。

城乡弹性城镇化模式既可以视为城市文明向农村的渗透,也可以理解为农户城镇化进程中的一种过渡形态,农户根据自己的家庭、收入状况,选择可进可退的方式。从社会学视角看，这种方式对于分散城镇化进程中的系统风险，维持社会稳定有一定的积极意义。

### 8.1.2 社会理性优先：公共服务引导的本地城镇化模式

随着农户收入的提高，家庭社会理性成为引导农户城镇化的主要动力，从而形成公共服务，尤其是高水平教育服务引导农户本地城镇化的模式。随着生育观念的转变，即便在农村少子化也已经成为趋势（赵周华等，2018）。在少子化的背景下，孩子成为家庭的重心，家庭重大决策的出发点和落脚点均围绕孩子展开。因此为了孩子接受更好的教育，而选择到城市购房落户是农民城镇化的根本动力之一。外出务工农户的子女受户籍限制，不能在务工地读书升学的，他们通常会利用打工积蓄在本地城镇购房。事实上，在城市购房的农户很大比例是为了子女能够到城市读书接受更好的教育，并安排亲属（一般是母亲）照看孩子，相应地家庭生活的重心也就从务工地或农村转移到了本地城镇。据西华县教育局统计，2014年县城的初中约有30%，小学约有18%的孩子来自周边农村地区。这也造成中心城区和各县城的中小学大班额问题普遍；与之相对的则是农村小学生源不足，师资力量薄弱。

概括而言公共服务引导的本地城镇化模式，是农户为了改善生活条件、享受城镇高水平的公共服务，尤其是让子女到城镇接受优质教育为动力，并通过在城镇购房、租房等方式照顾未成年子女，从而实现生活方式从农村到城镇的转变。这是农户在社会理性的主导下，为了下一代发展和家庭生活改善而做出的合理安排，并成为农区城镇化的一种重要方式。城镇优势教育资源成为吸引农村人口向城镇迁移的核心动力之一。在城镇接受教育的孩子，从小就远离农业和农村，更加适应城市的生活方式，未来返回农村的可能性也大大降低。

### 8.1.3 经济理性与社会理性均衡：多种模式组合

现实中农户更多的是根据各自家庭的具体情况，均衡社会理性与经济理性，从而形成主要劳动力异地打工支撑家庭本地城镇化、多元就业组合支撑的本地城镇化以及非正规就业支撑的本地城镇化等多种组合模式。

（1）主要劳动力异地打工支撑家庭本地城镇化的模式

家庭主要劳动力异地打工是为了充分实现其劳动力价值，获得更高的收入，但受户籍制度、经济实力限制，在外出务工人员不能在打工地实现稳定的城镇化的情况下，他们会优先将打工收入返还到农村家庭，通过让家庭成员本地城镇化等方式改善家庭福利水平，从而形成主要劳动力异地打工支持其家庭实现本地城镇化的模式，这是典型的农户经济理性与社会理性均衡考虑的结果。前文对外出务工农户的电话访谈反映出，外出打工群体收入返还到农村老家的比例是非常高的，其中近40%的打工者将80%以上的收入返还到了老家，还有约20%的打工者将收入的60%~80%返还到农区家庭。

大量劳务收入返还支撑了传统农区本地经济发展与消费繁荣。这些返还的收入部分用来维持家庭日常生活开支，支持子女到城镇学校就读，有条件的还可以在城镇购房，实现家庭的本地城镇化。因此形成了劳务输出地区特有的异地工业化支撑本地城镇化模式。从家庭的视角分析，靠主要劳动力异地打工的收入来支持家庭本地城镇化是其最经济合理的选择，这一方面可以充分实现劳动力的价值，另一方面也可以使家人以较低的成本实现城镇化，有助于家庭整体的发展。

农户还会将外出务工收入部分用于生产性投资，如利用打工积蓄购买出租车、在城市开小买卖等方式，为自己返乡后的就业做好准备，这也在很大程度上支撑了本地非正规就业的发展，形成非正规就业支撑的本地城镇化。少数人会投资到农业，发展大棚特色种植，从而成为核心农户。

（2）非正规就业支撑的城镇化模式

黄宗智（2010）用马克思的"小资产阶级"概念来指代城镇非正规就业群体，并立足于中国人口总量大的国情，指出大多数的农民在城镇化过程中不是转化为"中产阶级"而是转化为小资产阶级或无产阶级。这一论断应用在传统农区是比较贴切的，正是由于传统农区巨大的人口基数和由此产生的巨量公共服务需求，才催生了城镇中大量的非正规就业岗位，而非正规就业又为他们在城镇生存提供了收入支撑。因此，非正规就业支持的本地城镇化本质上是服务业发展带动的城镇化。

传统农区中非正规就业支撑的城镇化路径可以概括为"外出务工实现资本与技术积累—返乡从事非正规就业—城镇购房—实现城镇化"。很多无法在打工地落户实现异地城镇化的人，会选择返回老家城镇，利用打工过程中学习的技术或积累的资金，从事开出租车、经营小买卖等典型的自雇佣式就业。打工积蓄和学习到的技术是他们从事非正

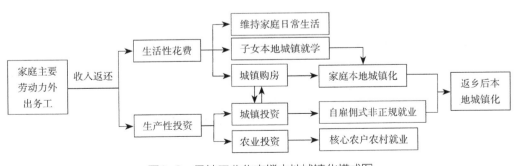

图8-2　异地工业化支撑本地城镇化模式图

规就业的基础,由于相关工作需要城市空间的支撑,行业本身又能提供较高的收入支撑,因此这些人会因为方便就业、子女就学等多种原因选择在城镇购房,并逐步将全家转入城镇,实现从就业到生活的全面城镇化。

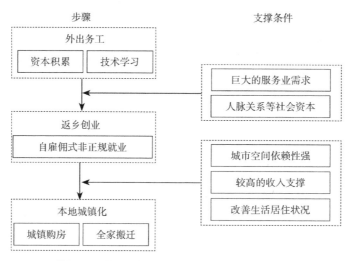

图8-3 非正规就业支撑的本地城镇化模式图

不同于大城市的非正规就业具有临时性、不稳定性、边缘化等特征,农区城镇中的非正规就业与企业就业相比并不低;并且由于小商贩、出租车等工作对城市功能和空间有着高度的依赖性,从而使从业者有着强烈的城镇化需求。因此在传统农区城镇非正规就业是支撑本地城镇化发展的重要力量。

（3）农户非农就业组合支撑的本地城镇化模式

每个农户都希望家庭团聚,而现实的情况是如果回到农村则收入太低,难以支撑家庭发展;举家迁移到外出务工的城镇,又受到经济条件和制度制约,难以立足。这种情况造成大量农家庭两地分居,丈夫在外务工挣钱,妻子在家务农并照顾子女,也造成了家庭分离、农村留守等社会问题。

农村留守妇女,可以说是中国目前最为廉价的劳动力,她们一般都接受过一定程度的教育,但受家庭牵累,不能长距离、长时间外出务工,也就不能实现自己的劳动力价值。而大规模劳动密集型产业向中西部地区的转移,尤其是落户县城恰好开发了这部分劳动力资源,使其能够就近打工,收入增加,也使相关产业能够在未来一段时间内,延续其低成本竞争力。根据第五章的企业调查,企业中60%的员工都曾外出打工,女性员工平均年龄为38.6岁,占职工总量60%以上。这正符合农村留守妇女的特征,她们大部分在年轻时也曾外出务工,而结婚生子后,很多就不再外出,而是留在农村照看孩子和承包地。前文的案例显示,企业为了吸引农村留守妇女就业,还在工作时间上进行特殊安排，以加强城乡联系，方便农村妇女两头兼顾，同时也降低企业的劳动力成本。产业转移带来的非农就业工资虽然不高却也明显高于务农收入，同时在机械化大生产的条件下，工作技术要求不高、强度不大，且时间固定，因此吸引了大量妇女进入就业。

妇女在本地城镇就业后，其生活重心则明显从农村向城市转移了。从农户家庭的角度来看，妇女就业对家庭收入的补充，使得外出务工的男性在回到本地城镇就业后，家庭总体收入基本持平，这对于吸引外出务工的男性回流具有积极作用。第五章的调查显示在企业就业的农村妇女家庭中，仅有约18.5%的丈夫是外出务工的，这一比例显著低于外出务工人员调查显示的已婚家庭中约48.83%是丈夫单独外出的。男性劳动力回流后大部分会在城镇从事非正规就业。这样由于家庭主要劳动力均在本地城镇就业，就产生了更明确的城镇迁居需求。

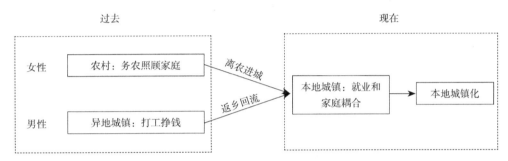

图8-4　非农就业组合支撑的本地城镇化模式图

因此典型的非农就业组合支撑的城镇化路径是妇女从农村到本地城镇就业，男性从异地回到本地城镇就业，进而带动全家从农村转移到城镇。这种城镇化模式以家庭团聚需求为内在动力，以多元的就业方式为支撑，最终在本地城镇实现家庭团聚和主要劳动力的充分就业，是在产业转移和劳动力回流的大趋势下，农区本地城镇化的重要模式。

## 8.2　农户城镇化的内生动力机制

### 8.2.1　农户的双重理性及其现实表现

（1）社会理性：家庭持续发展和整体福利增加

农户的社会理性来源于家庭伦理和道德规则，受文化观念和习俗的影响。从本书对农户行为的分析，可将农户的社会理性概括为实现家庭的持续发展和总体福利的增加。家庭的持续发展指劳动力的再生产，包括抚养子女、赡养老人等内容。我国传统的纵向代际关系为主的家庭结构和由此衍生出的家庭伦理，造成现实中子代的教育和婚姻是家庭中压倒一切的核心任务。传统农区普遍存在优先支持子女到城镇就学读书，并形成服务（教育）引导的城镇化现象，这可以视为对劳动力再生产的投资，是支持家庭持续发展的具体措施。城镇购房方面也呈现出财富的向下供给，上一代外出打工供下一代买房的现象（张建雷，2017）。

所谓家庭整体福利增加，应该理解为家庭所有成员的综合生活条件的改善与提升，而不是每个成员的条件都改善。事实上，在中国农村大量存在父母为了子女的就学、结婚、城镇购房等，而加大对自身的剥削的情况。如同前文对外出务工人员的调查反映出的，他们将大部分打工收入寄回家中改善家里的生活水平，而自己在打工地仅维持简陋的生活条件。在农户看来这都是合情合理的，虽然个体的生活水平没有改善，但却保证了家庭总体福利的增加，这是农户社会理性的表现。在城乡差距依旧明显和城市价值观主导下（秦红星等，2015），迁居城镇多被视为是家庭总体福利水平提升的重要体现。

（2）经济理性：通过家庭内部分工，有效配置土地、劳动力等资源，实现收益最大化

如同以舒尔茨为代表的理性小农学派所总结的，小农能够最大化利用自己掌握的资源。农户的经济理性主要体现为通过家庭内部分工，有效配置家庭掌握的劳动力、土地等资源。在农业收益较低的情况下，农户通常优先考虑劳动力资源的合理配置，劳动力的机会成本决定其是否务农。而机会成本是由市场确定的，人力资本水平高的劳动力，如高学历的年轻人的机会成本也就高。由于不同年龄段、不同性别劳动力的机会成本有一定的差别，形成了典型的农户家庭分工是青壮年男性劳动力外出务工挣得更高的收入，女性劳动力以本地城镇打工为主，挣取工资的同时也能照顾家庭，老年劳动力在农村种植粮食，照看孙辈，虽不能获得现金收入，却能够有效减少家庭支出。这样家庭不同成员分工协作，互相支撑，发挥各自的长处，实现了劳动力资源的最优配置，也保障了家庭经济收益最大化。

对那些因为各种原因没有外出打工，而选择务农的农户来说，其经济理性就是要实现劳动力与土地资源最优组合。如第七章的研究所证明的，对于以家庭主要劳动力投入农业生产的核心农户而言，只有选择高投入、高收益的蔬菜、瓜果种植，才能充分实现劳动力价值。对于以老年人为主的留守农户，在机械化生产技术辅助下种植小麦、玉米等节省劳动力的粮食作物，则是同时实现了自身的劳动力价值与土地价值；同时这些农户也会因农村生活的低成本性而选择留在农村居住，以降低家庭的支出，实现总体收益的最大化。

### 8.2.2 基于农户双重理性的城镇化内生动力机制：研究假说的验证

基于农户双重理性的研究假说，其城镇化的动力机制可以概括为家庭的社会理性，即支持子女发展、改善家庭生活条件是促进农户城镇化的引导性动力；而经济理性主导下，通过家庭内部分工与劳动力、土地等资源的充分利用，以最大化获取经济收益，则构成实现城镇化的现实支撑条件。不同的农户，优先考虑要素不同，也就形成了前文所总结的多种城镇化模式。

（1）社会理性：农户城镇化的引导性动力

新经济社会学认为经济行为的根源或动机由各种非经济因素促成，而不只是谋利（Polany，1944）。从农户城镇化的动机来看，正是农户的社会理性，即为了子女教育、结婚和更好的发展，或是为了改善家庭福利，成为促进农户城镇化的关键动力。基于纵向代际关系家庭结构和家庭伦理的约束，父母视子女的教育、发展为自己终身的任务，而子女在父母年老时也要尽到养老送终的责任。于是可以观察到，农户会尽自己最大的努力到城镇购房，以让子女接受更好的教育，以利于长远发展。有劳动能力的老人会承担起粮食生产、照看孙辈的工作，支持子女在外打工；而当老人丧失了劳动能力、自理能力时，绝大部分子女也会选择回到家乡照顾父母。事实上，支持子女到城镇上学、回乡照顾家里的老人，恰恰构成了农户本地城镇化的重要原因。

如前文实证研究表明，无论哪种类型的农户，进行城镇化最主要的目的就是为子女创造更好的教育条件。如农业就业农户中选择进城的原因中，"让子女接受更好的教育"一项占比63.7%，明显高于"更多就业机会"等其他选项，成为吸引农户城镇化的核心因素。最为外出务工农户看重、能吸引他们回流进入本地城镇的政策措施就是"提高教育水平"，认为其很重要的占81.3%，在各项政策中排名首位。同样促使本地企业就业农户进行城镇化的最主要的原因也是为了"享受较好教育、医疗等服务"，占比约为45%。

淳朴的农民往往将改变生活的希望寄托在下一代上，正所谓"再苦不能苦孩子，再穷不能穷教育"，很多农村的家长能够忍受外出务工的家庭分离，能够接受农业耕作的劳苦，但是不能接受子女教育质量低人一等。由于农区经济发展滞后，本地收入低、出路少，人们更为重视教育。2016年高考，周口市考上清华、北大的学生共94人，占河南全省总量的24%，名列第一，远超过第二名郑州市[①]，足以说明周口人对教育的重视。因此从本质上讲，支持子女到城镇就学、家庭团聚、照顾老人等受伦理、文化影响的社会理性，成为引导农户城镇化的重要动力。

---

① 参见 http://news.eastday.com/eastday/13news/auto/news/china/20160803/u7ai5894155.html。

### （2）经济理性：农户城镇化的现实支撑条件

家庭的经济理性表现为通过家庭内部劳动分工，最大化利用家庭资源以扩大收入，减少支出。农户能否实现城镇化，采用哪种模式的城镇化，很大程度上是由其经济条件决定的。

实现非农就业是农户提高收入、支撑其城镇化的前提和保障，实证研究已经证明丰富的城镇非农就业机会是吸引、促进农户城镇化的重要原因。如外出务工群体的调查反映出，农户家庭成员非农就业参与度越高，则农户的城镇化意愿越强；其中举家外出家庭的城镇化意愿高达65%。吸引外出务工群体回流的政策中，认为"增加就业机会"重要的占比高达73.5%。本地企业就业人员选择进行城镇化的重要原因之一也是"务工就业方便"占在30%以上，仅次于对教育、医疗水平的关注。

通常农户的经济条件由其劳动力资源、土地资源以及社会资源情况决定，其中劳动力资源的影响最大。综合前面几章实证研究的数据可以发现，农户家庭主要劳动力的人力资本情况是影响其城镇化方式的重要因素。从现状看，外出务工、本地城镇就业和农业就业三类劳动力的受教育水平本身就存在明显差异（图8-5）。农业就业群体的小学学历者占比约为37.12%，明显高于外出务工群体的13.85%和本地企业就业群体的18.52%，说明受教育水平较低是限制农民非农就业并进行城镇化的重要因素。而外出务工群体中大学及以上学历者占比约为10.47%，明显高于本地企业就业的5.07%和农村居民的2.43%，说明高学历对于外出务工和异地城镇化的作用尤其明显。

教育是形成人力资本的重要因素，第四章中对外出务工群体的教育水平与其城镇化

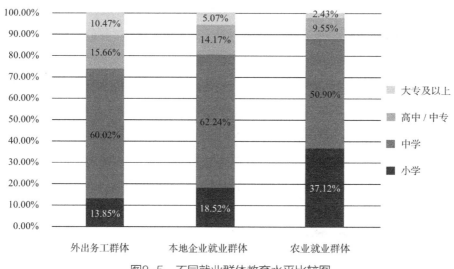

图8-5　不同就业群体教育水平比较图
数据来源：外出务工群体电话访谈、农户抽样调查与企业员工问卷调查

意愿的交叉分析表明，教育水平越高则进行城镇化，尤其是异地城镇化的可能性就越高。第五章关于本地企业就业群体城镇化影响因素的logistic回归分析也证明了劳动者受教育水平越高则城镇化意愿与能力也就越强。

总之，农户的经济情况是农户城镇化的重要支撑条件，而家庭经济条件又是由家庭劳动力的素质、就业和收入情况决定的。劳动力素质高、收入高的农户更有条件实现城镇化，经济条件一般的农户则会选择弹性城镇化或是留在农村。

### 8.2.3 农户城镇化动力演替与模式转换

随着农户经济收入的提高，农户从以前更为重视经济理性，转向经济理性与社会理性的均衡，社会理性对城镇化的引导作用更为凸显。这符合前文农户城镇化效用无差异曲线，随着农户收入提高和经济效用的提升，其边际替代率递减，因而农户愿意放弃部分经济效用，获得更高的社会效用。当然也符合马斯洛需求层次理论所总结的，人类的需求从低到高，形成生理、安全、爱、尊重和自我实现的体系；高层次需求的出现以较低层次需求的满足为前提，同样在一种需求得到满足的情况下，更高层次的需求便会取而代之（马斯洛，2003）。

现实中，在基本温饱和生存条件得到满足的情况下，农户逐步把家庭团聚，子女教育作为家庭的重要目标。家庭团聚其实就是爱与尊重的需要，子女的教育可以理解为农户自我实现的需要，因为在成年人自身发展不可能获得更大突破的情况下，他们自然将希望寄托于子代。需求层次的提升会导致农户行为逻辑的变化，相应地农户的城镇化模式也从过去主要劳动力的就业城镇化，向家庭整体的生活城镇化转变。表现在行动上，农民工从以前一个人外出务工，忍受家庭的分离和较为简陋的生活条件，从而积攒下更多的收入返还到农村，转变为追求经济收入与家庭福利的平衡，因此在打工地点的选择上更倾向于离家较近的省内城市或是本地县城，为此可以牺牲一部分经济收入。如前文分析，影响外出人员返乡的主要原因来自家庭和经济两个方面，而其因"家里有人需要照顾"而返乡的占29.3%，是决定他们返乡的主要因素；同时随着农区经济发展，"老家挣钱机会增加"的因素也占到20.2%，成为促使他们返乡的现实条件。

这一变化提示我们过去主要劳动力异地不完全城镇化模式，正在随着农户需求层次的提升、行为逻辑的转换发生着显著的改变，体现在城镇化主体、动力机制、行为逻辑、空间选择等多个方面（表8-2）。城镇化主体对象上，从主要劳动力的就业城镇化转变为家庭的完全城镇化。相应地，农户城镇化的目标也从获取较高的劳动收入，解决家庭温饱问题，转变为改善家庭总体福利水平。因而城镇化的动力也从过去的工业化为主，即通过外出就业获得高工资；转变为通过城镇建设提高公共服务水平，进而吸引更多农户进行城镇化。表现在空间上，城镇化的重点也就从能提供较高收入的发达地区大城市，转变为能够实现经济收入与服务水平均衡的本地城镇。为了应对农户城镇化动力机制与模式的转变，政府有效促进城镇化的措施也应从发展经济、创造GDP，逐步转向提升公共服务水平和更多的就业岗位。

本地完全城镇化模式与异地不完全城镇化模式比较　　　　表 8-2

| | 劳动力异地不完全城镇化模式 | 农户本地完全城镇化模式 |
| --- | --- | --- |
| 主体 | 劳动力个体 | 农户家庭 |
| 首要目的 | 获取高收入 | 改善家庭福利水平 |
| 动力机制 | 经济理性主导 | 社会理性主导 |
| 关注内容 | 高收入 | 高水平公共服务 |
| 空间选择 | 能提供高收入的大城市 | 经济收入与服务水平均衡的城镇 |

## 8.3　内外耦合的农户城镇化动力机制

在市场经济体制下，市场在资源配置中起到决定性作用。城镇化本质上是人口、资金、技术等资源要素在空间上聚集、优化的过程，因此市场构成城镇化发展的基本动力，决定着城镇化的速度与规模，并通过收入水平等要素引导农户的行为。同样制度、政策框架对城镇化也具有刚性影响（叶裕民，2001），主要通过影响市场预期和约束个人行为两种方式对城镇化发展起到引导与调控作用。因此，制度供给和市场环境是决定城镇化发展的宏观动力，也构成农户行为的外部条件。

2004年以来传统农区城镇化进入快速发展阶段。制度政策方面，国家出于区域均衡发展考虑，出台的中部崛起、农业现代化、新型城镇化等政策，对传统农区的快速发展起到了支持作用。市场方面，产业转移、劳动力回流、本地工业化是带动农区快速城镇化的重要力量。其结果是政策供给与市场环境共同促进了传统农区工业化、城镇化和农业现代化的协同发展。市场、政策等外部条件与双重理性主导下的农户内生动力相耦合决定农户行为，构成城镇化综合动力机制。

### 8.3.1　政策、市场等外部条件通过转变农户成员的就业、生活方式间接影响其城镇化行为

前文的实证研究证明政策、市场等外部条件通过转变农户家庭中不同成员的就业、生活方式间接影响其城镇化行为。其中工业化通过创造非农就业岗位，提供更高的劳动收入，影响家庭主要劳动力的就业方式和地点。城镇化建设通过提高城市公共服务的水

平与质量，吸引农户为了子女的教育或是结婚而在城镇购房，实现城镇化。农业现代化则主要影响原本在农村从事粮食生产的中老年人，随着特色农业发展和土地流转收入的增加，可以使部分老年人放弃农业生产，变农业经营收入为土地租金收入，从而为家庭整体城镇化消除阻力。

**（1）城镇化发展通过转变子代的教育、婚育空间而影响农户城镇化**

如前文所述，受社会理性支配，农户城镇化的主要动力之一就是支持子女的发展。为了子女的教育而进行城镇化，为子女结婚而在城市购房，也已经成了农村的普遍现象。一方面，由于农村建设用地控制严格，年轻人结婚分户很难申请到宅基地；另一方面，农户也将在城镇购房视为一种合理的投资，既可以改善生活水平，也为将来在城镇就业，尤其是为孙辈在城镇接受教育提供了保障。由此可以总结，城镇化建设提高了城市的公共服务水平，从而影响到家庭子代的教育与婚育空间，进而带动整个家庭的城镇化。

政府大力推动新型城镇化，扩大了城市建成区的规模、提高了城市公共服务的水平、改善了人居环境；城市优质的公共服务、良好的生活环境，会进一步吸引有条件的农户进城定居。同时城镇化水平的提升还带动了城市商贸服务业的发展，这会创造出大量的非正规就业岗位，形成非正规就业支撑的本地城镇化模式。因此推进城镇化发展是综合性的社会经济政策，能带动经济发展，影响农户的经济理性，也能影响农户的社会理性，促进社会结构转型。

**（2）产业转移、工业化通过改变家庭主要劳动力的就业方式而影响农户城镇化**

大规模的产业转移和农区本地工业的发展，首先吸引了大量沉淀在农村的妇女进入企业就业。而女性的非农就业提高了家庭的总体收入，可以确保在外务工的丈夫返乡后家庭总收入基本持平；在这种情况下，男性返乡的情况进一步增加，家庭生活的重心明显向本地城镇转移。虽然由于技术升级、资本替代，农区承接的产业转移能够直接提供的就业岗位较预期的要少很多，但在就业乘数效应的带动下，为男性劳动力返乡创造出直接的企业就业和间接的城镇非正规就业岗位，促进了城镇化发展。因此本地工业化、城镇化进程改变了农户家庭内部原有的男性外出务工、女性务农并照顾家庭的夫妻分工、家庭分离的生活模式，并形成新的以本地城镇为载体，男性以非正规就业为主，女性以企业打工为主的多元就业组合支撑的本地城镇化模式，促进了农户的城镇迁移。

**（3）土地流转通过影响农业劳动力的投入而间接影响农户城镇化**

在农业现代化发展过程中，初步形成了土地流转市场，确定土地流转的均衡价格，减少了交易成本，促进土地流转的发生，进而间接带动了城镇化的发展。一般而言土地具有要素配置和社会保障两大功能（蔡昉、王德文，2008）。在传统的小农生产模式中，农产品多用来保证农户自身的需求；随着农业现代化进程，农业种植朝着专业化、

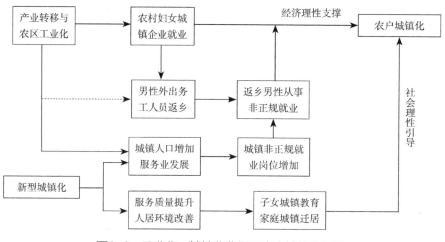

图8-6 工业化、城镇化背景下农户城镇路径图

商品化方向发展，因此土地的保障功能下降，而要素配置功能上升。制度变迁对土地流转市场的建立起到了促进作用，十八届三中全会确立的"农村土地三权分置"改革思路，就是从制度层面确认了土地流转的合法性。

如前文分析，传统农区农业现代化主要表现为高投入、高收益的蔬菜、瓜果等特色种植的家庭农场的发展，以及以"差序格局"为基础的小范围的土地流转。可以预见，随着城镇化水平提高和居民饮食结构的优化会产生更大的市场需求，同时在农业供给侧改革政策的引导下，未来特色种植的家庭农场将进一步发展壮大。同时由于特色种植的附加值较高，因而家庭农场能够支付的土地租金也较粮食种植高出很多。在土地流转市场上，当土地流转租金等于或高于种粮收益时，原来部分城乡两栖的兼业农户会放弃粮食种植，将土地流转出去，变农业经营收入为土地租金收入。这可以使兼业农户在不减少农业收入的情况下，完全脱离土地和农业，没有顾虑地进入城市，从而推动城镇化的发展。

因此可以总结出，农产品市场的形成和发展，引导部分农户从事附加值较高的特色种植，发展为家庭农场，并流转入土地。在土地流转市场上，高收益的特色农业支付了等于或高于粮食种植收益的土地租金，从而使部分原来城乡兼业的农户放弃农业生产，

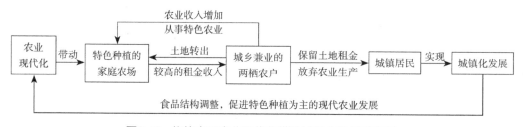

图8-7 传统农区农业现代化带动城镇化发展路径图

更彻底地转向城市生活,进而推动了城镇化发展。

一般认为农业现代化发展能够提高农业生产效率,减少农业劳动力需求,进而为城镇二、三产业的发展提供充足且相对廉价的劳动力。但经研究可知,在大量农村青壮年劳动力已经从农业转移出去的背景下,农业现代化发展并不体现在依靠农业生产效率的进一步提升,从农业中释放出更多的劳动力,进而推动城镇化、工业化进程。而是由于特色种养的家庭农场能够提供高于粮食种植收入的土地流转租金,从而使部分兼业农户、留守农户放弃粮食种植,彻底脱离农业和农村,进入城镇生活。这一过程中,农业现代化通过打破、改变农户家庭现有"半耕半工"、兼业收入的运营模式,从而使部分兼业农户放弃农业进入城镇,这也体现了制度、市场等宏观动力机制与微观家庭行为的耦合。

### 8.3.2 内生动力与外部条件耦合的城镇化动力机制

综上所述,城镇化主要影响家庭的子代教育,工业化主要影响家庭非农就业的主要劳动力,农业现代化影响务农的次要劳动力,三个方面相互影响,形成合力,共同促进农户城镇化进程。

其中,农户双重理性构成其城镇化的内在微观动力机制,而政策、市场环境则构成

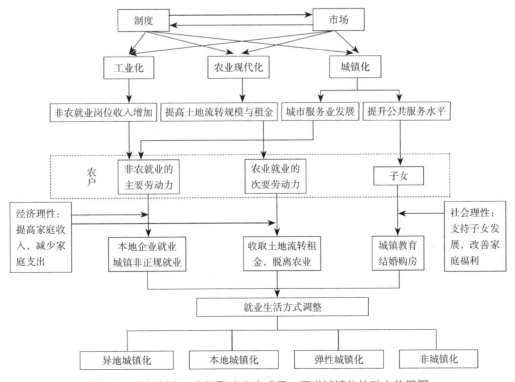

图8-8 外部制度、市场影响家庭成员、促进城镇化的动力传导图

农户行动的宏观外部条件。政策、市场等外部条件通过转变农户家庭中不同成员的就业、生活方式间接影响其城镇化行为。农户正是在外部制约下，充分考虑家庭劳动力、土地等情况，权衡家庭经济理性与社会理性，使外部环境制约与农户家庭理性相互耦合，共同构成农户城镇化的动力机制，形成异地城镇化、本地城镇化、弹性城镇化等多种模式。从结构化理论视角来分析，农户主体在双重理性支配下的城镇化行为，与外部制度政策和市场形成的社会环境互动、互构，通过农户主体与社会结构的二重化过程，在个体层面形成农户多样的城镇化模式，在整体层面促进了传统农区的快速城镇化。

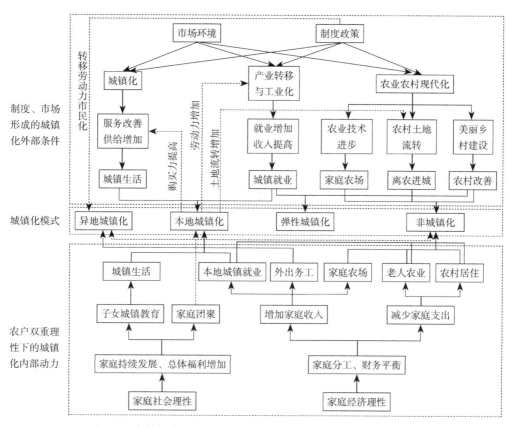

图8-9　内外耦合的城镇化的动力机制与农户城镇化模式对应图

### 8.3.3　延伸讨论：城镇化、工业化与农业现代化关系的再认识

从内外耦合的农户城镇化动力机制出发，可以对工业化、城镇化、农业现代化的关系进行更为深入的分析。既有关于三化协调关系的认识多以发展经济学为理论基础，认为工业化是城镇化的核心动力；农业现代化主要通过提高农业劳动生产效率释放出更多的劳动力，以促进工业化和城镇化；城镇化则为工业化和农业现代化提供市场需求、服务和空间。然而农区发展的实际情况与之有着明显的差异，首先是受制于城乡分割的户

籍和土地制度，我国城镇化并没有与工业化同步推进，大量农村劳动力虽然通过外出打工融入了全球化、工业化进程，但并没有实现生活、家庭的城镇化。与之类似，即便在产业转移、农区工业化的情况下，很多农户依然采取工农兼业、城乡通勤的弹性城镇化模式，没有实现完全城镇化。农业的情况是在机械化生产条件下，以弱质老年人为主要劳动力，已经没有明显的剩余劳动力；而未来以特色种养为代表的、资本和劳动力双密集的现代农业，还需要更多、更优质的农业劳动力。

本书立足于传统农区的城镇化实践，通过深入剖析外部宏观环境与农户行为决策的互动关系，对三化之间的关系做出新的更符合实际的总结。城镇化发展提升了城市公共服务水平和人居环境，符合农户改善家庭福利、支持子女发展的社会理性，因而成为城镇化的引导性动力。工业化通过创造非农就业岗位、提高家庭收入为农户的城镇化提供经济支撑，是支撑性推力；而农业现代化更多体现为消除农户从农村中退出的"摩擦成本"（程遥等，2011），成为城镇化的脱离性推力。

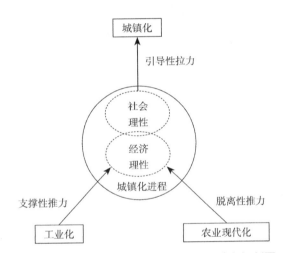

图8-10　农户视角的三化关系与城镇化动力机制图

关于城镇化本身成为城镇化动力的表述，看似是矛盾的自循环，但却是农区的实际情况，也符合新马克思主义空间生产理论。按照空间生产理论，城市空间本身就是资本投资积累的形式，也可以促进就业和经济发展，因而城镇化不一定是工业化的结果。从中国的实际情况看，依靠廉价劳动力优势和国际产业分工积累的大量初始资本，已开始大规模投资于城市空间，进入大卫·哈维所说的投资于建成环境的二次循环，从而促进了房地产市场的持续繁荣与城市的快速发展。空间生产已不再附属于工业化，本身就是推动城镇化发展的重要动力（武廷海，2014）。

## 8.4 传统农区城镇化特征与趋势

基于前文归纳的农户城镇化的模式、动力机制与影响因素，可以总结出整个传统农区城镇化的特征与发展趋势。

### 8.4.1 状态特征：乡城过渡、家庭组合的不完全城镇化

从家庭的角度分析，现阶段传统农区农户的城镇化呈现出乡城过渡、家庭组合的状态，具有不完全城镇化特征；即大部分农户既不是典型意义上的农民，也不是典型意义上的市民，而是正处在从农村向城市过渡的状态。农户家庭的不同成员在城乡之间离散式分布。通常在同一农户中，既有在城镇就业、生活的成员，也有在农业就业、农村生活的成员；同时又凭借家庭内部强大的粘合力而凝聚在一起，总体上较好地适应了社会经济发展变迁的历程。农户家庭成员在城乡间不同的离散分布状态，决定了农户不同的城镇化模式（如图8-11）。其典型表现就是就业在城镇、居住在乡村的弹性城镇化占比较高；还有很多农户是子代实现了本地城镇化，而年老的父母则依旧生活在农村，成为

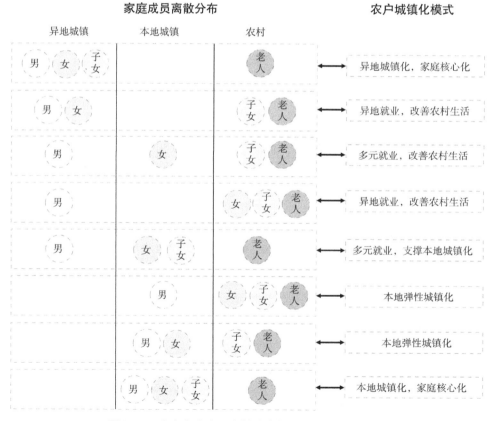

图8-11 农户家庭成员离散分布与城镇化模式对应图

留守农户；大量在企业就业的员工，日常居住在企业安排的宿舍，周末返回农村家中。

造成传统农区这种乡城过渡、不完全城镇化的原因是多方面的。一是因为城镇连续稳定的就业机会不足，获得的工资报酬较低，不足以支撑就业人员全家在城市的生活。另一方面，更重要的是受土地制度和农户家庭结构制约，工农兼业、城乡通勤的生活模式，有利于发挥家庭劳动力、资产的最大效益，是农户家庭内部分工协作的合理反映。

这种乡城过渡、家庭组合式的城镇化状态既不同于西方国家举家迁移的城镇化模式，也不同于我国发达地区的异地不完全城镇化模式。异地不完全城镇化更多的是劳动力受经济能力、制度制约而没办法实现完全城镇化，并伴有家庭分离、留守儿童等问题。而农区本地的这种不完全城镇化则是农户基于自身条件做出的现实、经济的选择，并不会造成严重的社会问题，反而可以视为是城乡密切联系，资源双向流动的一种表现。

### 8.4.2　过程特征：代际接力的分层城镇化

就城镇化的过程而言，传统农区农户的城镇化具有渐进的代际接力、分层选择特征。城镇化作为农民身份地位和经济条件上升的阶梯，是一个长期的过程。正如"贵族不是一代养成的"，对农户而言，实现完全城镇化通常也需要几代人的努力。其典型的奋斗过程是，目前70岁以上的老人大多一辈子务农，50～70岁的一代人，年轻时赶上了市场经济改革和民工潮，一部分人曾经到城市打工，但是受户籍制度和自身经济条件的限制，在年老后又回到农村务农、养老。而到了第三代，他们中的佼佼者可以凭借父辈的积累享受到较好的教育，加上自身的努力，可以在城市扎根立足；而他们中没有条件或能力实现城镇化的，则将希望再寄托于下一代。在代际接力的过程中，农户会根据家庭劳动力素质、收入、家庭负担等，平衡经济理性与社会理性，形成分层选择的格局。少数劳动力素质高、负担轻的农户可以优先实现异地城镇化；大部分外出务工农户返乡后选择本地城镇化；而自身经济能力不足，需要农业补充的农户则会选择城乡通勤的弹性城镇化模式。

社会调查反映出不同年龄段的农民在城镇化意愿、就业方式上有着明显的差别；年轻一代的农民具有更强的意愿和能力实现从农村到城市、从农业到非农产业的空间转移和职业转变。农户间的土地流转也受到亲缘关系和代际关系的影响，呈现出按照"差序格局"逐步归并、有序扩大的态势。不同代际的人在不同的经济条件、社会环境下成长，自然形成不同的价值取向。安土重迁、落叶归根的传统观念对老一代影响深远；而年轻一代则更多充满对城市生活的向往和价值观的认同。同时农户对教育的重视，对下一代发展的支持，以及家庭内部的分工合作机制，都使代际更替的城镇化具有坚强的家庭支持，因为子代的城镇化符合家庭持续发展、总体福利提高的目标。

农户城镇化这种代际接力、分层选择的特征，决定了传统农区的城镇化必定是一个缓慢渐进的过程，也启示政府不应设定过快、过高的城镇化目标，不能简单地通过扩大城市规模、撤并农村居民点等方式快速推进城镇化。以人为本的城镇化关键是通过就业岗位的创造、公共服务水平的改善和城乡二元壁垒的破除，引导农户根据自身情况选择适当的模式，逐步实现城镇化。

### 8.4.3 空间特征：市县均衡、县城主导的城镇化格局

基于农户城镇化的空间选择和传统农区城镇空间布局现状特征，可以判断未来农区城镇化将呈现市县均衡、县城主导的空间格局。首先从各类农户城镇化意愿与空间选择上可以发现，县城是农户本地城镇化的首选地（图8-12）。各类农户选择到县城定居的比例均较高，其中本地城镇就业人员达到28.34%，外出务工人员也达到了26.31%，即使是农村居民也达到了18.65%。说明以县城为主要空间载体的县域城镇化是大势所趋。而与县城明显的吸引力相比，周口市中心城区的优势并不突出；但考虑到县域城镇化一般只吸收本县的居民，而中心城区可以面向下辖9个县市，因而在吸纳人口总量上中心城区还是会高于各个县城。同时小城镇的吸引力较弱，外出务工农户、本地企业就业农户和农业就业农户选择到乡镇驻地的比例均较低，分别为4.22%、7.23%和6.29%；这说明在城乡一体化和县城快速壮大的背景下，一般小城镇的人口吸引力较弱，以小城镇为依托的城镇化方式并不适合传统农区。

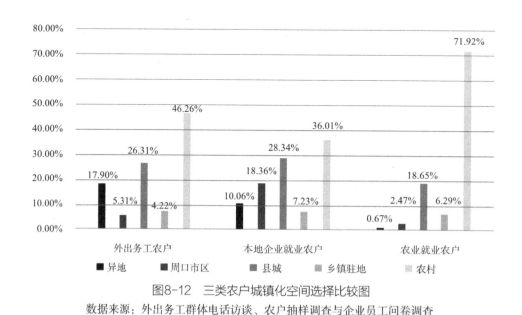

图8-12 三类农户城镇化空间选择比较图
数据来源：外出务工群体电话访谈、农户抽样调查与企业员工问卷调查

其次，第三章关于传统农区城镇空间布局现状的分析表明，黄淮海平原均质的自然、农业本底条件、方格式的交通网络，使得交通线路交汇处的城镇发展机会基本相等，孕育出市域、县域直至镇域层面都相对均衡的居民点空间布局体系。从目前政策和市场环境分析，各县的发展条件依旧是十分类似的，在交通区位、产业基础、行政管理、承接外来产业转移等方面条件均无明显差别。

因此可以总结，传统农区城镇化将呈现出市县均衡、县城主导的空间格局。县级以上行政单元的空间格局、规模等级序列不会发生明显变化，市县均衡发展的整体格局将得以延续。而县域范围内，县城将凭借公共服务优势和就业岗位优势，不断吸引人口和产业聚集，形成中心极化的发展态势，成为传统农区城镇化的主要空间载体。这种情况下，随着农村机动化水平的提高和城乡交通条件的改善，在同样的时间内农民可以更方便地到达县城乃至更高一级的城镇，从而获得更多的就业机会和更高质量的教育、医疗等公共服务，这造成小城镇的发展动力明显弱化。除少数区位优势突出、产业基础较好的重点镇会有所发展，大部分乡镇不能成为人口聚集的场所，而只是作为城乡公共服务均等化的节点。

## 8.5 基于农户城镇化规律的政策转型与规划创新

### 8.5.1 推动传统农区新型城镇化的制度政策框架

**（1）农户城镇化模式的利弊评述**

如前文所述，目前传统农区农户城镇化呈现出乡城过渡、家庭组合的状态，家庭的不同成员，根据其劳动力素质、在家庭中的角色与作用，在城乡之间离散式分布。长远来看，这种乡城过渡、家庭组合的不完全城镇化模式，存在着明显的弊端。首先它制约了农户生活水平的改善，虽然与1990年代和21世纪初的大量劳动力外出务工的异地不完全城镇化相比较，目前农区本地的不完全城镇化、弹性城镇化已经是明显的进步，是农户兼顾社会理性与经济理性的选择，但农村留守老人养老问题、家庭团聚等问题始终存在。尤其是在社会理性支配下，农户家庭内部各种资源优先向子代倾斜，老人尽力支持子女的城镇化，形成了较为明显的自我压迫、剥削（杨华等，2013），造成农村留守老人生活水平较低，也给国家和社会治理造成一定压力（王德福，2017）。其次，这种不完全城镇化还造成农户在城乡两头占地，浪费土地资源，尤其是农村建设用地得不到有效整合和高效利用，而严重的空心化也影响农村人居环境的改善与提升。最后，从农业生产的角度看，农户兼业状态不利于农业技术的推广、土地流转与适度规模经营和农业劳动生产率的提高，一定程度上制约了农业现代发展。

政府作为制度、政策的提供者，在充分理解、认识城镇化规律，了解农户行为的逻辑和市场动态的基础上，可通过制度政策供给，引导城镇化进程。未来政策设计的要点在于，一方面要顺应农户城镇化意愿与需求，制定切实可行的战略推动农户完全城镇化；同时也要避免农户双重理性带来的不完全城镇化的问题。

（2）传统农区新型城镇化的制度政策框架

基于对农户行为逻辑与传统农区城镇化规律的认识，可以从制度和空间两个方面提出五项推动传统农区新型城镇化发展的对策。制度政策方面，结合第二章对农户城镇化效用无差异组合模型的分析，可以总结出提升农户城镇化效用有两种途径。其一是就农户自身而言，应通过教育培训、人力资源水平的提升，来提高农户的城镇化能力；其二是就外部条件而言，要通过制度创新落实市民化政策，使进城农户能够平等享受城镇公共服务与社会保障，从而降低农户城镇化成本。因此，本书提出通过提升农户城镇化能力、降低农户城镇化的社会成本，共同形成支持农户家庭完全城镇化的制度政策框架，以提升城镇化水平与质量。这一框架应该是以提高家庭主要劳动力素质与能力，使他们能在城镇获得稳定的就业为支撑，以家庭全部成员均能享受城镇较高水平的公共服务为引导（包括未成年子女能在城镇就学、老年人能在城镇养老），以能在城镇获得稳定的住房为保障，并以农村土地制度改革为重要的综合性配套政策，确保不同家庭的成员均能在城镇找到合适的位置。

空间方面，在城镇一侧，要顺应农户迁移意愿与非农产业聚集发展的趋势，通过产城融合、服务升级，提高县城的综合城镇能力，构建以县城为主体的农区城镇空间格局。在乡村层面，考虑农户的分化与差异化要求，变迁村并点、村庄整合为深入村庄内

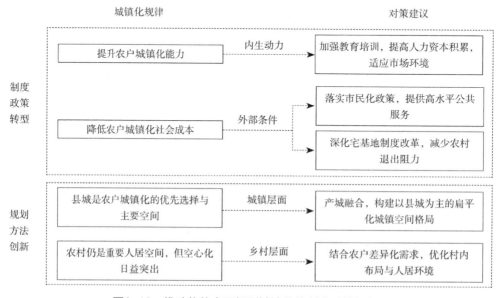

图8-13 推动传统农区新型城镇化的制度政策框架

部，结合宅基地退出政策逐步优化村庄空间布局，改善人居环境。

### 8.5.2 加强教育培训与就业支持，提升农户城镇化能力

稳定的非农就业是农户实现城镇化的基本保证。前文的模型分析与实证研究都表明农户的非农就业情况、主要劳动力素质与收入水平，是影响其城镇化决策的重要因素。因此加强职业技术培训，提升劳动力素质，为不同水平的劳动力提供适应的就业机会是支持他们城镇化的重要措施。为了有效推进以人为本的新型城镇化，需要面向不同农户制定有针对性的政策。

首先，针对外出务工人员劳动技能普遍较低的情况，应重点加强劳动力技能培训，提高他们在劳动力市场上的竞争力和城镇化能力。大力发展农区的职业教育，完善初级、中级、高级等不同层次的技能培训，并颁发相应证书，畅通技能劳动者职业发展通道（李强，2013）。根据实际情况，将青壮年劳动力、农村留守妇女、回流人员均纳入职业培训范围，基本消除劳动者无技能从业现象，将农区的人口优势转变为人力资源优势。

其次，要重视非正规就业对农户城镇化的支撑与促进作用，提高政策的包容性，支持非正规就业的合理发展。开店铺、做小买卖等非正规就业类型天然就适合家庭整体的就业，一个摊位往往可以同时解决家庭内部多个劳动力的生计问题；开出租、搞装修等非正规就业在一定程度上可以实现资本或技术的积累，也能为家庭城镇化提供经济保障。因此政府可通过税收减免、小额贷款、放宽市场准入等方式，降低创业门槛，支持更多农业转移人员自主创业；同时大力支持商贸物流等产业发展，创建专业市场，给非正规就业提供充分的空间保障。

最后，应继续吸引产业转移，提供适合一般农村妇女的就业岗位。受经济发展水平制约，传统农区本地非农就业的收入普遍不高，只依靠男性劳动力的收入较难覆盖家庭城镇化的成本，因此家庭中的女性在城镇获得稳定就业就成为影响其是否能够实现完全城镇化的重要原因。如前文分析在产业转移的影响下，妇女从农业中脱离出来进入企业就业，最终产生了多元就业支撑的本地城镇化模式。因此吸引产业，支持妇女非农就业，是促进家庭城镇化的重要措施。

### 8.5.3 落实市民化政策，提高公共服务质量，降低农户城镇化成本

如前文分析，随着收入和需求层次的提升，农户正从经济理性主导的劳动力个体的就业城镇化向社会理性主导的家庭整体城镇化模式转变。而这种城镇化模式的转型，使

高水平的城市公共服务成为吸引农户城镇化的重要因素。近年来传统农区通过承接产业转移，发展房地产等策略促进了本地经济社会的快速发展。但政策措施主要集中在经济建设领域，意在通过工业化和经济发展拉动本地城镇化；而在市民化、公共服务等方面尚有较大提升空间。

对于由夫妻及未成年子女组成的核心家庭而言，子女的教育是吸引他们进城的重要动力，因此应重点加大教育投入，改善教育设施，提升教育质量。应顺应城镇化和城乡人口流动趋势，优化教育设施布局，适当减少乡村中小学教学点，保证乡村学校的教育质量；同时要重点加快城镇中小学建设，解决普遍存在的大班额问题。配合教育资源布局的调整，建设相关居住社区，实现以教育带动本地城镇化发展。

对于由三代人组成的主干家庭而言，父母能否在城市养老、安度晚年是影响其家庭完全城镇化的重要因素。针对农村普遍存在的老龄化、空心化问题，政府应着力改善农村医疗、养老设施，同时借助市场力量，发展多层次的养老、医疗等公共服务，使有条件、有意愿的老人逐步脱离农村，通过公共服务水平的提升吸引农户主动城镇化。

### 8.5.4 深化宅基地制度改革，减少农村退出阻力

在现行农村土地制度下，农户要从农村退出实现完全城镇化，可能会失去宅基地和承包地的权益，存在着明显的制度"摩擦成本"。对此农户出于经济理性考虑，会采用将部分家庭成员留在农村，从而阻碍了家庭的完全城镇化。目前国家已经确定承包土地三权分置的政策框架，未来农村承包土地将不再成为农户进城的阻碍，反而可以通过土地流转，为农户提供一定的收入，成为支持其城镇化的动力。相比之下宅基地作为建设用地，其蕴含经济价值更高，对农户城镇化的影响更大，也将是未来深化改革的重点。

宅基地制度改革的关键是通过合理的经济补偿使已经城镇化的农户和处在城镇化过程中需要资金支撑的农户自愿退出宅基地（刘守英等，2018）。考虑农村宅基地退出的目标是缩减农村建设用地指标，增加耕地面积，因此地方政府应作为宅基地退出的唯一承接人。宅基地退耕获得的建设用地指标可以借鉴成都、重庆农村土地制度改革试点的经验，采用"退耕券""城乡用地增减挂钩"等方式，实现土地指标的异地使用，以获得更高的经济价值，覆盖宅基地退出成本、复耕成本和农户城镇化的部分成本。宅基地退出补偿价格的高低，将直接影响农民宅基地退出的意愿和速度。从农民的角度看，他们希望退出宅基地的补偿费用可以覆盖他们在本地城镇购买基本住房的费用。自愿退出宅基地的农户应转为城镇户籍，并纳入城镇住房保障体系，享受城市的各项福利（杨玉珍，2015）。

总之，深化宅基地制度改革，对政府而言能够节约建设用地；对继续生活在农村的

农户而言，如果能通过宅基地退出实现村庄的"精明收缩"，更有利于村庄基础设施和公共服务水平的改善。对于已经完成城镇化和将要城镇化的农户，有偿退出宅基地可以实现其资产价值，从而促进家庭的完全城镇化。

### 8.5.5 产城融合，构建以县城为主的农区城镇化空间格局

在高水平公共服务吸引和非农就业的支撑下，县城成为农户本地城镇化的主要空间选择。因此，应顺应人口流动和产业转移大趋势，按照产城融合、服务升级的思路，提升县城的综合服务能力与规模。产业方面，抓住产业转移的机会，建立产业公共服务平台，吸引劳动密集型产业落户县城，增加非农就业岗位。城市方面，加强县城公共服务和市政基础设施建设，教育、医疗等公共资源配置要向县城倾斜，重点是提高县城公共服务的水平和质量，以高质量的公共服务吸引外出人员回流和本地农村人口向城镇迁移。空间上注意城市与产业园区在规划布局、道路、基础设施建设方面的衔接，实现集约紧凑发展。打破大型产业转移企业自建封闭式厂区、企业办社会的模式，主动提供多元化的住房供给和公共服务配套，释放就业人口的城镇化潜力，充分发挥新型工业化与新型城镇化的互相促进效应。

在县城成为县域内部城镇化核心空间的情况下，应通过加强城乡交通联系，高水平公共服务共享等方式，扩大县城的服务范围，重构以县城为中心、重点镇为节点的城乡一体化的县域空间格局。而量大面广的小城镇将不会成为非农人口和产业的聚集地，其重点是完善农资、农贸市场等农业现代化发展需要的生产服务设施和日常商业、基本医疗等生活性服务设施，推进城乡基本公共服务均等化。

而在更大的空间尺度上，不同县级单元均衡发展，形成以县城为主的扁平化的城镇

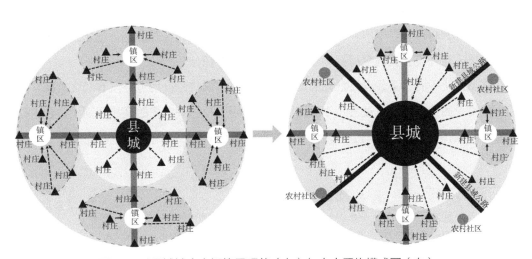

图8-14 县域城乡空间格局现状（左）与未来重构模式图（右）

空间格局。在这种格局下,地级中心城市需要强化服务周边城镇的生产性服务功能的聚集与发展,提升城市为区域服务的综合能力,并以其为节点加快融入区域经济分工体系。县城则成为产业转移和劳动密集型产业发展的重点地区;而一般小城镇的作用则体现在为周边农村居民提供基本生产、生活服务。整体上形成"生产性服务业+地级中心城市""劳动密集型产业+县城""农民生产、生活服务业+小城镇"三种不同的城镇发展模式,促使各级城镇健康发展,形成合理有序的城镇等级与职能分工。

传统农区各级城镇职能分工与发展策略　　　　表 8-3

| 城镇等级 | 主要职能 | 发展策略 |
| --- | --- | --- |
| 中心城市 | 生产性服务业 | 强化生产性服务功能的聚集与发展,提升服务区域、引领发展的综合能力 |
| 县城 | 劳动密集型产业+城乡综合服务 | 提升教育、医疗等城乡公共服务水平,大力承接产业转移,创造非农就业岗位;产城融合发展,增强综合承载能力 |
| 小城镇 | 农民日常生产生活服务业 | 建设服务周边农村的基础教育、医疗、日常商业等设施,提升基本公共服务均等化水平;完善农资、农贸市场、农业技术服务等设施,支撑农业现代化发展 |

## 8.5.6 结合农户差异化需求,创新乡村规划方法,推动乡村振兴

前文研究表明,未来农村仍将保留大量居住人口,是重要的人居空间。其实这种农村居住人口的减少明显滞后于就业的非农化,是日本、韩国等东亚小农经济国家的普遍情况(D·盖尔·约翰逊,2004)。乡村较低的生活成本、独门独户的居住方式是吸引人口的主要原因;当然乡土社会的亲情、安土重迁的传统等社会、文化因素也是很多人不愿意离开农村的重要原因。因此,改变目前空心、衰败的乡村面貌,优化乡村空间布局,改善人居环境,实现乡村振兴是传统农区的重要任务。

在城镇化大背景下,农村常住人口明显减少,而农村建设用地并没有随之缩减,造成土地资源的浪费。同时过去几年的实践已经证明,迁村并点式的乡村规划不符合农村的实际情况,难以推行[①]。村落作为社会关系网络和生活方式的总和,其终结过程要比

---

① 河南省在 2010～2014 年曾大力推进迁村并点和新型农村社区建设,从实际情况来看存在着规划编制脱离实际情况,投资巨大难以实施,缺少就业支撑形成新的空心村等问题。参见"河南新型农村社区建设遭专家炮轰,http://bbs.tianya.cn/post-free-3211505-1.shtml,""孔德继. 反思周口市拆村并点的村庄建设[EB/OL]. http://www.zgxcfx.com/jinritoutiao/82484. html"。

作为职业身份的农民更加延迟和艰难（李培林，2002）；因此应尊重农区现状乡村总体格局，将乡村规划的重点从宏观的村庄布局调整，转向微观层面，结合农户需求与宅基地腾退，创新乡村规划方法，优化村庄内部的空间布局。首先要考虑不同农户的差异化需求。如前文分析，由于日常就业与生活方式的不同，不同类型农户对生活居住空间、村庄建设、农业生产的要求存在明显差别①。针对兼业农户、核心农户和留守农户，分别采取有偿退出宅基地促进城镇化、改善村内基础设施和公共服务设施、改善农业生产条件等措施，既满足农户的现实需求，同时也促进闲置宅基地的腾退与利用。

其次，村庄规划首先要在深入调研的基础上，掌握村庄内可能退出的闲置宅基地的数量、位置。通常村庄内部可能宅基地退出应该是零散、插花分布的。如果宅基地退出直接复耕，难以形成有效的农业种植，也会使村庄建设用地布局分散，不利于基础设施配套和人居环境改善。因此规划应根据可能退出宅基地的位置，分为3种类型加以利用。其一是再利用型，对于位于村庄内部、交通条件较好、建设条件较好的宅基地地块，可以作为村委会、文化站、商业等公共服务用地，或作为未来新增宅基地的储备用地。其二是退出复耕型，宅基地位于村庄边缘与周边耕地相连，可直接退耕为耕地，用于农业生产；其三是退出改园地型，对于村庄内部零散的宅基地，退出后可改为村集体共有的果园、菜园，这一方面可以解决地块面积小，不适宜大田农业耕作的问题，改为村集体的财产，可以增加村集体的财源，从而为集体事物的协调提供经济基础。

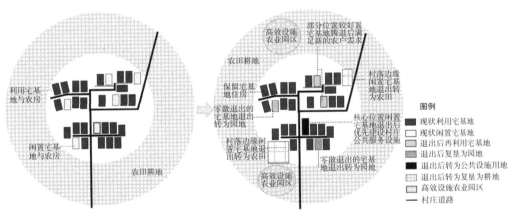

图8-15 村庄内部空间现状（左）与整治利用模式图（右）

---

① 核心农户由于仍要从事农业生产，出于耕作距离的考虑，他们因此希望维持现有村庄格局，同时大力改善村庄的人居环境和农业生产经营条件，使生产、生活更为便捷。以老年人为主的留守农户，留在农村的主要原因是农村生活成本低，因此他们要求现在宅基地保持稳定，没有意愿也没有经济能力进行搬迁。兼业农户，会在城镇化和农业现代化的共同影响下，进一步分化，有些会选择流转出土地进行城镇化，这部分人希望能够实现宅基地和农房的价值，作为城镇化的资本；还有一些则会转变为核心农户，或是随着年龄增长变为留守农户，他们希望保留宅基地与承包土地。

腾退土地优先满足村庄的基础设施、公共服务设施用地需求。在村民参与的基础上，制定村庄建设管理的村规民约，确保农村新建、改建住房符合规划要求，村庄道路、广场等公共空间不被肆意侵占，公共环境卫生得到有效维护。通过长时间渐进式的动态调整与优化，在不改变传统农区村庄分布格局与社会关系的情况下，实现村庄用地的缩减与人居环境的改善，最终实现乡村振兴。

本书关于农户经济理性、社会理性，以及外部制度与市场环境影响农户城镇化行为的分析框架，具有一定的普适性。本书所总结的多种城镇化模式在全国各类地区也均有表现，但根据地方经济发展水平、城乡关系的差异在比例上有所不同。从相关文献的比较来看，在经济发达地区弹性城镇化、多元就业支撑的本地城镇化模式的比例会更高；而在非农就业岗位不足的传统农区异地城镇化、主要劳动力外出务工支持家庭本地城镇化的模式占比则较高。就本章提出的促进农户城镇化的对策建议而言，提升公共服务水平、加强非农就业支撑、通过职业教育提高农民工劳动力素质等具有较强的普遍性；而构建以县城为主的城镇化空间格局，保持村庄整体均衡的格局，结合宅基地退出政策优化单个村庄内部布局等内容则具有明显的地域性、阶段性特征，主要适用于以周口为代表的人多地少、经济欠发达的豫东南传统农区。

# 第9章

# 研究结论与展望

## 9.1 研究结论

新型城镇化是促进经济社会持续发展，解决"三农"问题的关键战略。农户是城镇化的微观主体，城镇化过程也是农户从农村向城镇迁移、从第一产业向二三产业转移的过程，因此如何认识当代中国农户，农户城镇化的动力机制与影响因素如何，构成解释城镇化现象的基础。传统农区人多地少、工业基础薄弱、三农问题突出，又是粮食主产区和农民工的主要来源地，其发展影响着国家粮食安全和全国城镇化格局。基于此，研究从农户的视角研究传统农区的城镇化问题，对于认识农户城镇化模式与动力机制，深化城镇化理论，把握传统农区城镇化规律有重要意义。

在文献综述的基础上，本书提出农户视角的城镇化理论框架；继而以河南省周口市为案例，深入剖析外出务工农户、本地企业就业农户、非正规就业农户和农业就业农户四类农户的城镇化行为，总结农户城镇化的典型模式、动力机制与传统农区城镇化的特征与发展趋势，并针对性地提出对策建议。从理论构建到实证分析，本书得出如下主要研究结论。

### 9.1.1 农户城镇化理论框架

在分析不同农户理论学派争议的基础上，笔者借鉴马克思·韦伯将人类理性划分为工具理性与价值理性的二分思路，将农户的家庭理性分解为经济理性和社会理性两个方面，以整合社会学与经济学的研究思路，协调理性小农与道义小农两派理论。结合现实中农户的城镇化行为，提出农户具有社会理性和经济理性构成的双重理性，其中社会理性是农户城镇化的引导性动力，而经济理性是农户城镇化的支撑性条件。同时考虑外部环境对农户行为的影响，基于结构化的理论方法，提出制度政策、市场条件约束下的农户行为与城镇化的分析框架，认为农户作为城镇化的微观行为主体，在制度政策和市场环境的影响与约束下，根据自身的情况平衡家庭的经济理性与社会理性，做出适当的城镇化选择。并进一步通过引入无差异曲线解释农户城镇化理论框架，分析了农户经济理性与社会理性的均衡，以及外部市场、政策环境变化对农户城镇化的影响。

在这一理论框架下，根据农户优先考虑要素的不同，形成经济理性主导、社会理性主导以及经济理性与社会理性均衡的多种城镇化模式。随着农户收入提高，需求层次上升，农户城镇化的内生动力也会逐渐演替，从以经济理性主导，为了更高的经济收入而城镇化，转变为以社会理性主导，为了获得更好的公共服务而城镇化。相应地农户现实的城镇化模式也从劳动力个体的就业城镇化，逐步向家庭整体城镇化转变。

### 9.1.2 不同就业类型农户城镇化特征与影响因素

**（1）外出务工农户**

在区域经济差距明显的情况下，外出务工人员占到周口农业转移就业的75%左右，是传统农区劳动力最主要的非农就业渠道。研究利用外出务工人员电话访谈数据，分析发现外出务工群体以青壮年男性为主，普遍具有较高的劳动力素质，其中主要是已婚单身外出，家庭迁移也占一定比例。外出务工农户对家乡有着强烈的归属感，80%以上的受访者表示会返回周口定居。农户会根据劳动力素质、收入、家庭情况等选择适当的城镇化模式。少量劳动力素质较高、收入较高、家庭负担较小的农户能实现异地城镇化。而大部分外出人员最终会返回流出地，返乡后约有3成会选择在城镇定居，实现本地城镇化。还有大量外出劳动力返乡后会居住在农村，同时到城镇打工兼业，采用弹性城镇化模式。可见外出务工人员的返乡将会带动以县城为主的本地城镇化，同时农村依旧是重要的人居空间。

影响外出务工农户城镇化的因素可以概况为经济和家庭两个方面，分别对应着农户的经济理性和社会理性。经济方面，外出务工人员的年龄、学历、收入水平对农户城镇化意愿有明显影响，收入越高、学历越高则城镇化意愿越强，年龄越大则返回农村的意愿越强。同时，家庭外出成员越多则城镇化意愿越强，照顾家人、支持子女上学是外出务工农户返乡并进行本地城镇化的重要原因。安排优质劳动力外出务工是家庭经济理性的表现；为了更好地照顾家人而放弃部分经济收入，返乡进行本地城镇化，则是家庭经济理性与社会理性的均衡。

**（2）本地企业就业农户**

在产业转移的大背景下，具有人力资源优势和成本优势的传统农区大量承接外来产业转移，增加了本地非农就业岗位。但由于转移企业工资水平偏低、技术要求简单，且缺乏上升通道，难以吸纳到农村优质劳动力，形成以中年妇女为主的员工结构。三个被调查的典型企业中女性员工占比平均达到62.58%。女性在本地企业就业可明显提高非农就业收入，同时也不影响她们照顾家庭；客观上也有利于转移企业延续低成本竞争优势。

目前本地企业就业的农户中有30%左右已通过在城镇购房或租房的方式，实现了本地城镇化；大部分员工则采取弹性城镇化的模式，其中约25%的近郊农户通过日常通勤，实现就业在城镇、居住在农村的弹性城镇化模式；其余距离较远的员工（约45%），则选择住在职工宿舍，每周返回农村1~2次，呈现出高度的城乡联动、融合特征。农村生活成本低是其继续在农村居住的主要原因；在城镇能够获得更好的公共服务，尤其是子女接受更好的教育，则是他们进行城镇化的主要原因。

从动力机制上看，女性到企业就业提高了家庭的总收入，考虑家庭整体收支平衡，女性在本地企业就业可以抵消男性返乡造成的收入减少，从而起到促进外出人员返乡的作用。同时女性的城镇就业使整个家庭的生活重心从农村向城镇转移。这种情况下，进一步考虑子女教育与家庭团聚，在家庭社会理性的引领下，农户选择本地城镇化的可能性明显增加。所以产业转移通过吸纳农村妇女到企业就业的方式，间接带动了农区本地城镇化。

（3）本地非正规就业农户

农区城镇以商贸物流、城乡公共服务为主的产业结构，形成其以非正规就业为主的城镇就业结构。前文估算历年来周口市的非正规就业占全部城镇非农就业岗位的比例一直在70%以上，是城镇非农就业的绝对主体。通过对小商贩、出租车司机、建筑装修工人等主要非正规就业群体的访谈发现，传统农区的非正规就业者以中年男性为主，普遍具有较高的收入、较强的城镇化意愿和能力。相较于在企业打工，非正规就业具有更强的技术、资金积累性，有利于个人长远的发展，因此更能吸引男性就业。由于非正规就业本身需要城市空间支撑，因此非正规就业群体有较强的城市依赖性，这也使他们更容易获得城市性，城镇化意愿也更强。同时，非正规就业的收入较高，普遍高于本地企业和城镇居民人均可支配收入，因此他们有更强的经济实力进行城镇化。

因此传统农区形成了典型的非正规就业支撑的本地城镇化模式。这一模式中非正规就业能够提供较高的收入成为实现本地城镇化的重要支撑条件；支持子女在城镇就学、改善生活条件成为农户城镇化的引导性动力；而非正规就业对城市空间的依赖性成为他们进行本地城镇化的重要诱因。考虑到农户家庭劳动力的组合关系，男性劳动力在城镇从事非正规就业，女性在企业打工，不同家庭成员的就业都集中在本地城镇，形成非农就业组合支撑的本地城镇化模式，可以显著地提高城镇化水平与质量。

（4）农业就业农户

在城镇化、农业现代化的共同影响下，传统农区的农户发生明显的分化。根据农业种植类型、劳动力投入等情况，可以分为核心农户、留守农户、兼业农户等主要类型。受农产品市场引导，部分农户发展高投入、高收益的蔬菜瓜果特色种植，成为以农业收入为主的核心农户。以老年人为主的留守农户在机械化生产条件下，种植粮食作物。还有大量农户则是采取城乡兼业的方式，同时占有农业收入和务工收入。调查显示现状居住在农村的农户的城镇化意愿总体不强，71.91%的农户选择继续居住在农村；但不同类型农户的城镇化意愿差别明显。留守农户有超过90%，核心农户也有超过70%选择继续生活在农村不进行城镇化。农业生产的便利性，是核心农户继续生活在农村的主要原因；农村低成本生活则是吸引留守农户的主要原因。

而兼业农户中50%左右有城镇化意愿，县城是他们最主要的空间选择。为了子女享受更好的教育是吸引农户城镇化的主要因素。在农业供给侧改革的引领下，部分兼业农户也会在合作社或专业市场的引领下发展高投入、高收益的特色种植，成为核心农户。而随着农业现代化进程，土地流转租金的提高会促使部分兼业农户将土地流转出去，变农业经营收入为土地租金收入，从而促进他们的城镇化。

根据不同类型农户的发展趋势，结合城镇化和农业现代化的总体进程，可以推断出未来大量留守农户、核心农户仍将居住在乡村，同时还会有大量农户选择居住在农村、就业在城镇的弹性城镇化模式，因此农村依旧是重要的生活聚居地，但老龄化、空心化问题也会更为突出。需要重视农村在居住功能、维持国家粮食安全等方面的重要作用，采用切实可行的方法，逐步改善农村的生产、生活环境。

### 9.1.3 多元复合的农户城镇化模式

综合实证研究，传统农区现实存在着六种典型的农户城镇化模式，即异地城镇化模式、主要劳动力异地工业化支撑农户本地城镇化模式、公共服务引导的本地城镇化模式、非正规就业支撑的本地城镇化模式、非农就业组合支撑的本地城镇化模式和弹性城镇化模式。不同的模式有不同的影响因素与动力机制，适合不同的农户。

**异地城镇化模式**。适合少数劳动力素质较高、家庭负担较小的核心家庭。他们能在打工地获得稳定的就业，并通过购房或租房在城镇安家落户，从而实现全家的异地城镇化。随着市民化政策的推进，户籍社保政策等制度性限制要素的减弱，未来会有更多农户实现异地城镇化，从而减少农区常住人口，协调人地关系。

**主要劳动力异地工业化支撑农户本地城镇化模式**。受限于经济实力和政策限制，外出务工农户不能在打工地实现异地城镇化的情况下，选择让家庭主要劳动力继续在外务工，并将收入返还，支持其家庭在老家进行城镇化，从而形成主要劳动力异地工业化支撑农户本地城镇化模式。这是农户根据自身情况，均衡考虑经济理性与社会理性，即可以充分实现家庭优质劳动力的价值，又可以以较低的成本改善家庭生活条件的方式。

**非正规就业支撑的本地城镇化模式**。受经济发展水平和产业类型影响非正规就业是传统农区城镇非农就业的主体。非正规就业收入较高、具有一定的职业提升空间，因此能够吸引中年男性就业。非正规就业能够提供较在企业打工更高的收入，也支撑从业者有条件进行城镇化尝试；同时非正规就业对城市空间有较强的依赖性，使就业者有较强的城镇化意愿，在事实上形成了非正规就业支撑的本地城镇化模式。

**非农就业组合支撑的本地城镇化模式**。产业转移主要吸引农村妇女到企业就业，而家庭男性则返乡从事非正规就业，使不同家庭成员的非农就业都在本地城镇得以解决，进而促进农户的完全城镇化。这种城镇化模式以家庭团聚需求为内在动力，以多元的就业组合为支撑，最终在本地城镇实现家庭团聚和主要劳动力的充分就业，是在产业转移和劳动力回流的大趋势下，农区本地城镇化的重要模式。

**公共服务引导的本地城镇化模式**。在家庭社会理性主导下，农户会优先考虑子女教育、家庭生活改善等问题时，受城镇高水平的公共服务吸引，从农村向城镇迁移，形成公共服务引导的本地城镇化模式。

**弹性城镇化模式**，指农户通过工农兼业和城乡通勤的方式，实现在农村居住在城镇就业，同时享受城镇非农就业和乡村降低成本生活的城镇化模式。目前这一模式在农区被广泛采用，其优点是可以降低农户城镇化的成本和风险，适合家庭经济能力和城镇化需求不强的农户，是农户城镇化进程中的一种可进可退的过渡形态。

从农户双重理性视角分析，这六种城镇化模式又可以进一步归纳分为经济理性主导、社会理性主导和社会理性与经济理性均衡三大类。其中异地城镇化和弹性城镇化是家庭经济理性优先的表现，只不过异地城镇化适合于劳动力素质较高、家庭负担较少的年轻家庭，而弹性城镇化适用于劳动力素质不高、城镇化风险与成本较大的农户。公共服务引导的城镇化模式则是社会理性主导的，而主要劳动力异地工业化支撑本地城镇化的模式则是典型的社会理性与经济理性平衡的模式。当然现实中这些模式不是完全独立的，而是相互交叉的，对农户的城镇化起到复合作用。比如公共服务引导的城镇化模式，也需要就业的支撑，因此在实际中通常与非正规就业支撑或非农就业组合支撑的本地城镇化模式共同发挥作用，形成多元复合的城镇化模式。

## 9.1.4 内外耦合的城镇化动力机制

农户的双重理性构成其城镇化的内生动力。随着家庭收入的提高和基本生活需求的解决，农户的社会理性，即支持子女的发展、改善家庭生活条件，成为其城镇化的引导性动力；而经济理性，即通过家庭分工，合理利用家庭的劳动力、土地等资源，实现经济收入最大化和开支的最小化，则成为农户城镇化的支撑条件。

同时外部制度政策与市场环境构成农户城镇化的外部条件与约束。第三章通过分析传统农区的城镇化历程，证明了制度政策、市场环境等外部条件对农户行为的制约与影响。在1980年代，家庭联产承包责任制改革激发了农户的积极性，同时在乡镇企业快速发展的市场环境，以及国家限制人口流动、大力发展小城镇的政策引导下，形成农户"离土不离乡，进厂不进城"的本地农村城镇化模式。1990年代至21世纪初，国家逐步放松劳动力流动限制，同时沿海地区快速发展吸引了大量青壮年劳动力外出务工，但受限于户籍制度，形成异地不完全城镇化模式。2005年以来随着外部市场环境的变化，农区凭借人力资本优势，大规模承接产业转移，形成了推动工业化和城镇化发展的市场环境。制度政策方面，国家强调区域平衡发展，大力支持农区发展，出台了新型城镇化政策，主动调整户籍、社会福利等制度，以促进农民工的市民化。政策与市场相结合形成了传统农区城镇化与工业化、农业现代化协调发展的局面，这也从根本上决定了农户可以采取异地城镇化、本地城镇化、弹性城镇化等多元城镇化模式。

进一步将农户城镇化行为与外部环境进行关联分析可以发现，政策、市场等外部宏观动力通过改变农户不同家庭成员的生活方式、就业方式与空间选择，影响农户的城镇化。相关章节证明了产业转移通过吸引农村妇女城镇非农就业，间接带动了家庭的城镇化。非正规经济的发展为男性劳动力的就业创造了条件，形成非正规就业支撑的城镇化模式。农业现代化则通过提高土地租金收入，促使家庭中从事粮食种植的中老年劳动力放弃农业，从而间接地促进农户城镇化。而城镇高水平的公共服务尤其是教育，则吸引农户为了子女的教育发展而进行城镇化。

从结构化视角来看，外部政策、市场环境与农户双重理性主导下的个体城镇化行为互动、互构，通过农户主体与社会结构的二重化过程，在个体层面形成异地城镇化、本地城镇化、弹性城镇化等多样的城镇化模式，在整体层面形成了传统农区城镇化、工业化与农业现代化协调发展的局面。同理从农户层面对外部政策、市场等要素进行再结构化考察，可以发现城镇化建设提升了城市公共服务水平和生活环境，符合农户改善家庭福利条件，支持子女发展的社会理性，因而成为城镇化的引导性动力；工业化则通过创造非农就业岗位、提高非农就业收入为农户的城镇化提供经济支撑，是支撑性推力；而农业现代化通过提高土地流转收入促使部分兼业农户从农村中退出，成为城镇化的脱离性推力。

### 9.1.5 传统农区城镇化的特征与趋势

（1）传统农区城镇化的主要特征

**从农户城镇化的状态来看，呈现出乡城过渡、家庭组合的状态，具有典型的不完全城镇化特征。**农户家庭的不同成员，根据其劳动力素质、在家庭中的角色与作用，在城乡之间呈现离散式分布。以三代主干家庭为例，其典型状态是男性劳动力外出打工，女性在本地企业打工，子女在城镇读书，老年人在农村务农。同一个家庭中，既有在城镇就业、生活的成员，也有从事农业、农村生活的成员；同时又凭借其家庭内部强大的粘合力而凝聚在一起，总体上较好地适应了经济社会的发展与变迁。这种乡城过渡、家庭组合的不完全城镇化是农户基于自身条件做出的现实、经济的选择。不同的农户根据家庭劳动力素质、结构等，选择适合的城镇化模式，呈现出异地城镇化、本地城镇化、弹性城镇化等多种模式共存的情况。

**农户城镇化过程表现出代际接力、分层选择的特征**。城镇化作为农民身份地位和经济条件上升的阶梯,是一个长期的过程;实现完全城镇化通常也需要几代人的努力。不同代际的人在不同的制度背景、市场环境下成长,自然形成不同的城镇化意愿、就业方式与价值取向。安土重迁、落叶归根的传统观念对老一代影响深远;而年轻一代则更多充满对城市生活的向往和价值观的认同,也具有更强的意愿和能力实现从农村到城市的空间转移和从农业到非农业的职业转变。同时农户对教育的重视与对下一代发展的支持,以及家庭内部的分工合作机制,都使代际接力的城镇化具有坚强的家庭支撑,因为子代的城镇化符合家庭持续发展、总体福利提高的目标。在代际接力的过程中,农户会根据家庭劳动力素质、收入、家庭负担等,平衡经济理性与社会理性,形成分层选择的情况。少数劳动力素质高、负担轻的农户可以优先实现异地城镇化,一般农户会进行本地城镇化,而自身经济能力较差、需要农业补充的农户则会选择城乡通勤的弹性城镇化模式。农户这种渐进式的代际接力、分层城镇化的特征,决定了传统农区的城镇化必定是一个缓慢渐进的过程,也启示我们不宜设定过高、过快的城镇化发展目标,不能盲目采取扩大城市规模、撤并农村居民点等方式推动城镇化发展。

(2)传统农区城镇化的总体趋势

**人口流动方面**,农户的异地城镇化与本地城镇化将长期共存,并且根据农户的家庭结构、主要劳动力素质等因素的差异,呈现分层流动的态势。随着各大中城市市民化政策的逐步落实,部分拥有较高素质劳动力的农户将逐步实现异地完全城镇化;从前文分析的农户异地城镇化的意愿与潜力来看,在未来1~2代人的时间内,将有20%左右的农户逐步实现异地城镇化。同时随着农区本地经济的发展和非农就业机会的增加,本地城镇化率也将逐步提升;县城凭借其公共服务质量较高和非农就业集中的优势,将成为本地城镇化的核心空间,可能承担本县域非农人口的60%~70%。而在既有农村土地制度不突破的情况下,出于经济理性的考虑大量留守农户仍将居住在农村,未来农村的空心化和老龄化还将进一步加剧;同时还会有大量农户选择居住在农村、就业在城镇的弹性城镇化模式。

**空间格局方面**,传统农区城镇化呈现出市县均衡、县城主导的空间格局。历史上,黄淮海平原均质的自然、农业本底、方格式的交通网络,使得交通线路交汇处的城镇发展机会基本相等,孕育出市域、县域直至镇域层面都相对均衡的居民点空间布局体系。从目前政策和市场环境分析,各县的发展条件依旧十分类似,在交通区位、产业基础、行政管理、承接外来产业转移等方面均无明显差别。从农户的角度看,受家庭、土地等因素影响,大多以本县县城作为城镇化的首选地。因此县级以上行政单元的空间格局、规模等级序列不会发生明显变化,市县均衡发展的整体格局将得以延续。而县域范围内,县城将凭借公共服务优势和就业岗位优势,不断吸引人口和产业聚集,形成中心极化的发展态势，成为传统农区城镇化的主要空间载体。这种情况下，除少数区位优势突出、产业基础较好的重点镇会有所发展，大部分乡镇不能成为人口聚集的场所，而只是作为城乡公共服务均等化的节点。

### 9.1.6 推动传统农区新型城镇化的对策建议

制度政策可以通过对市场与农户行为的影响来引导城镇化进程。结合农户城镇化效用的无差异组合模型，本书提出通过教育培训提升农户城镇化能力，落实市民化政策、降低农户城镇化的社会成本，以及推动宅基地制度改革三个方面，共同形成支持农户家庭完全城镇化的制度政策框架，以提升传统农区城镇化水平与质量。通过加强职业技术培训、支持非正规就业发展、大力吸引产业转移、增加就业岗位等多种方式，为农户提供非农就业机会，以提高其城镇化能力，支撑家庭城镇化。落实市民化政策，使农户能够平等享受高水平的城镇公共服务和社会保障，结合农户社会理性需求，通过高水平的公共服务引导农户城镇化。同时要深化农村宅基地制度改革，使已经城镇化和有能力、有意愿进行城镇化的农户自愿退出宅基地，并获得合理的经济补偿，从而减少农户从农村退出的"摩擦成本"，实现完全城镇化。

在空间方面，要顺应农户迁移意愿与非农产业聚集发展的规律，通过产城融合、服务升级，大力支持县城的发展，构建以县城为主体的农区城镇化空间格局。同时在农村，考虑农村常住人口的减少与农户的分化，结合宅基地退出政策，逐步优化村庄内部空间布局，改善人居环境。

## 9.2 主要创新点

### 9.2.1 提出农户双重理性假说，构建了农户城镇化理论

农户研究方面长期存在着理性小农与道义小农的争论，然而要完整地解释农户城镇化行为，需要综合两方看似对立的观点，更要结合中国农户的特征。本书借鉴马克思·韦伯将人类理性划分为工具理性与价值理性的二分思路，提出农户具有经济理性和社会理性组合的双重理性的假说。吸纳本土农户研究的重要结论，概括农户社会理性的表现是优先支持子女教育，实现家庭的可持续发展和总体福利的增加；经济理性的表现为通过农户内部分工，有效配置土地、劳动力等资源，实现收益最大化。进一步结合农户城镇行为特征，提出社会理性是农户城镇化的引导性动力，而经济理性是农户城镇化的支撑性条件，构建了农户视角的城镇化理论；并引入替代效用、收入效用等微观经济

学概念，利用无差异曲线，解释分析了农户城镇化的模式选择与内外部影响因素的关系。这一理论框架较好地呼应了理性小农与道义小农的学术传统，也整合了社会学与经济学的研究方法，形成更为综合全面的解释框架，为实证研究提供了较好的基础。

### 9.2.2 剖析政策、市场等外部条件与农户行为的关联，深化城镇化动力机制认知

城镇化的动力机制综合复杂，现有研究从经济发展、产业结构演变、制度变迁等宏观层面和农户意愿、行为等微观层面都形成了理论解释，但是没能把制度政策、市场环境等城镇化的外部宏观动力与农户内生微观动力机制进行有机整合，形成综合全面的理论解释。

本书以农户为切入点，将农户外出打工、本地企业就业、非正规就业、农业经营等微观行为，与农区宏观经济社会发展背景紧密结合，深入探寻农区城镇化的动力机制。研究发现产业转移和工业化通过吸引农户女性非农就业，带动农户的城镇化；农业现代化则通过提高土地租金收入，促使家庭中从事粮食种植的中老年劳动力放弃农业，从而间接地促进家庭城镇化；而城镇高水平的公共服务尤其是教育，则直接吸引农户为了子女的教育和发展而进行城镇化。工业化、农业现代化和城镇化作为外部宏观动力，分别影响农户家庭的主要劳动力、老年次要劳动力和子代的就业与生活方式，进而促进了家庭的城镇化。这一研究发现，揭示了制度政策、市场环境等宏观外部动力是如何通过改变家庭内部分工协作方式，进而影响城镇化进程的，打通了农户城镇化内生动力机制与外部条件的关联，深化了城镇化动力机制认知。

### 9.2.3 揭示了非正规就业对农区城镇化的重要作用

非正规就业已经成为我国城市就业增长的主要来源，然而对于非正规就业促进城镇化的机理、过程的研究尚未形成系统理论；实证研究也多针对大城市中外来人口聚集的城中村问题。现有研究对人口流出的传统农区城镇中大量存在的非正规就业的特征、对城镇化的影响还少有涉及。

本书关注传统农区城镇中普遍存在的大量非正规就业现象，利用统计数据估算出非正规就业已占传统农区本地非农就业总量的70%以上，从数量上证明了非正规就业的主体地位。并进一步分析非正规就业人员的特征，发现与一般企业务工相比非正规就业有较高的收入和较强的技术、资金积累性，而且由于非正规就业需要更多地依赖城市空间，因而其从业者的城镇化意愿与能力也更强，证明了非正规就业支撑的城镇化是传统农区重要的城镇化模式。从支持非正规就业发展的角度，提出要加强城市的包容性，探

索适合农区的低成本城镇化发展路径等政策建议。关于非正规就业的研究，填补了国内对于中小城市非正规就业研究的空白，对于深入认识非正规就业与城镇化的关系也具有一定价值。

## 9.3 研究展望

### 9.3.1 加强案例跟踪研究与横向比较研究

城镇化是一个持续发展变化的过程，需要长期的跟进研究，才能把握其规律。在进一步的研究中，可以相对固定地选择县、乡镇和村进行跟踪研究，以获取历时性数据，使研究更加深入、具有说服力。在国家大力推进流动人口市民化的背景下，大中城市纷纷放开落户限制，在这种情况下传统农区大量外出务工农户是否还有很高的返乡意愿和可能性，会在多大程度上影响人口流向和规模，将深刻影响农区城镇化水平与进程，还需要深入的调研与分析，以形成与时俱进的研究结论。

另外，虽然根据前文对研究范围的界定，传统农区普遍具有人多地少、劳动力大量外出、经济发展滞后、农业占比较高等共同特征，但是不同区域的情况还是有所差别的，其间既有相似的特征，也存在个性问题。本书的实证研究主要以周口为案例，在下一步的研究中应加强不同地区的横向比较，进一步总结农户城镇化的特征和共性，丰富人口迁移家庭化趋势和机制的研究，提升研究的理论水平和价值。

### 9.3.2 从农户双重理性视角研究乡村振兴问题

本书提出农户具有社会理性和经济理性双重理性，并以之为理论假说，构建了农户的城镇化理论。事实上即便在城镇化稳定阶段，乡村仍然是重要的人居空间，而农户的理性与行为也深刻地影响着乡村发展与人居环境改善。在乡村空间布局方面，本书初步提出改变迁村并点的乡村规划方式，深入村庄内部针对不同类型农户的具体需求，优化村庄布局，改善人均环境的思路。但关于如何整合乡村空间，推动乡村振兴，实现农村建设用地的逐步缩减和人居环境的改善，尚需要更多的规划实践和深入的实证研究。下一步可以考虑在同一理论视角下，结合国家乡村振兴战略，分析农户的农业生产、居住空间选择、环境改善等行为，将研究的重点进一步下沉到乡村层面，对农户在乡村的活动逻辑进行解释，从而对村庄布局优化、农村人居环境改善等提出对策建议。

### 9.3.3 关注农村土地制度改革对农户城镇化的影响

制度政策对市场环境和农户行为都有重要影响。当下农村土地制度，尤其是宅基地制度改革，已经成为影响三农问题和农户城镇化的关键所在。未来的研究中，可以通过对宅基地改革试点的调研，深入分析宅基地制度改革对农户行为、城镇化决策以及乡村空间的影响，为更好地推动制度改革提供学术积累。

长期以来，出于稳定农业、农村，确保粮食安全的考虑，我国农村相关制度政策都是非常谨慎乃至保守的。但在快速工业化、城镇化的背景下，传统农区正在经历着农业发展模式转变、农民与土地的关系松动、农户分化、村庄人口缩减等历史性、结构性变化。因此，土地制度改革面临的复杂情况是既要稳定农民、稳定粮食产量，又要顺应长期发展的趋势，不使短期政策对长远发展造成不利影响。在国家已经确定"三权分置"的总体改革思路的基础上，需要合理界定村集体经济的成员，并设立退出机制。正是由于三农政策带有强烈的"城市反哺农村、工业反哺农业"的补贴性质，更要求随着农村居住主体和农业经营主体的变化，调整农村集体经济组织成员，使相关政策保障的是真正生活居住在农村、以农业为生计的农民，而不是名义上的农民。因此如何合理界定农村集体组织成员，随着宅基地制度改革和农村人口的变化，合理调整农村空间布局、改善农村人居环境，是重要的研究方向。

参考文献

（一）英文文献

[1] Berry D, Leonardo E, Bieri K. The farmer's response to urbanization: a study of the Middle Atlantic States [J]. Bmc Complementary & Alternative Medicine, 1976, 12 (1): 125.

[2] Barnum HN, Squire L. An econometric application of the theory of the farm-household [J]. Journal of Development Economics, 1979, 6 (1): 79-102.

[3] Biles J J. Informal work in Latin America: Competing perspectives and recent debates [J]. Geography Compass, 2009, 3 (1): 214-236.

[4] Bogue D.J. Internal Migration P Hauser, O, D, Duncan, eds, The Study of Population [M]. Chicago: University of Chicago Press, 1959: 486-509.

[5] Browder J.O., Bohland J.R., Scarpaci J.L.. Patterns of development on the metropolitan fringe: urban fringe expansion in Bangkok, akarta and Santiago [J]. Journal of the American Planning Association, 1995, (3): 310-327.

[6] Böcher M. Regional Governance and Rural Development in Germany: The Implementation of LEADER+ [J]. Sociologia Ruralis, 2008, 48 (4): 372-388.

[7] Brown B.J., Hanson M.E., Merideth Jr.R.W.. Global Sustainability: Toward Definition [J]. Environmental Management, 1987, (11): 713-719.

[8] Bryden J.M.. Development strategies for remote rural regions: what do we know so far? [C] //the OECD International Conference on Remote Rural Areas—Developing through Natural and Cultural Assets. 1998.

[9] Coleman J S. Foundation of Social Theory [M]. Cambridge: Belknap Press of Harvard University Press, 1990: 20.

[10] E Katz, O Stark. Labor Migration and Risk Aversion in Less Developed Countries [J]. Journal of Labor Economics, 1986, 4 (1): 134-149.

[11] Elgin C, Oyvat C. Lurking in the cities: Urbanization and the informal economy [J]. Structural Change and Economic Dynamics, 2013, 27 (12): 36-47.

[12] FAO. Manifesto and Agenda on Sustainable Agriculture and Rural Development [M]. Den Burg: Congress of Agriculture and Environment, 1991.

[13] Fan C C. China on the move: Migration, the State, and the Household [J]. The China Quarterly, 2008 (196): 924-956.

[14] Giddens A. The Class Structure of Advanced Societies [M]. London: Hutchinson, 1973.

[15] Gordon K, Douglass. Agricultural Sustainability in a Changing World Order [M]. Colorado: Westview Press, 1984.

[16] Granovetter. M. Economic Action and Social Structure: The Problem of Embeddedness [J]. American Journal of Sociology, 1985, 91 (3): 481-510.

[17] Gutmann, P.M. Statisticall Illusions, Mistaken Policies [J]. Challenge, 1979, November-December: 14-17.

[18] Ibrahim Saad E. M., "Over-Urbanization and under-Urbanism: The Case of the Arab World" [J] International Journal of Middle East Studies, 1975, 6 (1): 29-45.

[19] Karl Polanyi. The Great Transformation: The Political and Economic Origins of Our Time [M]. Boston:

Beacon Press, 1944.

[20] Lucas R. Life Earning and Rural-Urban Migration [J]. Journal of Political Economy, 2004, 112 (1): 529-559.

[21] MacGaffee. "A Glimpse of the Hidden Economy in the National Accounts of the United Kingdom" in the Underground Economy in the United States and Abroad [M]. V Tanzi ed. Lexington, Massachusetts: D.C. Health and Company, 1982.

[22] Manuel Castells, Alejandro Portes. World Underneath: The Origins, Dynamics, and Effects of the Informal Economy [M] // Castells Portes, Bentons (eds.). The Informal Sector: Studies in Advanced and Less Developed Countries. Baltimore: John Hopkings University Press, 1989.

[23] McGee T. G, Yeung Y. M. Hawkers in Southeast Asian Cites: planning for the bazaar economy [R]. International Development Research Centre, 1977: 107-108.

[24] Popkin S. The Rational Peasant: The Political Economy of Rural Society in Vietnam [M]. University of California Press, 1979.

[25] Vernon R. International Investment and International Trade in the Product Cycle [J]. Quarterly Journal of Economics, 1966 (5):197-207.

[26] Ravenstein E G. The laws of migration [J]. Journal of the Royal Statistical Society, 1885, XLVIII, Part 2:167- 227.

[27] Richard V. Knight. Knowledge-based Development: Policy and Planning Implication for cities [J]. Urban Studies, 1995, 32 (2): 225 - 260.

[28] Sassen-Koob S. The informal economy: between new development and old regulations [J]. The Yale Law Journal, 1994 (8): 2289-2304.

[29] Shen J. Increasing Migration in China from 1985-2005: institutional versus economic drivers [J]. Habitat International, 2013, 39: 1-7.

[30] Stark O, Bloom D. The New Economics of Labor Migration [J]. American Economic Review, 1985 (75): 173-178.

[31] Stark O. On Migration and Risk in Less Development Countries [J]. Economic Development and Cultural Change, 1982, 31 (1): 191-196.

[32] Snyder, K.A. Routes to the informale conomy in NewYork's Eastvillage: crisis, economics and identity [J]. Sociological Perspectives, 2004 (2): 215-240.

[33] Todaro M. A Model for Labor Migration and Urban Unemployment in Less Developed Countries [J]. American Economic Review, 1969 (1):138-48.

[34] Van der Ploeg, J. D. Revitalizing agriculture: farming economically as starting ground for rural development [J]. Sociologia Ruralis, 2000, 40 (4): 497-511.

[35] Wirth L. Urbanism as a Way of Life [J]. American Journal of Sociology, 1938 (7): 1-24.

(二) 中文文献

[1] A·恰亚诺夫. 农民经济组织 [M]. 北京:中央编译出版社, 1996.

[2] C.曼特扎维诺斯. 个人、制度与市场 [M]. 长春: 长春出版社, 2009.

[3] D.盖尔·约翰逊经济发展中的农业、农村、农民问题 [M]. 林毅夫, 赵耀辉编译. 商务出版

社：101-117.

[4] 阿瑟·刘易斯. 国际经济秩序的演变[M]. 乔依德译. 北京：商务印书馆，1984.

[5] 安頔. 城市非正规部门发展与管制研究——以广州市中大纺织商圈为例[D]. 中国城市规划设计研究院硕士学位论文，2014.

[6] 安东尼·吉登斯. 社会学方法的新规划——一种对解释社会学的建设性批判[M]. 北京：社会科学文献出版社，2003.

[7] 蔡昉. 迁移决策中的家庭角色和性别特征[J]. 人口研究，1997，21（2）：7-12.

[8] 蔡昉. 中国经济面临的转折及其对改革和发展的挑战[J]. 中国社会科学，2007（3）：2-12.

[9] 蔡昉，王德文，都阳. 中国农村改革与变迁——30年历程和经验分析[M]. 上海：格致出版社，2008.

[10] 蔡海龙. 粮食适度规模经营应避免"一刀切"[N]. 粮油市场报，2017-09-19（B01）.

[11] 蔡瑞林，陈万明，朱广华. 农业转移人口市民化公共成本：成本分担还是利益反哺？[J]. 农村经济，2015（1）：110-115.

[12] 曹广忠，边雪，赵金华. 农村留守家庭的结构特征与区域差异——基于6省30县抽样调查数据的分析[J]. 人口与发展，2013，19（4）：2-10.

[13] 陈晨，赵民. 论人口流动影响下的城镇体系发展与治理策略[J]. 城市规划学刊，2016（1）：37-47.

[14] 陈聪，刘彦随. 我国农区城镇化时空格局及其影响因素[J]. 经济地理，2014（12）：48-54.

[15] 陈峰. "区域竞次""非正规经济"与"不完全城市化"——关于中国经济和城市化发展模式的一个观察视角[J]. 国际城市规划，2014（3）：1-7.

[16] 陈凤波，丁士军. 农村劳动力非农化与种植模式变迁——以江汉平原稻农水稻种植为例[J]. 南方经济，2006（9）：43-52.

[17] 陈宏胜，王兴平. 面向农民工家庭的城镇公共服务体系优化：农民工市民化的关键[J]. 规划师，2015（3）：11-16.

[18] 陈宏胜，王兴平. 农民工家庭城镇化路径建构研究[J]. 江苏城市规划，2016（1）：7-12.

[19] 陈俊峰，杨轩. 农民工迁移意愿研究的回顾与展望[J]. 城市问题，2012（4）：27-32.

[20] 陈绮. 中国非正规就业与城市化的关系研究[D]. 复旦大学硕士学位论文，2010.

[21] 陈苏，胡洁. 不同农业政策对中国农户粮食生产决策影响的实证研究[J]. 农业经济与管理，2017（3）：37-47.

[22] 陈涛，陈池波. 人口外流背景下县域城镇化与农村人口空心化耦合评价研究[J]. 农业经济问题，2017（4）：58-66.

[23] 陈锡文. 陈锡文改革论文集[M]. 北京：中国发展出版社，2008：77.

[24] 陈锡文. 我国城镇化进程中的"三农"问题[J]. 国家行政学院学报，2012（6）：4-11.

[25] 陈向明. 社会科学中的定性研究方法[J]. 中国社会科学，1996（6）：93-102.

[26] 陈训波. 农村土地流转与资源配置效率——基于农户模型的理论分析[J]. 西部论坛，2013，23（3）：1-6.

[27] 陈铁，吕斌，张雪，谭肖红. 城乡统筹背景下县域农村居民城镇化迁移意愿特征研究[J]. 小城镇建设，2013（8）：79-83.

[28] 陈映芳. 社会生活正常化：历史转折中的"家庭化"[J]. 社会学研究，2015（5）：164-188.

［29］陈瞻. 中部地区县域城镇化测度、识别与引导策略研究——以湖北省为例［D］. 华中科技大学，2015.

［30］程遥，杨博，赵民. 我国中部地区城镇化发展中的若干特征与趋势——基于皖北案例的初步探讨［J］. 城市规划学刊，2011（2）：67-76.

［31］"城镇化进程中农村劳动力转移问题研究"课题组. 城镇化进程中农村劳动力转移：战略抉择和政策思路［J］. 中国农村经济，2011（6）：4-14.

［32］崇维祥，杨书胜. 流动人口家庭化迁移影响因素分析［J］. 西北农林科技大学学报（社会科学版），2015，9（5）：105-113.

［33］崔功豪，马润潮. 中国自下而上城市化的发展及其机制［J］. 地理学报，1999，54（2）：106-115.

［34］单卓然，黄亚平. "新型城镇化"概念内涵、目标内容、规划策略及认知误区解析［J］. 城市规划学刊，2013（2）：16-22.

［35］单卓然，黄亚平. 试论中国新型城镇化建设：战略调整、行动策略、绩效评估［J］. 规划师，2013（4）：10-14.

［36］狄金华. 被困的治理——河镇的复合治理与农户策略［M］. 北京：生活·读书·新知三联书店，2015.

［37］董筱丹，梁汉民，区吉民，温铁军. 乡村治理与国家安全的相关问题研究——新经济社会学理论视角的结构分析［J］. 国家行政学院学报，2015（2）：79-84.

［38］段晋苑. 移民限制、人口迁移与城镇化模式［D］. 暨南大学博士学位论文，2010.

［39］樊杰，王强，周侃等. 我国山地城镇化空间组织模式初探［J］. 城市规划，2013（5）：9-15.

［40］方松海，王为农，黄汉权. 增加农民收入与扩大农村消费研究［J］. 管理世界，2011（5）：66-80.

［41］费孝通. 乡土中国·乡土重建［M］. 上海：上海世纪出版集团，2007

［42］费孝通. 江村经济［M］. 北京：商务印书馆，2001.

［43］费孝通. 乡土中国·生育制度［M］. 北京大学出版社，2003.

［44］费孝通. 论小城镇及其他［M］. 天津：天津人民出版社，1986.

［45］冯长春，李天娇，曹广忠，沈昊婧. 家庭式迁移的流动人口住房状况［J］. 地理研究，2017，36（4）：633-646.

［46］冯长春，沈昊婧，王锋. 新型城镇化进程中"人地钱"挂钩政策探析［J］. 中国土地，2016（4）：4-9.

［47］冯德显，汪雪峰. 传统农区城镇化研究. 中国科学院院刊，2013，28（1）：54-65.

［48］冯健，吴芳芳. 质性方法在城市社会空间研究中的应用［J］. 地理研究，2011，30（11）：1956-1969.

［49］弗里德里希·奥古斯特·冯·哈耶克，邓正来译. 个人主义与经济秩序［M］. 生活.读书.新知三联书店，2003.

［50］高军波，刘彦随，乔伟峰，张永显. 中国典型农区县域社会不平等空间模式与地域差异——以河南省为例［J］. 地理研究，2016，35（5）：885-897.

［51］耿虹，朱海伦. 试点市农业转移人口市民化成本分担机制——首批新型城镇化综合试点的探索［J］. 北京规划建设，2017（2）：15-19.

[52] 耿明斋. 新型城镇化引领"三化"协调发展的几点认识[J]. 经济经纬, 2012, 7 (1): 4-5.

[53] 耿明斋. 平原农业区工业化道路研究[J]. 南开经济研究, 1996 (04): 3-9.

[54] 耿明斋. 欠发达平原农业区工业化若干问题研究[J]. 中州学刊, 2004 (01): 13-16.

[55] 龚迎春, 冯娟, 罗静. 中原经济区"三化"协调发展水平的时空特征研究[J]. 地域研究与开发, 2013: 32 (3): 158-161.

[56] 辜胜阻, 孙祥栋, 刘江日. 推进产业和劳动力"双转移"的战略思考[J]. 人口研究, 2013 (3): 3-10.

[57] 辜胜阻, 杨威. 反思当前城镇化发展中的五种偏向[J]. 中国人口科学, 2012 (3): 2-8.

[58] 顾朝林. 改革开放以来中国城市化与经济社会发展关系研究[J]. 人文地理, 2004, 19 (2): 1-5.

[59] 顾朝林, 吴莉娅. 中国城市化研究主要成果综述[J]. 城市问题, 2008 (12): 2-12.

[60] 顾朝林, 李阿琳. 从解决"三农问题"入手推进城乡发展一体化[J]. 经济地理, 2013, 33 (1): 138-141.

[61] 郭强, 黄华玲. 城市性及其获致[J]. 创新, 2012 (5): 78-82.

[62] 郭于华. "道义经济"还是"理性小农"——重读农民学经典论题[J]. 读书, 2002 (5): 104-110.

[63] 郭志刚. 关于中国家庭户变化的探讨与分析[J]. 中国人口科学, 2008 (3): 2-10.

[64] 国家卫生和计划生育委员会流动人口司. 中国流动人口发展报告 (2013) [M]. 北京: 中国人口出版社, 2013.

[65] 汉斯·彼得·马丁, 哈拉尔特舒曼. 全球化陷阱: 对民主和福利的进攻[M]. 中央编译出版社, 1998.

[66] 郝晋伟. 城镇化中的"潮汐演替"与"重心下沉"及政策转型——权力-资本-劳动禀赋结构变迁的视角[J]. 城市规划, 2015, 39 (11): 68-77.

[67] 贺雪峰. 当下中国亟待培育新中农[J]. 人民论坛, 2012 (13): 60-61.

[68] 贺雪峰. 如何认识中国式的小农经济[J]. 中国农村科技, 2014 (3): 15.

[69] 贺雪峰. 农民的分化与三农研究的常识[J]. 中共宁波市委党校学报, 2009 (4): 34-40.

[70] 贺雪峰. 新乡土中国[M]. 北京: 北京大学出版社, 2013.

[71] 洪亮平, 乔杰. 规划视角下乡村认知的逻辑与框架[J]. 城市发展研究, 2016, 23 (1): 4-12.

[72] 洪小良. 城市农民工的家庭迁移行为及影响因素研究[J]. 中国人口科学, 2007 (6): 42-50.

[73] 侯为民, 李林鹏. 新常态下我国城镇化的发展动力与路径选择[J]. 经济纵横, 2015 (4): 11-16.

[74] 胡鞍钢, 马伟. 现代中国经济社会转型: 从二元结构到四元结构 (1949~2009) [J]. 清华大学学报 (哲学社会科学版), 2012, 27 (1): 16-29, 159.

[75] 胡鞍钢, 杨韵新. 就业模式转变: 从正规化到非正规化——我国城镇非正规就业状况分析[J]. 管理世界, 2001 (2): 69-78.

[76] 胡鞍钢. 关于我国就业问题的若干看法[J]. 中共宁波市委党校学报, 2002, 24 (5): 37-40.

[77] 胡豹, 卫新, 王美青. 影响农户农业结构调整决策行为的因素分析——基于浙江省农户的实证[J]. 中国农业大学学报 (社会科学版), 2005 (2): 50-56.

[78] 胡豹. 农业结构调整中农户决策行为研究[D]. 浙江大学博士学位论文, 2004.
[79] 胡亮. 家庭视角下的苏南乡村多维城镇化研究[D]. 东南大学硕士学位论文, 2014.
[80] 胡亮, 王兴平. 特殊背景与潜在矛盾:中国城镇化进程中的农业发展[J]. 国际城市规划2016（1）: 1-7.
[81] 黄耿志, 薛德升, 张虹鸥. 中国城市非正规就业的发展特征与城市化效应[J]. 地理研究, 2016（3）: 442-454.
[82] 黄鹏进. 农民的行动逻辑: 社会理性抑或经济理性——关于"小农理性"争议的回顾与评析[J]. 社会科学论坛, 2008（8）: 65-73.
[83] 黄锟. 农村土地制度对新生代农民工市民化的影响与制度创新[J]. 农业现代化研究, 2011（2）: 196-199, 229.
[84] 黄苏萍. 东北区域经济增长中的非正规就业研究[D]. 哈尔滨工业大学, 2010.
[85] 黄亚平. 山区型县市城镇化质量评价模型及其应用研究——以湖北省为例[J]. 城市规划, 2015（4）:27-34.
[86] 黄亚平, 刘凌云. 湖北县域城镇化自组织过程、机制与分形研究[J]. 城市规划, 2015（5）: 16-25.
[87] 黄亚平, 林小如. 欠发达山区县域新型城镇化路径模式探讨——以湖北省为例[J]. 城市规划学刊, 2012, 37（4）: 17-22.
[88] 黄宗智. 连接经验与理论: 建立中国的现代学术[J]. 开放时代, 2007（4）: 5-25.
[89] 黄宗智. 长江三角洲的小农家庭与乡村发展[M]. 北京: 中华书局, 2000.
[90] 黄宗智. 中国的隐形农业革命[M]. 北京: 法律出版社, 2010.
[91] 黄宗智. 华北的小农经济与社会变迁[M]. 北京: 中华书局, 1986.
[92] 黄宗智, 彭玉生. 三大历史性变迁的交汇与中国小规模农业的前景[J]. 中国社会科学, 2007（4）: 74-88.
[93] 加里·贝克尔. 家庭论[M]. 北京: 商务印书馆, 2005.
[94] 蒋小荣, 汪胜兰, 杨永春. 中国城市人口流动网络研究——基于百度LBS大数据分析[J]. 人口与发展, 2017, 23（1）: 13-23.
[95] 贾林州. 中部农区城镇化动力机制及相关问题研究——豫南A镇案例[D]. 华中科技大学, 2011.
[96] 贾淑军. 城镇化中农户移居与农民工转化意愿研究——以河北唐山为个案[J]. 经济管理, 2012, 34（11）: 177-184.
[97] 李阿琳. 河北农村内生型发展的区域格局研究[J]. 经济地理, 2011（12）: 2013-2020.
[98] 李伯华. 农户空间行为变迁与乡村人居环境优化研究[M]. 北京: 科学出版社, 2014.
[99] 李富强. 乡土寻梦: 中国现代乡土思想与实践[M]. 北京: 人民出版社, 2010.
[100] 李桂铭. 我国非正规就业状况分析[J]. 合作经济与科技, 2006（1）:27-28.
[101] 李江苏, 王晓蕊, 苗长虹, 刘佳骏. 城镇化水平与城镇化质量协调度分析——以河南省为例[J]. 经济地理, 2014, 34（10）: 70-77.
[102] 李俊鹏, 王利伟, 谭纵波. 基于居民城镇化意愿的中部地区县域城乡空间重构研究——以河南禹州市为例[J]. 小城镇建设, 2017（5）: 13-19.
[103] 李培林. 巨变: 村落的终结——都市里的村庄研究[J]. 中国社会科学, 2002（1）: 168-179.

[104] 李强. 推进我国多元城镇化战略模式研究[M]. 北京：社会科学文献出版社，2013.

[105] 李强，陈振华，张莹. 就近城镇化与就地城镇化[J]. 广东社会科学，2015（1）：186-199.

[106] 李强，唐壮. 城市农民工与城市中的非正规就业[J]. 社会学研究，2002（6）：13-25.

[107] 李世泰，孙峰华. 农村城镇化发展动力机制的探讨[J]. 经济地理，2006，26（5）：815-818.

[108] 李树茁，梁义成. 退耕还林政策对农户生计的影响研究——基于家庭结构视角的可持续生计分析[J]. 公共管理学报，2010（2）：1-10.

[109] 李拓，李斌. 中国跨地区人口流动的影响因素——基于286个城市面板数据的空间计量检验[J]. 中国人口科学，2015（2）：73-84.

[110] 李小建. 欠发达农区经济发展中的农户行为——以豫西山地丘陵区为例[J]. 地理学报，2002，57（4）：459-468.

[111] 李小建. 经济地理学中的农户研究[J]. 人文地理，2005（3）：1-5.

[112] 李小建. 农户地理论[M]. 北京：科学出版社，2009.

[113] 李小建. 中国中部农区发展研究[M]. 科学出版社，2010.

[114] 李小建，李二玲. 西方农区地理学理论研究评述[J]. 经济地理，2007（1）：5-10.

[115] 李小建，时慧娜. 基于农户视角的农区发展研究[J]. 人文地理，2008，23（1）：1-6.

[116] 李晓江，尹强，张娟等.《中国城镇化道路、模式与政策》研究报告综述[J]. 城市规划学刊，2014（2）：1-14.

[117] 李晓江，郑德高. 人口城镇化特征与国家城镇体系构建[J]. 城市规划学刊，2017（3）：19-29.

[118] 李晓梅，赵文彦. 我国城镇化演进的动力机制研究[J]. 经济体制改革，2013（3）：20-24.

[119] 李郇，殷江滨. 劳动力回流：小城镇发展的新动力[J]. 城市规划学刊，2012（2）：55-61.

[120] 朱士群，李远行. 自洽性与徽州村庄[J]. 中国研究，2006（1）：121-146.

[121] 梁留科，吕可文，苗长虹，黄飞飞. 边缘化地区特征、形成机制及对策研究——以河南省黄淮四市为例[J]. 地理与地理信息科学，2008，24（5）：61-65.

[122] 梁流涛，翟彬. 农户行为层面生态环境问题研究进展与述评[J]. 中国农业资源与区划，2016，37（11）：72-80.

[123] 梁鹤年. 再谈"城市人"——以人为本的城镇化[J]. 城市规划，2014，38（9）：64-75.

[124] 梁勇，马冬梅. 我国城市流动人口变动的新特点及服务管理创新办法[J]. 理论与改革，2018（1）：173-182.

[125] 林善浪，王健. 家庭生命周期对农村劳动力转移的影响分析[J]. 中国农村观察，2010（1）：25-33.

[126] 林耀华，金翼[M]. 庄孔韶，林宗成译. 北京：生活·读书·新知三联书店，1989.

[127] 刘传江. 中国城市化的制度安排与创新[M]. 武汉：武汉大学出版社，1999.

[128] 刘传江. 中国城市化发展：一个新制度经济学的分析框架[J]. 人口与市场分析，2002（3）：56-66.

[129] 刘传江，程建林. 我国农民工的代际差异与市民化[J]. 经济纵横，2007（7）：18-21.

[130] 刘岱宁. 传统农区人口流动与城镇化模式研究——以河南为例[D]. 河南大学博士学位论文，2014.

[131] 刘岱宁, 曹青, 耿明斋. 河南人口流动与城镇化模式 [J]. 经济经纬, 2014, 31 (3): 7-13.

[132] 刘克春, 林坚. 农地承包经营权市场流转与行政性调整：理论与实证分析——基于农户层面和江西省实证研究 [J]. 数量经济技术经济研究, 2005 (11): 99-111.

[133] 刘守英, 熊雪锋. 经济结构变革、村庄转型与宅基地制度变迁——四川省泸县宅基地制度改革案例研究 [J]. 中国农村经济, 2018 (6): 2-20.

[134] 刘涛, 齐元静, 曹广忠. 中国流动人口空间格局演变机制及城镇化效应——基于2000和2010年人口普查分县数据的分析 [J]. 地理学报, 2015, 70 (4): 567-581.

[135] 刘文勇, 杨光. 以城乡互动推动就地就近城镇化发展分析 [J], 经济理论与经济管理, 2013 (8): 17-23.

[136] 刘晓. 农业转移人口市民化成本测算及其分担 [J]. 求索, 2018, 308 (4): 64-71.

[137] 刘小年. 农民工市民化的共时性研究:理论模式、实践经验与政策思考 [J]. 中国农村观察, 2017 (3): 27-41.

[138] 刘彦随, 刘玉. 中国农村空心化问题研究的进展与展望 [J]. 地理研究, 2010, 29 (1): 35-42.

[139] 刘彦随, 龙花楼, 张小林, 乔家君. 中国农业与乡村地理研究进展与展望 [J]. 地理科学进展, 2011, 30 (12): 1498-1505.

[140] 刘彦随, 杨忍. 中国县域城镇化的空间特征与形成机理 [J]. 地理学报, 2012, 67 (8): 1011-1020.

[141] 刘云. "平原农区现象"应当引起高度关注——豫东平原农区经济调查 [C]. 促进中部崛起高层论坛论文集, 2005.

[142] 卢耀发, 付晓东. 周口平原模式 [J]. 地域研究与开发, 1990 (s1): 9-10.

[143] 陆大道. 地理学关于城镇化领域的研究内容框架 [J]. 地理科学, 2013, 33 (8): 897-901.

[144] 陆益龙. 向往城市还是留恋乡村？——农民城镇化意愿的实证研究 [J]. 人文杂志, 2014 (12): 94-101.

[145] 陆益龙. 制度、市场与中国农村发展 [M]. 北京：中国人民大学出版社, 2013: 33.

[146] 罗震东, 夏璐, 耿磊. 家庭视角乡村人口城镇化迁居决策特征与机制——基于武汉的调研 [J]. 城市规划, 2016 (7): 38-47.

[147] 罗震东, 周洋岑. 精明收缩：乡村规划建设转型的一种认知 [J]. 乡村规划建设, 2016 (1): 30-37.

[148] 骆东奇, 周于翔, 姜文. 基于农户调查的重庆市农村土地流转研究 [J]. 中国土地科学, 2009, 23 (5): 47-52.

[149] 吕家权. 产业转移促进城镇化的经济机制研究 [D]. 华侨大学硕士学位论文, 2015.

[150] 马克斯·韦伯. 经济与社会（上卷）[M]. 北京：商务印书馆, 1997: 128.

[151] 马斯洛. 马斯洛人本哲学 [M]. 北京：九州出版社, 2003: 1-2

[152] 马雪松. 从身份到契约：不完全城市化困局的理性思考 [M]. 江西：江西人民出版社, 2011.

[153] 毛新雅. 人口迁移与中国城市化区域格局——基于长三角、珠三角和京津冀三大城市群的实证分析 [J]. 经济研究参考, 2014 (57): 45-54.

［154］苗长虹. 全球化背景下中国河南城镇化推进的战略思考［J］. 河南大学学报（自然科学版），2004，34（1）：71-75.

［155］潘允康. 社会变迁中的家庭——家庭社会学［M］. 天津：天津社会科学出版社，2002：171.

［156］裴新生. 我国中部地区城镇化进程的特征及成因初探［J］. 城市规划，2013（9）：22-27.

［157］乔杰，洪亮平，王莹. 全面发展视角下的乡村规划［J］. 城市规划，2017，41（1）：45-54.

［158］乔颖丽，岳玉平. 影响中国农产品总产量的主要因素分析［J］. 农业经济与管理，2013（5）：65-72.

［159］乔颖丽. 新形势下农业微观组织发展趋势研究［M］. 北京：清华大学出版社，2016：30.

［160］秦红星，王俊义. 农村城镇化视野下的文化传播［J］. 青年记者，2015（26）：29-30.

［161］秦晖. 问题与主义：秦晖文选［M］. 长春：长春出版社，1999：15.

［162］秦晖. 历史与现实中的中国农民问题［J］. 农村·农业·农民（B版），2005（10）：12-14.

［163］任金玲. 产业转移对城镇化影响的实证研究［J］. 中国集体经济，2013（16）：17-18.

［164］任远，施闻. 农村劳动力外出就业视角下的城镇化发展趋势［J］. 同济大学学报（社会科学版），2015，26（2）：48-56.

［165］沈昊婧. 粮食主产区农民城镇化意愿和路径研究［D］. 北京大学博士学位论文，2014

［166］盛亦男. 流动人口家庭化迁居水平与迁居行为决策的影响因素研究［J］. 人口学刊，2014，36（3）：71-84.

［167］盛亦男. 流动人口家庭迁居的经济决策［J］. 人口学刊，2016，38（1）：49-60.

［168］史清华. 农户经济增长与发展研究［M］. 北京：中国农业出版社，1999.

［169］史清华，卓建伟. 农户粮作经营及家庭粮食安全行为研究［J］. 农业技术经济，2004（5）：23-32.

［170］宋宜农. 新型城镇化背景下我国农村土地流转问题研究［J］. 经济问题，2017（2）：63-67.

［171］苏国勋. 理性化及其限制——韦伯思想引论［M］. 北京：商务印书馆，2016：90.

［172］孙敏. 中国农民城镇化的实践类型及其路径表达——以上海、宁夏、湖北三省（区、市）农民进城为例［J］. 中国农村经济，2017（7）：1-12.

［173］檀学文. 家庭迁移理论综述［J］. 中国劳动经济学，2010（1）：267-297.

［174］唐茂华. 中国不完全城市化问题研［M］. 北京：经济科学出版社，2009.

［175］陶然，徐志刚. 城市化、农地制度与迁移人口社会保障——一个转轨中发展的大国视角与政策选择［J］. 经济研究，2005（12）：45-56.

［176］田建民，任银玲，宋淑敏. 基于三化协调的新型农业现代化可持续发展路径［J］. 河南农业科学，2014，43（7）：6-9.

［177］田莉，姚之浩，郭旭，等. 基于产权重构的土地再开发——新型城镇化背景下的地方实践与启示［J］. 城市规划，2015，v.39；No.331（1）：22-29.

［178］田鹏. 就地城镇化动力机制研究：兼论小城镇战略的当代转向［J］. 河南大学学报（社会科学版），2017（1）：77-82.

［179］王本兵. 我国城镇化发展的制度创新研究［D］. 中国海洋大学，2011

［180］王春光. 农村流动人口的"半城市化"问题研究［J］. 社会学研究，2006（5）：107-122.

［181］王德福. 弹性城市化与接力式进城——理解中国特色城市化模式及其社会机制的一个视角［J］. 社会科学，2017（3）：66-74.

[182] 王放. 我国"三普"至"四普"间市镇人口增长构成分析[J]. 人口研究, 1993（4）: 11–18.

[183] 王放. "四普"至"五普"间中国城镇人口增长构成分析[J]. 人口研究, 2004, 28（3）: 60–67.

[184] 王放. "五普"至"六普"期间中国城镇人口的增长过程[J]. 人口与发展, 2014, 20（5）: 16–27.

[185] 王静. 融入意愿、融入能力与市民化——基于代际差异的视角[J]. 区域经济评论, 2017（1）: 128–137.

[186] 王丽英, 张明东, 刘后平. 家庭生产要素配置对西部地区农户城镇化意愿的影响[J]. 西部论坛, 2017, 27（3）: 8–13.

[187] 王利伟, 冯长春, 许顺才. 城镇化进程中传统农区村民城镇迁居意愿分析——基于河南周口问卷调查数据[J]. 地理科学, 2014, 34（12）: 1445–1452.

[188] 王利伟, 冯长春, 许顺才. 传统农区外出劳动力回流意愿与规划响应——基于河南周口市问卷调查数据[J]. 地理科学进展, 2014, 33（7）: 990–999.

[189] 王铭铭. 社会人类学与中国研究[M]. 桂林: 广西示范大学出版社, 2005.

[190] 王平达. 农业可持续发展和农户经济行为[D]. 东北农业大学硕士学位论文, 2000.

[191] 王绍琛, 周飞舟. 打工家庭与城镇化——项内蒙古赤峰市的实地研究[J]. 学术研究, 2016（1）: 70–76.

[192] 王文祥. "半工半农"结构的社会功能——基于晋北Z村的个案分析[J]. 学理论, 2017（2）: 115–117.

[193] 王兴平. 就业—居住—公共服务耦合式家庭城镇化道路研究[A]. 第十五届中国科协年会. 2013.

[194] 王兴平. 以家庭为基本单元的耦合式城镇化: 新型城镇化研究的新视角[J]. 现代城市研究, 2014（12）: 88–93.

[195] 王兴平. 城镇化进程中家庭离散化及其应对策略初探[J]. 城市规划, 2016, 40（12）: 42–48, 64.

[196] 王旭, 黄亚平, 陈振光, 贺雪峰. 乡村社会关系网络与中国村庄规划范式的探讨[J]. 城市规划, 2017（07）: 10–16, 42.

[197] 王勇, 陈印军, 易小燕, 肖碧林. 耕地流转中的"非粮化"问题与对策建议[J]. 中国农业资源与区划, 2011, 32（4）: 13–16.

[198] 王永苏. 试论中原经济区工业化、城镇化、农业现代化协调发展[J]. 中州学刊, 2011（3）: 73–76.

[199] 王宇燕. 产业转移与传统农区的工业化——以周口市为例[D]. 河南大学博士学位论文, 2009.

[200] 汪为, 吴海涛. 家庭生命周期视角下农村劳动力非农转移的影响因素分析——基于湖北省的调查数据[J]. 中国农村观察, 2017（6）: 57–70.

[201] 卫春江, 朱纪广, 李小建, 罗鹏. 传统农区村落位序—规模法则的实证研究——以周口市为例[J]. 经济地理, 2017, 37（3）: 158–165.

[202] 魏后凯, 王业强. 中央支持粮食主产区发展的理论基础与政策导向[J]. 经济学动态, 2012（11）: 49–55.

［203］文军. 从生存理性到社会理性选择：当代中国农民外出就业动因的社会学分析［J］. 社会学研究，2001（6）：21-32.

［204］温铁军，孙永生. 世纪之交的两大变化与三农新解［J］. 经济问题探索，2012（9）：10-14

［205］翁贞林. 农户理论与应用研究进展与述评［J］. 农业经济问题，2008（8）：93-100.

［206］吴连翠，陆文聪. 基于农户模型的粮食补贴政策绩效模拟研究［J］. 中国农业大学学报，2011，16（5）：171-178.

［207］吴良镛. 城乡建设若干问题的思考［J］. 北京：城市学院学报，2007（3）：1-11.

［208］吴良镛，吴唯佳. 美好人居与规划变革［J］. 城市规划，2014，38（1）：57-61.

［209］吴良镛，吴唯佳. 中国特色城市化道路的探索与建议［J］. 城市与区域规划研究，2018，1（2）：1-16.

［210］吴唯佳，唐婧娴. 应对人口减少地区的乡村基础设施建设策略——德国乡村污水治理经验［J］. 国际城市规划，2016，31（4）：135-142.

［211］吴文藻. 西方社区研究的近今趋势［C］. 吴文藻人类社会学研究文集［M］. 北京：民族出版社，1990.

［212］吴要武，蔡昉. 中国城镇非正规就业：规模与特征［J］. 中国劳动经济学，2006（2）：67-84.

［213］吴炜，干中学：农民工人力资本获得路径及其对收入的影响［J］. 农业经济问题，2016（9）：53-60.

［214］吴友仁. 关于我国社会主义城市化问题［J］. 城市与区域规划研究，1980，1（1）：170-183.

［215］武廷海. 建立新型城乡关系走新型城镇化道路——新马克思主义视野中的中国城镇化［J］. 城市规划，2013（11）：9-19.

［216］奚建武. 农业现代化与城镇化协调发展［M］. 上海人民出版社，2014

［217］西奥多.W.舒尔茨. 改造传统农业［M］. 梁小民译. 北京：商务印书馆，1987

［218］夏璐. 分工与优先次序——家庭视角下的乡村人口城镇化微观解释［J］. 城市规划，2015（10）：23-28.

［219］夏永久，储金龙. 基于代际比较视角的农民城镇化意愿及影响因素——来自皖北的实证. 城市发展研究，2014（9）：12-17.

［220］夏玉莲. 农地流转的效益研究［D］. 湖南农业大学，2014.

［221］肖作鹏，王小琦，李凯. 非正规城市化与非正规商业空间形态及形成机制［C］. 2011年中国城市规划年会，2011.

［222］熊景维，钟涨宝. 农民工家庭化迁移中的社会理性［J］. 中国农村观察，2016（4）：40-55.

［223］休谟. 人性论［M］. 关文运译. 北京：商务印书馆，2010.

［224］徐传谌，王鹏，崔悦，齐文浩. 城镇化水平、产业结构与经济增长——基于中国2000-2015年数据的实证研究［J］. 经济问题，2017（6）：26-29.

［225］徐丽，张红丽. 农户就地城镇化的影响因素及其福利影响——基于四省农户微观数据的实证分析［J］. 社会科学家，2016（6）：72-77.

［226］徐勇. 阶梯性社会与"三农"的提升［J］. 华中师范大学学报（人文社会科学版），2004（6）：30-32.

［227］徐勇. 只有理解农民，才能真正理解中国［J］. 党政干部文摘，2009（6）：21-22.

［228］徐勇，邓大才. 社会化小农：解释当今农户的一种视角［J］. 学术月刊，2006（7）：5-13.

［229］许伟. 欠发达平原农区城镇化问题研究［D］. 华中师范大学硕士论文，2011.

［230］许学强. 城市化空间过程与空间组织和空间结合［J］. 城市问题，1986（3）：2-24.

［231］亚当·斯密. 国民财富的性质和原因的研究［M］. 郭大力等译. 北京：商务印书馆，1997.

［232］严瑞河，刘春成. 北京郊区城镇化意愿分层——基于照顾老年人的视角［J］. 城市规划，2014（7）：37-41.

［233］杨保军，陈鹏. 社会冲突理论视角下的规划变革［J］. 城市规划学刊，2015（1）：24-31.

［234］杨华，欧阳静. 阶层分化、代际剥削与农村老年人自杀——对近年中部地区农村老年人自杀现象的分析［J］. 管理世界，2013（5）：47-63.

［235］杨慧敏，娄帆，李小建，白燕飞. 豫东平原聚落景观格局变化［J］. 生态学报，2017，37（16）：5313-5323.

［236］杨菊华，陈传波. 流动家庭的现状与特征分析［J］. 人口学刊，2013（5）：48-62.

［237］杨忍. 中国城镇化进程中的乡村发展及空间优化重组［M］. 北京：科学出版社，2016.

［238］杨雪，马肖曼. 延边朝鲜族地区人口迁移家庭化及影响因素研究［J］. 人口学刊，2014，5：52-62.

［239］杨万江，蔡红辉. 近十年来国内城镇化动力机制研究评述［J］. 经济论坛，2010（6）：18-20.

［240］杨文举. 中国城镇化与产业结构关系的实证分析［J］. 经济经纬，2007（1）：78-81.

［241］杨晓军. 城市公共服务质量对人口流动的影响［J］. 中国人口科学，2017（2）：104-114.

［242］杨玉珍. 农户闲置宅基地退出的影响因素及政策衔接——行为经济学视角［J］. 经济地理，2015，35（7）：140-147.

［243］叶裕民. 中国城市化的制度障碍与制度创新［J］. 中国人民大学学报，2001（5）：32-38.

［244］叶裕民，黄壬侠. 中国新型工业化与城市化互动机制研究［J］. 西南民族大学学报：人文社科版，2004，25（6）：1-10.

［245］叶裕民. 中国城市化与统筹城乡发展基本概念解析［J］. 城市学刊，2013，34（2）：1-7.

［246］易小燕，陈印军，刘时东. 土地整理政策下集中居住对农户生活负担的影响及与双重倍差模型的实证分析［J］. 农业技术经济，2013（10）：100-105.

［247］殷江滨，李郇. 中国人口流动与城镇化进程的回顾与展望［J］. 城市问题，2012（12）：23-29.

［248］尹晓颖，闫小培，薛德升. 快速城市化地区"城中村"非正规部门与"城中村"改造——深圳市蔡屋围、渔民村的案例研究［J］. 现代城市研究，2009（3）：44-53.

［249］尹稚，毛其智等. 健康城镇化：从数量增长到质量提升——城镇化战略重点的调整［J］. 城市规划，2013（3）：74-81.

［250］袁明宝. 农户家庭行为的社会性约束与理性选择［J］. 中共宁波市委党校学报，2018（1）：113-119.

［251］袁明宝. 小农理性及其变迁——中国农民家庭经济行为研究［D］. 中国农业大学，2014.

［252］曾智洪. 中国新型城镇化包容性制度创新体系研究［J］. 城市发展研究，2017，24（5）：1-7.

［253］詹姆斯.C.斯科特. 农民的道义经济学：东南亚的反叛与生存［M］. 程立昱，刘建等译. 南京：译林出版社，2001.

[254] 詹姆斯.S.科尔曼. 社会理论的基础[M]. 邓方译. 北京：社会科学文献出版社，2008.

[255] 张建杰. 惠农政策背景下粮食主产区农户粮作经营行为研究[J]. 农业经济问题，2007（10）：58-65.

[256] 张建雷. 接力式进城：代际支持与农民城镇化的成本分担机制研究——基于皖东溪水镇的调查[J]. 南京农业大学学报（社会科学版），2017，17（5）：10-20.

[257] 张建秋. 传统农区工业化空间分异规律研究[D]. 河南大学博士学位论文，2012.

[258] 张开华，郑甘甜. 传统农区新型城镇化与农业现代化耦合协调路径研究[J]. 华东师范大学学报（哲学社会科学版），2017，49（4）：123-129.

[259] 张磊，张秀智. 新型城镇化视角下的城市非正规经济治理[J]. 党政干部参考，2013（7）：24-25.

[260] 张立. 新时期"小城镇大战略"——试论人口高输出地区的小城镇发展机制[J]. 城市规划学刊，2012（1）：23-32.

[261] 张丽宾，游钧，莫荣，袁晓辉. 中国灵活就业基本问题研究[J]. 经济研究参考，2005（45）：2-16.

[262] 张利庠，彭辉，靳兴初. 不同阶段化肥施用量对我国粮食产量的影响分析[J]. 农业技术经济，2008（4）：85-93.

[263] 张林秀，徐小明. 农户生产在不同政策环境下行为的研究——农户系统模型的应用. 农业技术经济，1996（4）：27-32.

[264] 张林秀. 农户经济学基本理论概述[J]. 农业技术经济，1996（3）：24-30.

[265] 张梦中，马克·霍哲. 案例研究方法论[J]. 中国行政管理，2002（01）：43-46.

[266] 张如林，丁元. 基于农民视角的城乡统筹规划——从藁城农民意愿调查看农民城镇化诉求[J]. 城市规划，2012（4）：71-76.

[267] 张世勇. 返乡农民工研究——一个生命历程的视角[M]. 北京：社会科学文献出版社，2013.

[268] 张甜，朱宇，林李月. 就地城镇化背景下回流农民工居住区位选择——以河南省永城市为例[J]. 经济地理，2017（4）：84-91.

[269] 张欣炜，宁越敏. 农业转移人口市民化成本测算及分担机制研究——以山东省淄博市为例[J]. 城市发展研究，2018，25（1）：55-60.

[270] 张延吉，张磊. 中国非正规就业的形成机制及异质性特征——兼论三大理论的适用性[J]. 人口学刊，2017，39（2）：88-99.

[271] 张翼. 农民工"进城落户"意愿与中国近期城镇化道路的选择[J]. 中国人口科学，2011（2）：14-26.

[272] 张一凡，王兴平，周军. 由"离散"向"耦合"的农村家庭城镇化路径探讨——基于如东县西部城镇的案例[J]. 现代城市研究，2014（12）：101-109.

[273] 张玉林. 现代化之后的东亚农业和农村社会——日本、韩国和台湾的案例及其历史意蕴[J]. 南京农业大学学报（社会科学版），2011，11（3）：1-8.

[274] 章铮. 进城定居还是回乡发展？——民工迁移决策的生命周期分析[J]. 中国农村经济，2006（7）：21-29.

[275] 赵宏波，苗长虹，冯渊博，等. 河南省产业转移承接力时空格局与优化路径分析[J]. 经

济地理, 2017, 37 (12): 112-120.

[276] 赵民, 陈晨. 我国城镇化的现实情景、理论诠释及政策思考 [J]. 城市规划, 2013 (12): 9-21.

[277] 赵明. 周口市非正规就业调查及其特征分析 [J]. 城市与区域规划研究, 2018 (4): 151-160.

[278] 赵明, 陈宇. 基于乡村社会调研的城乡统筹规划探讨——以湖南省长沙县城乡一体化规划为例 [J]. 小城镇建设, 2013 (12): 46-51.

[279] 赵明, 吴唯佳. 产业转移视角下传统农区城镇化路径与模式研究——基于周口市企业调查 [J]. 城市发展研究, 2018 (12): 1-6.

[280] 赵明, 徐新凯. 中原农业地区城镇化特征、趋势与规划应对——以河南省周口市为例 [C]. 2016中国城市规划年会, 2016.

[281] 赵燕菁. 土地财政: 历史、逻辑与抉择 [J]. 城市发展研究, 2014, 21 (1): 1-13.

[282] 赵永革. 就业压力下推进城镇化的产业结构战略选择 [J]. 城市规划, 2003 (6): 11-18.

[283] 赵周华, 王树进. 少子化、老龄化与农村居民消费率——基于省级面板数据的实证检验 [J]. 农村经济, 2018 (2): 52-58.

[284] 郑风田. 制度变迁与中国农民经济行为 [M]. 北京: 中国农业出版社, 2000.

[285] 郑真真, 杨舸. 中国人口流动现状及未来趋势 [J]. 人民论坛, 2013 (11): 6-9.

[286] 钟水映主编. 人口流动与社会经济发展 [M]. 武汉大学出版社, 2000.

[287] 周阳敏. 包容性城镇化、回归式产业转移与区域空间结构优化——以河南省固始县为例 [J]. 城市发展研究, 2013 (11): 25-31, 79.

[288] 朱富强. 谁之理性? 何种合理性?——对理性内涵的考辨及经济理性的反思 [J]. 社会科学辑刊, 2011 (5): 105-112.

[289] 朱纪广. 黄淮海平原城乡聚落等级体系及其空间结构演变研究——以河南省周口市为例 [D]. 河南大学, 2015.

[290] 朱纪广, 李小建, 王德, 牛宁. 传统农区不同类型乡村功能演变研究——以河南省西华县为例 [J]. 经济地理, 2019, 39 (1): 149-156.

[291] 朱琳, 刘彦随. 城镇化进程中农民进城落户意愿影响因素——以河南省郸城县为例 [J]. 地理科学进展, 2012, 31 (4): 461-467.

[292] 朱明芬. 农民工家庭人口迁移模式及影响因素分析 [J]. 中国农村经济, 2009 (2): 67-76.

[293] 朱郁郁, 闫岩, 董淑敏. 人口高密度平原地区的城镇化路径探讨——基于安徽省北部地区的调研与实践 [J]. 城市规划学刊, 2017 (S2): 104-110.

[294] 祝洪章. 我国传统农区探索走新型工业化道路的模式分析 [J]. 经济研究导刊, 2010 (32): 11-13.

# 致　谢

首先要感谢导师吴唯佳教授。从论文选题、研究方法确定到框架结构安排，吴老师不断提出新的问题和深入方向，引领着研究的思路，使论文从最初的总体规划项目实践，逐步走向对农户行为的理论探讨，乃至哲学层面的思考。吴老师严谨的学风、开阔并富于质疑性的思维方法，都将使我终身受益。

感谢中国城市规划设计研究院王凯院长推荐我到清华大学攻读博士，并对论文的选题、写作给予指导。感谢清华大学于涛方副教授、武廷海教授、毛其智教授、谭纵波教授、北京大学曹广忠教授、同济大学赵民教授、张松教授、东南大学王兴平教授、河南大学李小健教授、人民大学叶裕民教授、发改委宏观院王利伟博士、中规院靳东晓副总规划师、陈鹏所长、蔡立力所长、王继峰博士在论文写作过程中给予的指导和帮助。感谢郭磊贤、赵文宁、唐婧娴等同门师兄弟，大家互相交流、启发，舒缓了压力与焦虑，共同成长。

作为在职博士研究生，要感谢中规院院、所两级领导的支持，还有和我一个项目组的许顺才、刘泉、陈宇、邓鹏、张清华、谭静、卓佳、蒋鸣、白理刚、程颖、班东波、靳智超、李亚、国原卿、石永洪、单丹等同事，你们的帮助和付出，使我能兼顾规划项目与研究，在不脱产的情况下完成学位论文。感谢周口市规划局的黄松涛、樊兴领、徐兴凯、马立克、王辉、童建军等领导，以及周口市规划建筑勘测设计院的夏政、王颖、许彦等同志在调研、资料收集中给予的帮助。

最后特别感谢我的妻子和父母帮我分担了各种家庭事务，使我能够专心论文；也要感谢可爱的女儿给繁重的学习工作带来各种快乐。

最后，将读博感悟凝成一首自题六言诗以记博士毕业。

年少不知深浅，读博妄入清华。
几曾蹉跎迷茫，多蒙师友点拨。
既需寻章故纸，更要躬行天涯。
一朝顿悟融汇，七载涅槃拈花。

赵明
2019年12月